U0953724

教育科学新探索书系

中国教育学会教育学分会　组编

本书为国家社会科学基金“十二五”规划 2013 年度教育学青年课题

“微课程视域下卓越教师实践教学体系建构研究”（CIA130186）的研究成果

教育科学新探索书系（10卷）

- 教育美学新论
  何齐宗/著
- 教育哲学论纲
  王坤庆　岳伟/主编
- 学习哲学论
  曾文婕/著
- 青少年社会教育学
  张良驯/著
- 民办教育治理论
  吴开华/著
- 课程学
  廖哲勋/主编
- 微课程导论
  余宏亮/著
- 教材论
  曾天山/著
- 现代教学论纲要
  李森/著
- 教学活动论
  王天平/著

教育科学新探索书系

微课程导论

余宏亮　著

人民教育出版社
·北京·

图书在版编目（CIP）数据

微课程导论 / 余宏亮著. 一北京：人民教育出版社，2019.6
（教育科学新探索书系）
ISBN 978-7-107-33492-4

Ⅰ. ①微…　Ⅱ. ①余…　Ⅲ. ①网络教学—课程设计　Ⅳ. ①G434

中国版本图书馆 CIP 数据核字（2019）第 124192 号

微课程导论
责任编辑　韩华球
装帧设计　张傲冰

出版发行　人民教育出版社
（北京市海淀区中关村南大街 17 号院 1 号楼　邮编：100081）
网　　址　http://www.pep.com.cn
经　　销　全国新华书店
印　　刷　保定市中画美凯印刷有限公司
版　　次　2019 年 6 月第 1 版
印　　次　2019 年 7 月第 1 次印刷
开　　本　787 毫米×1 092 毫米　1/16
印　　张　17
字　　数　310 千字
印　　数　0 001 ~ 1 500 册
定　　价　47.90 元

序 言

当前，人类社会进入了信息时代，网络技术、数字技术和媒介技术的发展日益走向深度融合。受其影响，人们的思维方式、生活方式和行为方式也发生了深刻变革。由于新兴技术的深度介入，教育系统宏观层面的思想理念、顶层设计、资源配置、治理方式，以及微观层面的知识观念、课程形态、教学方式、学习评价，都已深深烙上了数字化的印记。正是由于信息技术这一变量的引入，传统课程的内容载体、传播方式、教学结构、评价范式等都开始发生连锁式变革。特别是以附载技术、栖身网络、短小精活为特征的微课程的兴起，使我们切身体验到信息技术与知识、课程、教材、教、学的关系从来没有像今天这样紧密，它已融入教育领域的核心地带和微观世界，必将激发一场影响深远的课程变革。

面对现代技术带来的机遇与挑战，我们深刻认识到，教育系统迫切需要回到事实本身，运用跨界融合的新思维、新视野、新方法，从课程教学原理、教育技术哲学、学习认知科学的高度，贯通理解教育教学的根本问题，重新阐释信息时代的课程理论，精准回应课堂变革的现实关切，以此来开拓课程与教学论的学科疆界、延展教育技术学的生长空间，书写课程—人—技术相融互构、多元共生的叙事史。客观地说，要完成这一使命，既需要跨越边界的勇气，也需要观照实践的情怀，更需要理论整合的素养。

令人高兴的是，余宏亮博士近些年以此为志，艰辛探索，勇于攀登，从信息技术创新、传播媒介迭代与人类知识转型这一时代背景出发，以技术时代的知识进化为原点，以基础教育的课程变革为主线，深入系统地探究了微课程的本体论、价值论、实践论，初步建构了微课程的知识观、时空观、教学法。特别是从课程史与技术史交叉融合的视角对微课程知识观所做的梳理与建构，从绝对时空与相对时空、自然时空与社会时空的视角对微课程所做的时空语义分析，从技术属性与课程属性相结合的视角对微课程所做的系统设计，以及从技术促进学习的视角对微课程评价所做的前瞻思考，都反映了余宏亮博士宏观的理论视野与扎实的研究功底，其中的诸多观点颇有见地、富有新意，对于深化与拓展技术时代的课程与教学认识论，对于解释与消解当下教师在教学实践中的技术焦虑，都具有重要的启发价值。

从学科发展的贡献上讲，余宏亮博士的这本《微课程导论》充满了时代使命感，能够敏锐把握时代发展的脉搏与趋势，直面信息技术与课程教学深度融合的重大问题，开阔了信息时代课程与教学论的研究视界。并且，该著作采用多学科方法协同的研究范式，统整了课程原理、技术哲学、认知科学聚焦关注的问题域，开掘了课程与教学理论新的生长点。此外，该著作比较好地处理了理论与现实两相脱节这个常见问题，既对相关论题做了较为深入的理论思考，也针对当下的教学变革实践提出了不少指导性的应对策略。

理论高明覆物，实践之树常青。好的著作不仅仅是增加知识贡献，更重要的是回应重大现实关切。我们深知，在新的时代，运用新的思维破解新的问题，需要以新的气度来考量新的成果。作为探新之作，该著作针对微课程这一新事物所做的新思考、提出的新观点，无疑也需要我们以兼容并包的态度来加以审思与评鉴。希望余宏亮博士的这本《微课程导论》能够引发学界更多的深思，以期促进课程与教学论学科建设理实相生、与时偕行！

郭　戈

2019 年 5 月于北京

（本序作者系人民教育出版社总编辑，课程教材研究所所长、研究员，中国教育学会教育学分会理事长）

前 言

进入21世纪以来，在世界范围内，信息技术、数字技术与媒体技术的发展日新月异，移动网络、智能终端与媒体融合的发展势不可挡，人类的思维方式、生产方式、生活方式与行为方式正在发生数字化转型。与之相对应，在教育领域，传统的认知环境、课程载体、教学方式、学习方式也在发生连锁式变革。实施教育信息化战略、抢占数字化教育高地、推进教育现代化建设，已成为世界各国教育创新发展、促进教育公平、建设人才强国的普遍共识和战略行动。

因应时代变化与创新诉求，我国教育信息化迎来了蓬勃发展的春天，信息技术与课程教学的融合日益走向深入。一方面，包括慕课、私播课、微课程、云课程等在内的新的课程形态不断创生，并在从基础教育到高等教育的实践领域里得到广泛应用，这激发了人们对学校功能、教师职业、课程形态、教学组织、学习方式以及教学评价的变革想象；另一方面，随着各种类型与各个层面变革实践的持续开展，信息技术对教育教学的革命性影响尚未如人们所翘首以待的那样彰显出来。面对期待与现实之间的落差，无论在理论界，还是在实践界，人们开始陷入迷思、困顿与焦虑之中。

反思此种局面的出现，除了教育场域固有的惯习阻抗以外，“实践先行，理论滞后”也是必须承认且亟待追究的重要原因。换句话说，理论准备不足，实践创新盲动，理论与实践脱节，甚至二者互不融通、各行其是，必然导致理论的虚玄与实践的偏颇。有鉴于此，本书选取微课程为主要研究对象，以基础教育学段为视域疆界，集中展开微课程的理论慎思与教学实践，力求使“理论观照实践”与“实践检证理论”相互融通、相得益彰。

第一章，微课程研究的缘起。首先，从信息技术创新、传播媒介迭代与人类知识转型三个方面透视微课程勃兴的时代背景。其次，选取理论研究、技术制作与实践应用三个维度，评析微课程研究的进展与得失。最后，从理论与实践两个层面勾勒微课程立论的问题框架，以期为后续研究确立分析维度与论述疆界。

第二章，微课程的意涵解析。首先，探寻微课程之“微”，揭示微课程在呈现形态上表现为“微小”或“短小”，在认知理据上契合了焦点注意规律与边际递减理论，在知识挖掘上体现为“精微”与“适切”。其次，透视微课程之“课”，意在澄明微课程以学科知识点为起点，以学习者经验为依据，以经验的改造为旨归。最后，审思微课程之“程”，提出“课程要素的整全性”“知识点间的体系化”“微课程间的耦合性”是微课程区别于传统课程的内在规定性。

第三章，微课程的价值追问。其一，作为一种新的课程形态，微课程已成为教学方式变革的新支点：较之传统课程，它内容聚焦、精简高效，资源丰富、质料新颖，需求导向、自定步调。导源于此，当下的一系列教学变革得以渐次展开。其二，作为一种新的学习资源，微课程开拓了学习方式变革的新路向：由“秩序化”走向“碎片化”的文本呈现，由“客观”趋于“具身”的学习体验，由“静”迈向“动”的认知过程，促进了传统学习方式的时代转型。其三，作为一种新的运作机制，微课程建构了课程开发的新范式：在目标定位上，从“标准规范”转向“用户体验”；在内容组织上，从“知识集成”转向“资源盘活”；在主体行动上，从“刚性消费”转向“草根研习”。

第四章，微课程知识观论叙。较之传统课程知识观，首先，在发生论的意义上，微课程知识观以“学科知识”与“信息技术”的际遇为萌生背景，人类与知识的融生互动、技术与课程的相伴相融是其演进轨迹。其次，在实践论的视域里，微课程知识观以“影像书写”对“文字书写”的扬弃为实践表征，知识形态的“网络化”、知识表达的“可视化”与知识习得的“具身化”是其当下样态。最后，在动力论的构建中，微课程知识观以“网络文化”对“印刷文化”的超越为变革动因，知识生产方式的迭代与更新、人与技术的相融与互构是其嬗变理路。

第五章，微课程时空观探寻。不管是在“静态结构”的空间维度，还是着眼“动态过程”的时间流变，微课程的时空属性迥异于传统课程的物理时空。一方面，由于微理念的指引、数字技术的支撑以及网络时空的介入，微课程的时空属性呈现出“从线性趋于非线性”“从封闭走向开放”“从微观趋向宏观”等特点。另一方面，从时空属性的视角探寻微课程的教学意蕴，我们发现，这有助于拓展传统教学认识论，探索时空异步教学模式，促进教学文化的汰变更新。

第六章，微课程系统化设计。首先，就理论基础而言，微课程的系统化设计汲取了建构主义学习理论、混合式学习理论、联通主义学习观、具身认知理论的最新成果。其次，从属性上来分析，契合课程属性与技术属性双重要求，微课程设计应发挥技术、媒介与网络的优势，彰显学生的主体性、内容的精微性、活动的趣味性、结构的整体性。最后，落实到操作层面，只有从宏观上思考为什么要设计微课程，从内容上考量择取哪些知识点，从技术上营造何种认知环境，从应用上建构怎样的教学模式，才能保证微课程设计的系统化与高品质。

第七章，微课程教学法建构。一方面，微课程教学法的创生导源于翻转课堂的异域实验与本土创新，它将单位课时教学活动划分为课前学案导学与课堂内化拓展两个阶段，导学方式的一体化、配套资源的视频化、教学结构的翻转化是其实践表征。另一方面，根据对信息时代知识形态演化、学习理念变革、教学本质新探的深刻把握，基于翻转课堂的微课程教学法彰显了技术变革教学的时代价值，它引发了传统教与学时空的分化与重组、教与学关系的返璞与归真、教与学情境的创设与整合。

第八章，微课程评价的理路。“为学习而评价”是微课程评价的核心要义。首先，就“对微课程本身的评价”而言，“促进学习”是其基准定位，区分“竞赛取向”“教学取向”“学习取向”等功能目标是其逻辑起点，聚焦课程知识内容与学习目标是其核心环节。据此，应围绕

“功能目标定位”“学习内容与学习目标”“拓展资源的遴选与推介”“课程知识的整合与呈现”“课程制作”“用户体验与实施效果”等方面，来凝练评价指标，配置评价权重。其次，就“基于微课程的学习评价”而言，它以掌握学习、情境认知、知识分类等理论为基础，遵循学习的发展性、真实性、建构性等评价原则，其实施依循“核定评价目标—设计评价任务—解释评价结果”的路径。我们可从以“客观纸笔测验”为代表的“反映性评价”与以“表现性评价”为代表的“直接评价”两个方面选取评价方式、设计评价任务。实际上，表现性评价的设计与实施，还应基于学习者的学习数据开展学习分析，并据此开发评价量规。

第九章，走向卓越：微课程视界中的教师角色重塑。面对新的技术环境与课程样态，教师角色迈向卓越需要紧紧围绕立身从教的核心要素展开：一方面，致力于实现教师角色的内部升华：从知识传递者走向知识协同者，从课程执行者转向课程研发者，从学习监管者迈向学习引领者；另一方面，致力于实现教师知能的融会贯通：确立共在对话型师生关系、形塑多层复合型知能结构、建构共生发展型学习共同体。唯有如此，教师才能在角色更新中涵养一种“卓尔不凡”的气质，才能在专业历练中迈向一种“越次超伦”的境界！

余宏亮

2019 年 5 月于北京

目 录

第一章　微课程研究的缘起

进入信息时代，顺应课程教学信息化、学习方式数字化的实践诉求，微课程迅速引发了人类思维方式与学习方式的变革，其一经出现便引起广泛重视并在实践中广泛应用。然而，“实践先行”背后透射的是理论研究的“滞而不前”。截至目前，有关微课程的时代背景、理论基础、概念内涵、存在依据、价值吁求、媒体技术、课程设计、教学模式、评价标准等诸多问题尚在探讨之中，亟待加强研究、凝聚共识、引领实践。反观现实，随着技术与教学的深度融合，作为信息时代的一种课程范式，微课程的勃兴引发了课程生态的连锁式变革，无论在理论层面上，抑或在技术操作中，还是在实践领域里，导源于微课程知识存在方式的变革，传统课程与教学论域中诸如教学方式、学习方式、课堂组织、师生角色、教学时空、技术环境、课程评价等论题均呈现出新的样貌，俨然构成了一个新的“问题丛”。这里，我们择取同类研究之长，结合实践应用中的反思，先行检视微课程的研究缘起，以期为后续研究提供分析维度与论述疆界。

一、微课程勃兴的时代背景

（一）信息技术创新

作为新时代的标识，信息技术以其强大功能迅速融入社会发展浪潮之中，并成为激发时代变革的动力引擎。放眼世界，伴随信息技术的勃兴，人类的思维、行为与交往方式悄然发生变革。而今，只要携带智能手机，人们不带现金，即可轻松移动支付；想与亲朋好友交流互动，视频即刻把天涯变成咫尺；若想感受世界发展脉动，登录网络即可通观天下。诚如有人戏言，置身于信息时代，人人皆是诸葛孔明，身在茅庐即可综观天下。斗转星移，未来已来，这些在以前看似遥不可及的神话，如今已成为身临其境的现实。追根溯源，这得益于信息技术的创新与发展。

作为人类自身代际更新的文化活动，教育在信息技术的驱动下已成为现代社会发展的动力之源；而作为支撑现代社会变革的信息技术，反过来也影响着人类教育的改革创新。在此意义上，可以说“信息技术”与“知识教育”二者和合与共、相互促进，共同推动着社会的发展与变革。时至当下，“信息技术”与“知识教育”这两个人类文明赓续不可或缺的元素日益融合，正在并终将成为推动人类社会发展的创新动力。在此情势下，“信息技术对教育教学具有革命性影响”已成为世界范围内的广泛共识与自觉行动。对此，我国政府高度重视、前瞻谋划，我国《教育信息化十年发展规划（2011—2020 年）》明确指出：“以教育信息化带动教育现代化，是我国教育事业发展的战略选择……推进信息技术与教育教学的深度融合，实现教育思想、理念、方法和手段全方位创新，对于提高教育质量、促进教育公平、构建学习型社会和人力资源强国具有重大意义。”回顾过去，信息技术影响教育教学先后经历了从塞入到嵌入、从整合到融合的发展历程：早前时期，信息技术以幻灯片、录音带、录像带、硬盘、软盘、光盘等形态来辅助传统教学；紧随其后，远程教学、微格教学、多媒体教学等逐渐成为日常教学手段；而在当下，二者已进入深度融合阶段，微视频（Micro-video）、慕课（MOOC）、私播课（SPOC）、微课程（Micro-course）等以课程的形态出现，引发了教学方式、师生关系、学习环境、评价范式的连锁式变革。展望未来，信息技术与教育教学的融合，将不只体现在课程教学方面，随着网络、媒体、数字技术的融合发展，学校系统的教材开发、教务管理、教师培训、资源配置等方面必将发生深刻的数字化变革。概而言之，信息技术与教育教学深度融合，以直观生动、精微可视、多元交互、情境体验的方式，正在并终将实现传统教学的时空、关系、情境与范式的变革，正在并终将推动教学管理与服务、资源开发与配置、学校运行与发展的创新。

（二）传播媒介迭代

人类社会是一个大的信息集合体，人与人的交往从本质来讲是一种信息传播活动。作为人类文明代际赓续的重要活动，教育在人类社会发展中发挥着至关重要的作用，它借助传播媒介以实现信息与知识的输入、编码、转译、输出、集成与创新。换句话说，一个时代的文化传承，必定受到传播媒介的制约，传播媒介的发达程度，决定着特定时代信息传播的广度和深度。在此意义上，可以认为，人类教育的发展与传播媒介的迭代相伴相生、彼此促进。有鉴于此，人们有必要理解传播媒介是什么，它们经历了哪些迭代历程，当下的传播媒介对未来的知识教学将产生何种影响?

长期以来，学界关于传播媒介的界定可谓众说纷纭。加拿大传播学者马歇尔·麦克卢汉（Marshall McLuhan）认为："媒介是人的延伸。"此种观点认为："人身体的各部分功能通过媒介获得延伸，文字使语言的视觉功能得到超常的延伸，棍棒延伸了人体拳头的攻击功能。"①受

① 周利荣. 传播媒介发展与文学文体演变研究［D］. 西安：陕西师范大学，2012：43.

其启发，笔者将传播媒介定义为一种传播信息与知识的智能工具，包括移动电话、计算机及网络、报纸、广播、电视等与传播技术有关的媒体。根据这一界定，有论者按照传播手段和媒介形态将传播媒介分为口语媒介阶段、文字手抄传播阶段、印刷传播阶段、电子媒介和网络媒介阶段。①第一阶段是口语媒介阶段。所谓口语媒介，顾名思义，就是一种口耳相传的传播形式。在该阶段，教育多是以社会经验进行小范围的传授，受制于此种传播媒介，知识的传播范围较小，缺乏规范性。第二阶段是文字手抄传播阶段。随着社会不断发展，文字、图形、图画开始出现，使得知识、经验的传播具有了稳定性和规范性，其范围也随之扩大，此时传播的教育信息也开始变得复杂，其后文字书籍的出现也加速了学校教育的形成。第三阶段是印刷传播阶段。该阶段形成的标志主要是印刷机的发明与印刷术的创生。印刷术与文字相结合，使得文字的传播范围开始由小众走向大众，也使书籍开始变得多样、易得、便捷，教育开始摆脱口耳相传的单一形式，转向视觉形式和口授形式二者相结合。第四阶段也就是世纪交替以来的新型传播媒介，即电子媒介和网络媒介阶段。在该阶段，作为互联网技术创新催生的产物，电子与网络媒介的交互性、持久性、虚拟性等典型特点，使得时间和空间的界限变得模糊，信息与知识变得碎片化、精微化、网络化，“微时代”的标签琳琅满目、俯拾皆是，诸如微视频、微小说、微博、微信、微电影等多种传播媒介，迅速在世界范围内掀起了一股强劲的“微风”。置身此境，传播媒介迭代进程中的学校教育迎来了新的机遇与挑战，时代在呼唤课程教学的数字化、精微化与智能化。由此，微课程应运而生。

---

① 尹晖. 传播媒介的演进及传播理论对教育教材的影响［J］. 现代教育科学，2009（3）：21.

（三）人类知识转型

教育与知识不仅有着亘古的历史渊源，还有着深刻的现实勾连。一方面，教育是对知识加以整理、筛选、传播、创新的重要渠道；另一方面，知识又是教育得以存续的前提、根基与源头，如果没有知识，教育根本无法开启人类代际更新的进程。有鉴于此，研究教育问题，绕不开对知识的追本溯源。而对知识的溯源实质上就是对知识的变迁展开全景式考察。从广义上讲，知识的变迁历史其实就是知识的转型过程。针对知识转型命题，石中英做了系统、深入、全面的论述，认为知识转型不是一个自然和自发的过程，而是一个历史和社会的过程。①根植于历史研究成果，他将人类的知识型划分为四大发展时期、三次知识转型，分别对应于原始知识型、古代知识型、现代知识型、后现代知识型以及这四种知识型顺次更迭的知识变迁。第一次转型是从原始知识型到古代知识型。在这次转型中，知识的本质从史实、祭祀、风俗、故事、传说、神话转变为生产生活经验、史料、诗歌、谚语等文化典籍；知识的载体也开始由巫师、诗人开始转变为龟甲、兽骨、金石、简牍、丝帛、蔡侯纸等；知识的传播方式也从口耳相传转变为抄写、讲授、私塾、官学等。第二次转型是从古代知识型到现代知识型。在这一转型中，知识的本质从生产生活经验、史料、诗歌、谚语等文化典籍转变为系统化、结构化、模块化的科学知识；知识的载体由龟甲、兽骨、金石、简牍、丝帛、蔡侯纸转变为图书、报纸、杂志、电视、广播、电脑等；知识的传播方式则由抄写、讲授、私塾、官学转变为班级授课、学校教育和现代远程教育等。第三次转型是从现代知识型到后现代知识型。在该次转型中，知识的本质从结构化、模块化的科学知识转变为多样性、灵活性

---

① 石中英．知识转型与教育改革［M］．北京：教育科学出版社，2001：87-123.

的文化型知识；知识的载体则从图书、报纸、杂志、电视、广播、电脑等转变为互联网、智能终端等；知识的传播方式则从班级授课、学校教育和现代远程教育转变为移动学习、泛在学习、混合学习等。

纵观知识的三次转型，人类与知识的关系走过了从疏离到融合的漫长历程，在此过程中，技术发挥了重要作用。初期，在人类、知识、技术的关系中，技术尚处于一种隐而不彰的境地。随着知识形态的多样化发展，技术的地位开始凸显，教育为了更好地发现价值、建构意义，势必对自身进行技术适应性变革，以传播后现代型知识作为现代教育的核心要素之一。我们知道，课程问题在本质上是个知识问题，“知识论基础不仅制约课程内容的研制与选择，而且决定课程的认识论、价值论、方法论基本问题，决定关于课程的思维方式、言说方式、实施方式等。”①如此一来，既然知识是课程存在的基础和原因，那么课程设计的首要任务就是知识的遴选与组织。具体来说，就是基于特定取向的课程目标，从人类已有知识中选取合宜部分组成学科知识供学生学习，以促使学生身心发生预期的积极变化。换句话说，教育的技术性变革，其核心是课程知识的技术性变革。在此背景下，微课程作为一种附载技术的知识载体，开始受到现代教育的青睐，进而成为一种新型的课程形态。就微课程而言，“课”是微课程的构筑基架，其构筑起点是以学科知识为代表的人类知识。进入微课程的学科知识，首先要经过“个体需求”“社会需要”“学科发展”三把筛子的筛选以取得合法资格，然后基于微课程“短小”“精微”“草根”等特点予以合理组织，凭借微视频、PPT 等信息介质，依托网络空间传播，促使学习者改变学习方式、优化学习效果。

---

① 郝德永. 知识与课程：“支点”的困境与超越［J］. 全球教育展望，2008（10）：6-11.

二、微课程研究的文献述评

微课程是由美国新墨西哥州圣胡安学院的高级教学设计师、学院在线服务经理戴维·彭罗斯（David Penrose）于2008年首次提出的。这种课程要求教师将教学内容与教学目标紧密联系，时长控制在一分钟左右，从而让学习者产生一种“更加聚焦的学习体验”。因此，很多人将戴维·彭罗斯称为“一分钟教授”。①回溯源头，可以说，微课程是一个发端于西方的“舶来品”，引入我国后诸多学者展开了本土化建构，然而当前的理论研究与实践探索尚处于起步阶段。通过梳理发现，当前关于微课程的探索，主要围绕理论研究、技术制作和实践应用三个方面开展。

（一）理论研究

承前所述，伴随教育理念的更新、信息技术的进步、教学实践的改善，微课程作为一个新兴事物逐渐受到教育理论界、信息技术界与课程教学界的关注。从总体上看，理论层面上的研究主要包括概念界定、结构要素、本质特征及价值意蕴四个层面。

1. 微课程的概念界定

我们知道，核心概念能否加以正确、清晰界定，直接关系到研究工作的信度和效度。因此，对微课程的概念界定也就成了理论研究的逻辑起点。与此同时，微课程作为一个舶来的概念，只有对其进行本土化改造，才能使之扎根并指导本土的教育实践。透视既有研究，关于微课程的概念主要有以下几种代表性观点（见表1-1）。

---

① 关中客. 微课程［J］. 中国信息技术教育，2011（17）：14.

表 1-1 国内“微课程”概念的代表性观点

序号	研究者	内涵
1	胡铁生	微课是指按照新课程标准及教学实践要求，以教学视频为主要载体，反映教师在课堂教学过程中针对某个知识点或教学环节而开展教与学活动的各种教学资源的有机组合。①
2	张一春	微课是指为使学习者自主学习获得最佳效果，经过精心的信息化教学设计，以流媒体形式展示的围绕某个知识点或教学环节开展的简短、完整的教学活动。②
3	黎加厚	微课程是指时间在 10 分钟以内，有明确的教学目标，内容短小，集中说明一个问题的小课程。③
4	焦建利	微课程是以阐释某一知识点为目标，以短小精悍的在线视频为表现形式，以学习或教学应用为目的的在线教学视频。④
5	刘名卓 祝智庭	微课程是一种适应现代快节奏，适合移动学习、泛在学习、碎片化学习等而围绕某个教学主题精细化设计的讲座长度不长于 10 分钟的内容精、容量小的新型课程形态。⑤
6	郑小军	微课是为支持翻转学习、混合学习、移动学习、碎片化学习等多种新型个性化学习方式和网络教研方式，以短小精悍的微型流媒体教学视频为主要载体，针对某个知识点或教学环节而精心设计开发的一种情境化、趣味性、可视化的数字化学习资源包。⑥

从国内学者的代表性观点可以看出，研究者或从系统论的角度，或从微课程词义辨析的角度，或从微课程的效用角度，对微课程的核心内

① 胡铁生.“微课”：区域教育信息资源发展的新趋势［J］. 电化教育研究，2011（10）：62.

② 张一春. 微课是什么？我给出的定义［EB/OL］. http://blog.sina.com.cn/s/blog_8dfa9ca20101ouw0.html.

③ 黎加厚. 微课的含义与发展［J］. 中小学信息技术教育，2013（4）：11.

④ 焦建利. 微课及其应用与影响［J］. 中小学信息技术教育，2013（4）：13.

⑤ 刘名卓，祝智庭. 微课程的设计分析与模型构建［J］. 中国电化教育，2013（12）：128.

⑥ 郑小军. 我的微课界定（2.0）［EB/OL］. http://blog.sina.com.cn/s/blog_4711a0210102e74h.html.

涵做了初步的考察，可以概括为“教学视频说”“教学资源说”“新型资源说”。上述微课程定义固然各有倚重，但也存在诸多共通之处：首先，多数学者倾向于认为微课程的本质是基于互联网技术的微视频；其次，微课程不是一段针对传统课堂教学的截屏，而是对传统课程知识点的挖掘与呈现；最后，微课程是教学活动的一种创新形式。

2. 微课程的结构要素

把握微课程的结构要素，是深化微课程认识的必要环节。胡铁生从教学视角剖析了微课程的结构。他指出：“微课程的核心内容是课堂教学视频（课例片段），同时还包含与该教学主题相关的教学设计、素材课件、教学反思、练习测试及学生反馈、教师点评等教学支持资源，它们以一定的结构关系和呈现方式共同营造一个半结构化、主题突出的资源单元应用‘生态环境’。”①黎加厚指出：“微课程应包含多样化媒体格式、学习单元、学生的学习活动相互融合的课程体系，如果离开了学生的学习活动，仅是录制的一段教师上课讲授活动的内容，实质是一段视频记录的课堂教学实录，可以作为一段学习材料，没有形成‘微课程’的系统。”②刘名卓、祝智庭从微课程的“课程”属性出发，认为“微课程需要具备必要的课程要素，如教学目标、教学内容、教学活动（学习活动）、教学资源（学习资源）、教学评价（学习评价），以及内置必要的学习支持（如提供学习笔记、批注等学习工具）。”③概而言之，关于微课程的结构要素，目前的“生态环境说”与“课程属性说”均认识到微课程具有自身的系统性、完整性与结构性，并不是传统课程的“切片”或辅助教学的“材料”，但更为深入的探讨尚待进一步

---

① 胡铁生．“微课”：区域教育信息资源发展的新趋势［J］．电化教育研究，2011（10）：62.
② 黎加厚．微课的含义与发展［J］．中小学信息技术教育，2013（4）：11.
③ 刘名卓，祝智庭．微课程的设计分析与模型建构［J］．中国电化教育，2013（12）：127-131.

展开。

3. 微课程的本质特征

微课程之所以成为“互联网+”时代的“新宠”，无疑有其独特之处。关于微课程的本质特征，胡铁生指出，微课程是为了打破传统单一资源类型的局限而发展起来的，主要包含四个特征：首先，主题突出，指向明确；其次，资源多样，情境真实；再次，短小精悍，使用方便；最后，半结构化，易于扩充。①可以说，胡铁生对上述四个特征所做的深入解析，是对微课程特征总结较为全面、精练的一种观点。李巧芳、杨文美则通过梳理我国微课程的研究现状并结合微课程之“微”，也给出了微课程的四个特征：第一，教学内容含量小，每集只针对一个知识点或一个具体问题；第二，微课程视频时间短，一般在3—8分钟，这种视频时长符合学生的视频驻留规律和学习认知特点，能让学生在短暂的零碎时间中高效完成学习任务而不会感到疲劳；第三，微课程视频形式生动活泼，趣味性强，能在短时间内吸引学生的注意力；第四，微课程切入课题迅速，讲授线索清晰，总结收尾快捷。②田秋华基于对微型课程的内涵分析及实践应用，提出微课程具有“短”“小”“精”“活”四个特点。③阮彩霞、王川通过逻辑梳理，总结出微课程具有碎片化的学习内容、零散化的学习时间、开放性的学习空间以及情境化的学习资源等特征。④

从上述微课程特征的总结中，我们可以归纳出其本质特征：首先，微课程的主题突出，主要聚焦一个具体问题，针对性强；其次，微课程

---

① 胡铁生.“微课”：区域教育信息资源发展的新趋势［J］.电化教育研究，2011（10）：62.

② 李巧芳，杨文美.我国微课程研究现状及发展趋势分析［J］.中国教育技术装备，2013（30）：13.

③ 张静然.微课程之综述［J］.中国信息技术教育，2012（11）：20.

④ 阮彩霞，王川.微课程的概念、特点和理论基础［J］.课程·教材·教法，2014（11）：19.

的时间较短，较之传统课程的45分钟，微课程一般在10分钟以内，契合了人的焦点注意规律；再次，微课程的内容精微，一般是单元内容中的重难点、易错点、易混点与易考点，精微的内容体量可有效降低学生的认知负荷；最后，微课程的灵活性强，能够突破传统教科书知识编排的局限，增加补充性、趣味性、进阶性的拓展资源，有利于推展个性化、自主性、泛在式或混合式学习。

4. 微课程的价值意蕴

微课程之所以能够突破传统课程，成为信息时代新的课程形态，与信息技术的融入、教学时空的改变、学习环境的创设等密切相关，必然对教学系统产生重大影响。检视现有研究，关于对微课程价值意蕴的探讨，主要包括对学生学习变革、教师专业发展和课堂教学再造三个维度。

首先，微课程对学生学习变革的意义。微课程作为一种新的课程形态，必然会引发学生学习方式的变革。学生的学习根据不同方式可以划分为三种类型：面对面学习、在线学习和混合学习。有研究对这三种学习方式与学习效率的关系进行了实证研究，结果发现混合学习相对于在线学习和面授学习是最有效的学习方式。①混合学习虽然是一种较为高效的学习方式，但是所需要的条件也较为严苛，教学平台和教学资源二者缺一不可。所幸的是，微课程的出现为混合学习的实施提供了条件。微课程依托信息化平台，向不同的学生推送个性化教学资源，打破了传统面对面教学“齐步走”，学优生“吃不饱”、学困生“吃不了”，无法兼顾个体差异的知识授受格局。而今，学生可以通过微课程选择符合自己需求的学习资源，并打破时间、空间、环境的限制，做到随时、随地、随需学习。与此同时，微课程的内容以融汇文字、图形、图像、

① 胡立如，张宝辉. 混合学习：走向技术强化的教学结构设计［J］. 现代远程教育研究，2016(4)：21.

声音的微视频呈现，具有较强的画面感和趣味性，能够综合调动学生的视觉、听觉等感官，增强学生的焦点注意，这样一种全新的数字化学习环境，有利于激发学生的求知欲与创造力。

其次，微课程对教师专业发展的意义。作为一种新的教学资源，微课程在对学生学习方式产生影响的同时，也为教师的专业发展带来了机遇与挑战。在风驰电掣的信息时代，技术的进步与知识的转型正日益改变着人类的思维、学习和交往方式，以知识教学立身的教师所面对的知识、学生、环境已今非昔比，学生的个性需求开始彰显，教学的技术环境日新月异，知识的存在方式迭代更新，这就要求教师成为一名善用技术的反思性实践者。唯其如此，才能适应、开创并引领未来的数字化教学。而今，微课程的出现与应用，为教师向反思性实践者这一角色转变提供了更为便利的技术条件。我们知道，作为一种新的课程资源形态，微课程的设计与实施对教师的信息技术应用能力、网络资源检索能力、教学资源开发能力等提出了新的要求。这是因为，数字环境下的教与学需要教师精熟掌握课程设计、知识挖掘、视频制作、翻转课堂、人机交互等诸多方面的新理论、新知识、新技能，否则教师将出现信息化技术素养不足、数字化教学能力恐慌、微课程教学实施困难等专业发展瓶颈。对此，有论者认为，随着慕课、私播课、微课程等现代教学方式的日益完善，未来的学校教育与教师职业有可能逐渐消亡。此论虽有过于悲观之嫌，但也并非空穴来风，需要我们前瞻思考、谨慎对待。我们认为，教师职业是一种特殊的人对人培养与教化的文化传承与代际更新活动，教育的对象是身心尚未发育成熟、精神尚需教化涵养的少年儿童，脱离教师在场的教学必然会折损教育的“为人性”与“人为性”，因此现在断言未来教师职业会走向消亡还为时过早且显得虚妄。但是，这并不意味着教师职业没有隐忧。在可预见的未来，能够善用信息技术的教师逐渐淘汰信息技术素养匮乏的教师应是一种不可逆转的趋势，这对信息时代教师的专业发展提出了挑战。在这种背景下，可能的应对之策在于：以微课程的教学应用为契机，将之视为一种新的教研方式，指导教师更新知识观、教学观、教研观，开展基于信息技术的教学实践研究，善于从过程与细节中追问、思考、发现和变革，形成发现问题—解决问题—创新课程—指导学习的专业发展方式，以应对技术变革带来的教学挑战。

最后，微课程对课堂教学变革的意义。作为一种新的资源类型，抑或一种课堂范型，微课程并没有颠覆传统的课堂，相反它在依托传统课堂的基础上推动了传统课堂的结构性变革。具体来说，这种结构性变革表现为课堂结构的重组与教学流程的再造两个方面。从课堂结构重组方面来看，虽然变革以后的课堂要素依然由教师、学生、课程、教学等构成，但在基于微课程的课堂结构中，由于学生在课前自主学习中已经完成了重要知识点的学习，教师在课堂教学中的角色与功能随之发生变化，即从传统的课程知识讲授者与灌输者转变为进阶学习的引导者与促进者，学生也因课前学习任务的完成而在课堂进阶学习活动中变得更加自信与积极。与此同时，由于信息技术的介入，课程形态与实施方式随之也发生了变革，传统的课上知识学习、课后知识内化的教与学方式发生了翻转，从而克服了班级授课制条件下教师课堂教学整齐划一、学生课后学习无人辅导的弊端，此为教学流程的再造。实际上，这些都是基于微课程的翻转课堂教学模式带来的可喜变化。从更深刻的意义上讲，这种新的教学范式改变的并不只是教师、学生、课程与教学等课堂要素，它进一步变革了传统教学的时间、空间、关系与情境等课程生态。然而，令人遗憾的是，有关这些问题更富解释力与指导性的理论探讨，在当前的微课程研究中并不多见，时代呼唤既有深刻的理论思考又能系统地指导实践的微课程论著问世。

（二）技术制作

作为一种附载技术的课程形态，微课程的制作无疑需要较强的信息技术能力、课程设计能力以及知识加工能力。虽然，当下的信息技术日益走向平民化、草根化、赋能化，但是有效联结技术呈现与知识挖掘的功能，对教师的综合素养提出了新的要求。正因如此，虽然有关微课程技术制作的探讨几乎占据了微课程研究领域的“半壁江山”，但在涉及技术应用与课程设计、知识加工融会贯通的理论建构与示范教学方面的成果还较为鲜见。检视既有的相关成果，围绕微课程技术制作方面的探讨主要包括以下三个维度。

1. 微课程设计制作的思路

制作承载微课程内容的微视频是一项复杂工作，需要具有明确的设计思路。检视现有成果，有关微课程的设计思路可谓见仁见智。胡铁生绘制了区域性“微课”资源开发的流程图，指出它一般要经过宣传发动、技术培训、选题设计、课例拍摄、后期加工、在线报送、审核发布、评价反馈等环节才能确保其质量。在此基础上，他概述了微课程资源开发的两种途径：一是“以旧换新”的方法，即利用原有教学资源库中的教案、课件，对其进行再加工，将其改造为具有微课程特点的“新资源库”，该种方法用时短；二是重新开发，根据区域教育教学实际和师生的资源需求特点，通过自主开发、征集评审、项目申报、竞赛活动等方式，有计划、有针对性地组织开发一批新的“微课”资源库。①黄建军等从教师教学应用的视角出发，提出用于指导教师微课程教学设

① 胡铁生. “微课”：区域教育信息资源发展的新趋势［J］. 电化教育研究，2011（10）：64-65.

计的“五大思路”，即选题设计、时间设计、教学过程结构设计、资源设计和教学语言设计，并对这些思路做了详细解析。一是选题设计，选题必须精，具有针对性，除了重难点外，也可以是方法和经验展示；二是时间设计，一般在10分钟以内；三是教学过程结构设计，应当遵循“快速引入课题，并能吸引学生”“内容讲授线索要清晰”“总结收尾要快捷”这三大准则；四是资源设计，应以教学视频片段为主线“统整”教学设计（包括教案或学案）、多媒体教学素材和课件、教师课后的教学反思、练习测试、学生的反馈及学科专家的点评等相关教学支持资源；五是教学语言设计，语言应精练并且富有感染力。①而刘名卓、祝智庭则从课程论视角入手，提出了微课程的设计思路。他们认为，微课程不是孤立存在的，而是和其他微课程体系相互关联，所以在策划微课程的建设时，最好能从学习者的需求出发，对整个微课程群进行系统设计，而不只是考虑单一微课程的建设。在考虑每节微课程的独立性时，要考虑其与上层知识模块的逻辑关系，以兼顾其系统性和完整性。②

概而言之，上述学者的微课程设计制作思路虽存在一定差异，但其本质均是以学生的学习需求为出发点，旨在充分利用现代信息技术，把课程知识以短视频的形式呈现给学生，从而推动学习方式朝向多样化发展。

2. 微课程设计制作的模型

在明确了微课程设计制作思路以后，接下来就需要构建微课程设计制作的模型。当然，在模型构建时，秉持不同的设计理念，建构的模型会有差异。梳理现有的微课程模型，总体上有三种建构方式，分别是

---

① 黄建军，郭绍青. 论微课程的设计与开发［J］. 现代教育技术，2013（5）：32.

② 刘名卓，祝智庭. 微课程的设计分析与模型构建［J］. 中国电化教育，2013（12）：130.

区域微课程资源开发模型、教师微课程制作模型以及基于课程理论的微课程模型。

首先，持守区域性微课程资源开发视角的，主要以梁乐明等建构的模型为代表。该模型基于对国内外微课程（可汗学院、TEDEd、佛山微课）设计模式的量化研究，对三类模型十八个小项的优劣进行对比，提出了有效促进学习的微课程设计模式（见图 1-1）。该模式包含三个相互依存的核心步骤。一是前端分析，一节设计精良的微课程，需要结合教学任务，分析学生需求，确定学习内容，并解构成微课程资源，以实现与现实课堂的有机整合。二是教学支持与服务，这是微课程有效实施的重要保障，它承担着线上辅导以及师生互动交流的重要任务。三是课程设计、评价与反馈，零散化的微课程需要系统性，需要多种类型的资源以一定的结构进行组合并形成有意义的动态关联。学习资源动态生成的实现，需要通过师生教学的评价与反馈体现。而评价与反馈也可以对微课程的前端分析与设计提供改进意见。①笔者认为，此种设计模式虽然步骤清晰、可操作性强，但其遵循线性思维设计理路，未能充分考量微课程的复杂性特征。

其次，基于教师微课程制作的视角，余剑波、王陆针对当前微课程制作采用线性模式的弊端，提出了微课程设计的点链圈（简称 PLC）模型（见图 1-2），并对该模型的设计原理、基本框架、设计思路、设计内容、主要特点和局限性及应用范围做了详细描述。②

---

① 梁乐明，曹俏俏，张宝辉. 微课程设计模式研究——基于国内外微课程的对比分析［J］. 开放教育研究，2013（1）：71-72.

② 余剑波，王陆. 微课程设计的点链圈（PLC）模型研究［J］. 远程教育杂志，2013（5）：32-34.

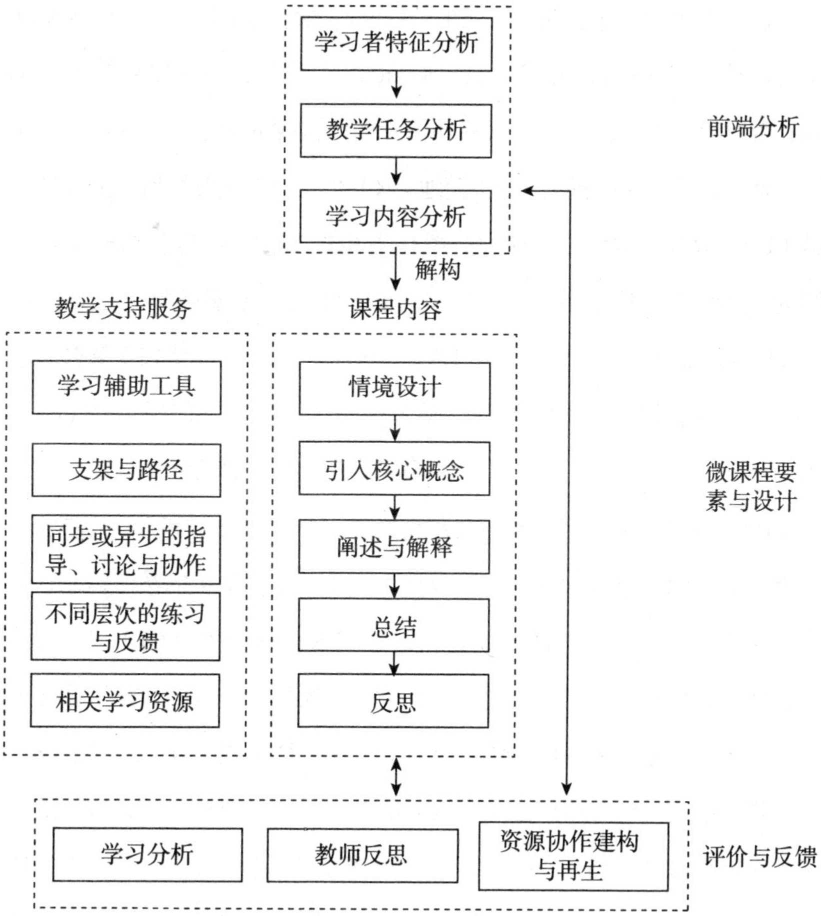

图 1-1　微课程设计模式

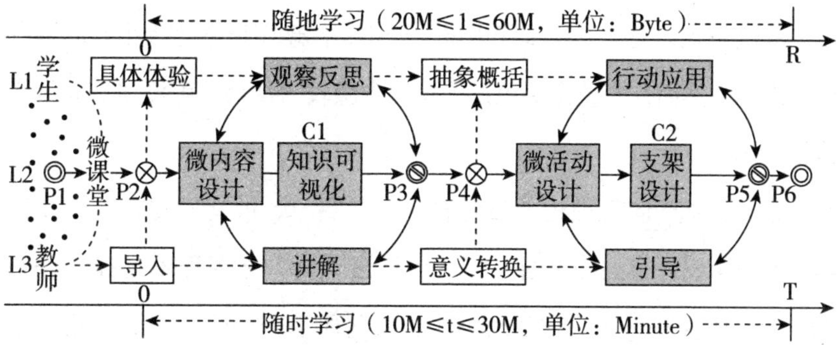

图 1-2　基于微课程设计的点链圈（PLC）模型

由上图可知，作者在“新三论”和学习科学的指导下，参照双循环学习设计序列（Learning Design Sequence）模型，设计了由教师、学生、微课程和工具四者相互联系并相互作用构成的动态交互网络。在微学习环境之中，学生随时（T）随地（R）获取个性化发展所需的经验。链（L）：教师、学生和微课程是模型建构的实体，这也就构成了点链圈的三条线索，其中学生链（L1），也即体验学习圈是整个框架的主线，微课程链（L2）和教师链（L3）都按照这个学生链认知序展开。圈（C）：微课程设计需要经历两个学习循环圈，第一转化循环圈（C1）和第二转化循环圈（C2），每个循环圈形成了特定的教学结构和模式。点（P）：教师、学生与微课程相互交叉就出现了若干“点”，微课程是由外部知识源经过教师的主问题设计后产生，结合学生的学习需求，开始微课程设计，学习者的“目标点 P1”成为微课程设计的入口，为达到目标需要设计体验学习的“情境点 P2”，通过第一次“转化”循环圈后，经历形成性“评价点 P3”，带着“任务点 P4”进入第二次“转化”循环圈，通过行动应用产生学习成果的终结性“评价点 P5”，理想的学习效果是形成“迁移点 P6”。因此，形成了“六”点（Point）“三”链（Link）“两”圈（Cycle）微课程设计模型，简称“点链圈模型”。笔者认为，点链圈（PLC）微课程设计模型采用非线性的设计思路，彰显了微课程的特点，突破了传统线思维的桎梏，体现了以学生为中心的课程设计理念。然而，此种微课程设计模式步骤较为烦琐，可操作性尚待实践检验。

最后，基于课程理论的设计视角，刘名卓、祝智庭提出了“微课程”的概念设计模型（见图 1-3）。该模型认为，微课程不是孤立存在的，而是生长在一个微课程群当中，大到属于一个学科群，小到属于一个单独课程群，也可以属于介于二者之间的主题群。在这个群系当中，微课程互相联系。依据上述设计理念，他们进行了微课程的概念设计，通过该概念设计模型，说明微课程设计时的内涵与外延，特别在正式学习的框架下，一体化体现原有的网络课程与微课程之间的关系，以期通过该概念设计模型去指导微课程的设计、开发、评价、数字共享等。①

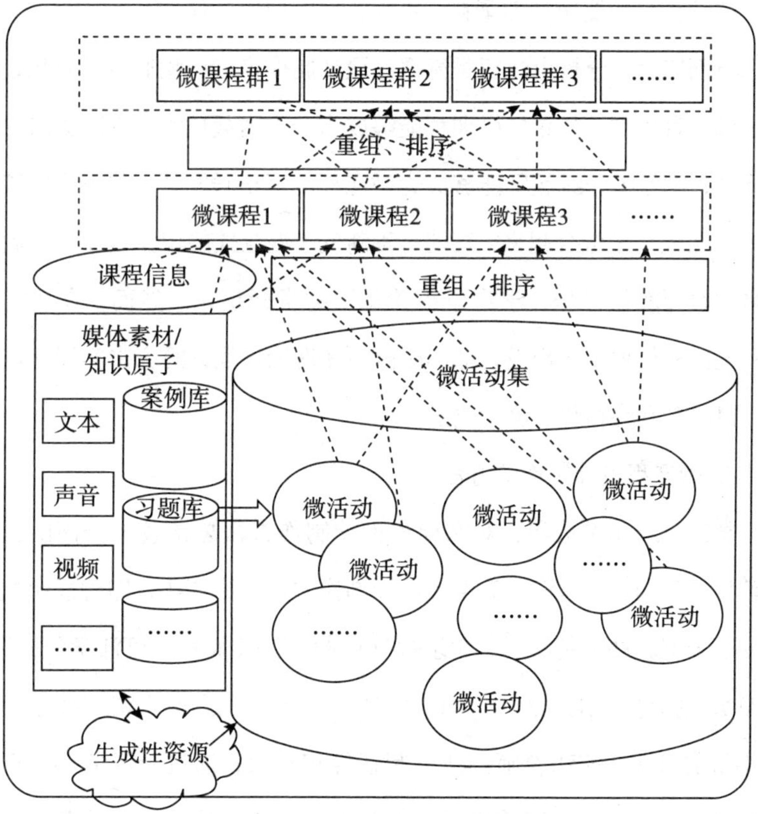

图 1-3　微课程概念设计模型

由图 1-3 可知，微课程是由多个微活动组成的，且每个微活动中的内容是最小粒度的。微活动中的内容存放于媒体素材库（又称知识原子

① 刘名卓，祝智庭. 微课程的设计分析与模型构建［J］. 中国电化教育，2013（12）：129-130.

库）中，在微活动过程中生成的资源又可回存到媒体素材库中，通常称这类资源为生成性资源。与此同时，各个微课程还可根据主题共同组成一个大主题下的微课程群。在一门大的课程架构中可以包含许多微课程（群），微课程之间可以有内在逻辑，但是不应该存在显式内容依赖。笔者认为，该概念模型的设计思路尽管也较为清晰，但并没有就此模型的结构与功能做详细阐释，更没有说明如何操作。

概而言之，分析上述三类微课程设计制作模型，我们可以看出，无论是哪一种模型，都希望微课程能够成为一种附载技术、普遍适用的课程形式，都希望一线教师能够成为微课程的真正开发者，进而将传统课堂与微课程真正融合起来，营建一种新的、混合式的课堂范型，以此来实现“教师教得轻松，学生学得快乐”的目标追求。然而，在我们看来，无论从何种视角出发，都不应停留在理论层面，而应由实践加以检验，以研判利弊得失、澄明改进方向。

3. 微课程设计制作的方法

梳理现有相关成果，对微课程设计制作方法总结较为全面的当属黄建军、郭绍青。他们将微课程设计制作方法归为四类，即智能手机拍摄法、录屏软件录制法、专业录屏软件制作法（简称“可汗学院式”）以及数码摄像机拍摄法。[①]（1）智能手机拍摄法。该方法主要是将智能手机的摄像功能和教师纸质书写运算相结合，通过录像的形式形成教学视频，再通过后期剪辑和字幕配置，最终生成一个微课程视频。（2）录屏软件录制法。该方法要求制作者首先根据所选主题，制作知识点内容 PPT 脚本，然后利用电脑录屏软件，录制 PPT 讲解过程，再将视频进行剪辑加工，最后生成微课程的内容载体微视频。（3）专业录屏

① 黄建军，郭绍青. 论微课程的设计与开发［J］. 现代教育技术，2013（5）：33-34.

软件制作法。该方法要求教师首先选定教学主题并形成知识点学案，然后将手写板或交互白板与电脑连接，接着打开电脑的录屏软件，通过手写白板或者交互白板进行教案演示、讲解，最后对录制的视频进行后期处理，从而生成符合微课程特点的视频课件。(4)数码摄像机拍摄法。该方法即是通常所说的课堂实录，录制教师的课堂教学过程，再对该视频进行剪辑、美化。分析上述四类常见的微课程制作方法，可以发现微课程制作的方法大同小异，区别主要在于讲述方式的差异，既有简单的"纸上谈兵"，也有智能的"手写板""PPT"，还有真实的"情境再现"。但无论是哪一种，最关键的都是教师对教学主题和知识点的遴选是否精微、恰切。如果教师在视频录制前对知识点或教学主题没有宏观、系统、深入的理解，那么无论设备多先进、制作多精美，对学生的学习都不会有真正的帮助。

综上所述，通观微课程技术制作研究成果，无论设计制作思路研究，还是课程模型构建探索，抑或技术制作方法建构，目前来看，虽然解决了"可用""能用"的问题，但距离"易用""好用"的目标还有相当的差距。前瞻未来，相关的理论研究与技术设计还有待实现新的突破。

(三)实践应用

作为一种数字化的资源形态，微课程的实践应用打破了传统教学线性、封闭、实体的物理时空，改变了以往师授生受、教为中心、以教定学的教学方式，为课堂教学的结构性变革开辟了新的方向。截至目前，微课程主要有三种常见的应用方式：一是通过手机、Pad等智能终端开展移动学习，满足个性化与自主性学习需求；二是融入课堂教学，支撑翻转课堂的教学创新与实践变革；三是将微课程组合进即时课程、网络课程，作为教学内容的有机组成部分加以应用。[①]综观现有研究，微课程的实践应用主要包括三类，即经验成果推广、应用问题探究和发展对策解析。

1. 经验成果推广

微课程的勃兴虽然时间不长，但借助各类赛事的推动，相关经验成果的推广已广泛铺开。2010 年 11 月，广东省佛山市教育局主办的首届中小学微课大赛，得到了广大中小学教师的积极响应，收到了 1 700 多份参赛作品，获奖视频上传佛山市“微课”资源库展播交流平台后，短短两个月内访问量超过 15 万人次，在一线教师中引起了热烈反响。以此为发端，微课程应用很快在全国范围内延展开来。特别是被誉为中国微课程第一人的胡铁生连续发表了多篇研究论文，推介区域微课程资源建设的思路与经验，在国内产生了积极影响。其后，华南师范大学和凤凰卫视联合开发了“凤凰微课”APP。该 APP 涵盖多门学科，满足了不同人群的自主学习需求。几乎同时，黎加厚及其团队在上海市闵行区发起了“微课程助推教学变革”创新之旅，随后在山东省淄博市、广东省深圳市福田区等地组织了教师微课程教学设计培训。基于创新实验与教师培训经验，黎加厚在《微课的含义与发展》一文中总结了微课程制作与应用的 17 条建议。[②]（1）时刻谨记你的微课程用户是学生。（2）一个微课程只说一个知识点。（3）尽量控制在 10 分钟以内。（4）不要轻易跳过教学步骤，即便是很简单、很容易的内容。（5）要给学生提供提示性信息（例如，用颜色线标识，屏幕侧边列出关键词，用符号图形标注等）。（6）微课程是整个教学组织中的一个环节，要与其他教学活动环境配合（例如，在微课程中适当位置设置暂停或者后续活动的提

---

① 单从凯，王丽. 微课程的开发与应用［J］. 中国远程教育，2013（12）：77.

② 黎加厚. 微课的含义与发展［J］. 中小学信息技术教育，2013（4）：12.

示，便于学生浏览微课程时转入相关的学习活动），让学生在学习单的统一调度下学习微课程。（7）微课程应有恰当的提问，问题的设计要恰当安排基本问题、单元问题和核心问题，灵活使用多样化的提问策略，促进学生思考。（8）每一个微课程结束时要有一个简短的总结，概括要点，帮助学习者梳理思路，强调重点和难点。（9）对一些重要的基本概念，要说清楚是什么，还要说清楚不是什么，让学生明确基本概念和原理，对于关键技能的教学，要清楚地说明应该如何做，不应该怎么做。（10）用字幕方式补充微课程不容易说清楚的部分（只需呈现关键词语，不必像电视剧一样将所有的台词都打出字幕，这会增加学生的阅读认知负荷）。（11）教师要培养学生养成良好的自主学习习惯（例如，要根据学习单的指导来看视频，看完视频以后要回到学习单来讨论、练习），要告诉学生使用微课程的技巧（例如，遇到没有听懂的地方可以暂停并重听）。（12）在学习单上将微课程和相关资源与活动超链接起来，方便学生在学习单的统一调度下跳转学习。（13）一门微课程开始的时候，要介绍清楚课程的评价方法和考试方式，引导学生根据教学目标学习。（14）微课程开始时，要介绍主讲教师的情况，让学生了解教师。（15）注意研究借鉴可汗在讲类似的课程时所采用的教学方法。（16）留心学习其他领域的设计经验，注意借鉴、模仿与创造（例如，从电影、电视、广告等大众媒体中找到可以借鉴的创意）。（17）有关微课程制作的操作技术细节：鼠标不要在屏幕上乱晃；字体和背景的颜色要搭配好；讲解课程时，鼠标在屏幕上移动的速度不要太快；画面要简洁，与教学内容无关的图标、背景、教师头像等都要删除；录制视频的环境要安静。

概而言之，当前关于微课程实践经验的推广研究，多是对微课程实践应用的经验总结，这表明微课程实践应用已呈现出普遍化态势，但此类经验性总结未能够向前一步，形成有生长力的理论形态，这势必会阻碍微课程教学实践的持续、深入与创新发展。

2. 应用问题探究

从本质上讲，微课程是一个熔信息技术、传播媒介与课程教学于一炉的复杂的、交叉的、集成的新兴事物，在其鲜明的“实践先行，理论滞后”表征背后，不可避免地存在诸多有待澄明与解决的应用问题。单从凯、王丽指出，在走向大规模应用的过程中，如何做到微课程中学历教育与非学历教育、正式学习与非正式学习的衔接，将是微课程实践推广中一个不可忽视的重要问题。①李小刚、王运武等指出，微课程实践中存在两个突出的问题：一是中小学教师往往将微课程视同微视频，这种误解导致在制作微课程时，只进行简单的时间缩短或者内容截取，并没有展现微课程的精微本质与课程属性；二是在微课程制作后期严重缺乏视频剪辑与资源编辑技术，导致微视频容量过大、难于播放、质量低劣。②与此同时，胡铁生基于实践经验，指出区域微课程资源建设存在的三大问题：一是微课程作品质量较低，主要是由课堂教学视频拍摄和编辑技术存在缺陷所致；二是微课程点播平台功能有待完善，应在发布、点播的基础上增加互动、评价、交流功能，以增强微课程的灵活性，满足不同群体的个性化学习需求；三是应用模式及效益亟待提升，佛山市微课程多在教师之间共建共享，而实际上微课程的主要受益群体是学生，因此应扩大其受益的覆盖面、实现其价值的最大化。③

① 单从凯，王丽. 微课程的开发与运用［J］. 中国远程教育，2013（12）：77.
② 李小刚，王运武，等. 微型学习视野下的微课程设计及教学应用研究［J］. 现代教育技术，2013（10）：34-35.
③ 胡铁生，詹春青. 中小学优质“微课”资源开发的区域实践与启示［J］. 中国教育信息化，2012（22）：68.

3. 发展对策解析

针对上述微课程在实践中存在的问题，研究者也提出了诸多应对策略。梁乐明等对微课程的应用进行了审视与总结，提出了微课程的发展对策。首先，注重微课程与现实课堂的整合。微课程作为一种新型的教学资源可以作为现实课堂教学的补充，而现实课堂也应该成为微视频资源的来源。其次，微课程是一门完整的课程，不能等同于微视频，应有完整的教学设计，以避免走向零散、无序的状态。最后，微课程初期制作完成后，应经过教师同行和学生共同试用，然后依据反馈意见修改完善，以实现学习资源的动态生成，实现微课程的个性化设计，扩大其受益群体。①胡铁生等就区域性微课程开发提出了三点对策：一是优化比赛管理流程，提高教师参赛兴趣。微课程参赛作品的提交应优化筛检流程，由教师直接投递而无须管理部门转投，这样更能保证比赛的公平性和高效性；二是开展教师技术培训，提高微课程制作的总体质量。应引入技术专家培训学科教师，突破教师微课程制作面临的技术瓶颈；三是丰富微课程资源数量，拓展其应用途径。应扩大微课程的应用范围，比如，运用于教师专业发展、基于微课资源库的校本教研、跨区域的互助式教研等方面。②

三、微课程立论的问题框架

基于对微课程勃兴的背景透视，对微课程研究的文献分析，我们发

① 梁乐明，曹俏俏，张宝辉. 微课程设计模式研究——基于国内外微课程的对比分析［J］. 开放教育研究，2013（1）：71.

② 胡铁生，詹春青. 中小学优质“微课”资源开发的区域实践与启示［J］. 中国教育信息化，2012（22）：68-69.

现，由于信息技术的融入、知识媒介的变革以及教学环境的变迁，针对这种新兴课程形态或教学方式的实践探索尽管已如火如荼地展开，但相关理论研究的针对性与解释力依然较为薄弱，亟待开拓一条视野开阔、脉络清晰、观照实践的研究进路。以此为目标，本书围绕以下问题展开。

（一）廓清问题疆界，展开微课程的理论慎思

1. 微课程的意涵到底是什么

检视既有文献，有论者指出，微课程呈现的知识是碎片化的，其短小精悍的特点决定了它必然同时具有孤立、零碎、割裂等致命弱点，利用微课程进行学习，学到的知识必然会零碎、割裂、不成体系。①而我们认为，这仅是一种表面化的理解与不必要的担忧。微课程是数字化、信息时代依托媒体技术出现的一种新型课程开发范式；其资源呈现方式以短小、灵活见长，目标精当、内容集中，但又注重彼此关联；其实施过程以泛在学习、在线学习为主，依靠学习者自我定位、自我导向、自主学习；它需要重新定位教师角色、重构师生关系，但又不是消解教师的地位与价值，而是在数字化背景下，师生借助媒体技术共同学习、共同成长，最终达成课程目标、实现育人目的。与此同时，我们发现，有关微课程概念、属性、结构、要素的界定问题，它同临近概念——微课、微型课程、微视频的区分问题，以及如何避免微课程知识点零散无序、难成体系的弱点问题，目前依然见仁见智，需要廓清迷思，达成思想共识，指导课改实践。有关这些问题，本书将在第二章加以分析。

---

① 郑小军，张霞. 微课的六点质疑及回应［J］. 现代远程教育研究，2014（2）：50-51.

2. 微课程有着怎样的价值功用

由文献综述可知，关于微课程的价值功用，主要体现为三个方面：从教师教学的角度来看，微课程推崇先学后教、以学定教、学为中心的教学模式，改变了传统上的先教后学、以教定学、教为中心的教学模式，这势必冲击数百年来班级授课的组织方式与教学流程。因此，可以说微课程是撬动教学方式变革的新支点。从学生学习的视角分析，在微课程视界中，诸如泛在学习、网络学习、混合学习等新的学习方式应运而生，这也给传统学习理念、学习组织、学习环境、学习评价等带来了新挑战。在此意义上，可以说微课程开拓了学习方式变革的新路向。从课程开发的视点来看，微课程的构建不再遵循传统上知识的系统性、全面性和逻辑性，而是选取内容知识中的重点、难点、热点、考点等加以深度挖掘，并借助智能终端以图文声像、视听结合的方式来呈现。这激发了诸多论者的焦虑，纷纷预判传统课程的纸本形态将可能被数字资源所取代，课程开发的主体也将日益走向多元化。就此而言，可以说微课程创生了课程开发变革的新范式。然而，上述观点到底是一种激情席卷之下的臆想，还是一种洞见未来端倪的预判，本书将在第三章展开论辩。

3. 微课程秉持了怎样的知识观

回溯历史，作为一种隐秘的力量，不断迭代的传播技术推动了知识与教育的联结，并逐渐融入课程知识观的建构与变迁。时至当下，信息时代的袭来，加速了传播技术的深刻变革，此亦推动着课程知识的理解方式、呈现形态、传播渠道的演进与革新。显而易见，微课程的勃兴是传播技术与学科知识深度融合的结果，它实现了教与学方式的翻转，改变了课程知识的生态环境。然而，缺乏对微课程知识观内在变革逻辑的系统梳理，将会阻碍我们对微课程知识观的透彻理解。而今，面对信息技术与课程教学的日益融合，我们有必要探问：作为信息时代孕育的一种新型课程形态，微课程蕴含着怎样的知识观？此种知识观萌生的时代背景是什么？微课程视界中的知识样态有哪些实践表征？又是何种动因牵引着传统课程知识观向此嬗变的？诸如此类的问题，需要从教学认识论层面予以解答，本书将在第四章加以探讨。

4. 微课程开拓了怎样的时空观

诚如有论者所言："课程是时间与空间的函数。"①换句话说，课程是由静态空间维度和动态时间维度构成的时空框架。一方面，就静态空间维度而言，课程要素的有机组合以及课程知识的生产与建构，均存在着特定的空间对应关系；另一方面，就动态时间维度而言，课程设计、课程开发、课程实施、课程评价等都有着清晰的时间流变过程。反观现实，伴随信息技术与课程教学的不断融合，微课程技术的草根性、内容的开放性、设计的非线性、结构的系统性等勾勒了新的课程时空架构，过去共时同步的教学时空已被打破，而今历时异步的教学范式正在变成现实，传统时代空间上不在场的沟壑已被网络环境下的全时空所填平。有鉴于此，我们需要追问：在新的时空架构中微课程的本真内涵是什么？它的哪些时空属性迥异于传统课程时空？这些独特的时空属性对课堂教学具有什么样的价值？有关这些问题的探讨，本书将在第五章逐一展开。

（二）消弭理实落差，破解微课程的实践难题

1. 微课程的系统化设计何以可能

系统化设计是微课程连接理论与实践的纽带。就单个微课程而言，

---

① 朱永海. 信息技术与课程整合之时空追问［J］. 电化教育研究，2009（1）：20-24.

它是一个有机整体，具备自组织性、自洽性。静态分析微课程构成，它包含课程目标、课程内容、课程组织、课程实施、课程评价等方面，具备传统课程的基本要素。而动态审视微课程诸要素的运作方式，在课程目标、课程内容、课程组织、课程实施、课程评价的链条中，依然遵循课程矛盾运动的基本逻辑，只不过这种逻辑运作同传统课程体系有所区别而已。同时，在微课程的外部，针对特定目标、围绕特定内容开发的若干微课程之间应存在密切关联。诚如诸多论者指出的那样，微课程的目标单纯、内容集中、形式短小、实施灵活，但是如果过分强调这些特质，又难以保证学习者获取系统化、统整性的知识。有鉴于此，微课程要充分发挥其适应未来学习方式的优势，必须在课程与课程之间实现关联化与序列化。而要实现这一点，就需要开展微课程的系统化设计。基于此种考量，我们将在第六章集中探讨微课程设计的理论基础、基本属性、设计原则、构成要素以及应用模式。

2. 微课程的翻转教学法如何建构

众所周知，作为一种现代教育价值观念凝结用以指导教与学实践的原则与方法，教学法既是教与学的理论解释与指导实践的规则体系，也是教与学的实践证明或检视理论的行动过程。显而易见，作为一种桥梁与纽带，教学法的理论旨趣与实践品格相互贯通，二者共同激发并支撑教学方法论思想的迭代与更新。进入 21 世纪以来，伴随信息、媒介与数字技术的加速融合，特别是微课程的萌生与发展，在观念上激发了人们对时间与知识的碎片化、空间与情境的虚拟化、教学与学习的个性化、技术与资源的智能化等要素重组与结构再造的课程想象，在实践中引发了教育系统包括知识形态、课程载体、传播渠道、呈现方式与教学结构等在内的课程生态的连锁式变革。可以说，基于微课程的翻转课堂教学法正是这一变革的突出表现。它承袭了传统教学法的理论旨趣与实践品格，根植于微课程应用与翻转课堂实验土壤，融生于翻转课堂与微课程的交汇合流与功能耦合，洞见了信息技术与课堂教学深度融合的序幕与前景。检视既有成果，诸多论者往往把基于微课程的翻转课堂教学法等同于一般的教学方法，有意无意地忽视了其作为一种方法论思想的精神内核。为正本清源、消除误识，本书第七章将透视微课程教学法的萌生背景，聚焦微课程教学法的本土酝酿，解析微课程教学法的实践创生，澄明微课程教学法的实践价值。

3. 微课程的表现性评价如何实施

毋庸置疑，信息技术与课程教学的深度融合，变革了既往教与学的方式、环境与体验，推动了课程与教学要素的结构性变革，进而挑战了传统的学习评价范式。就微课程的评价而言，包括两个相互关联的方面：一是对微课程本身的评价，这也是目前实践界集中探讨的重点，主要以各级各类微课程赛事的评分标准为代表；二是基于微课程的学习评价，此方面的评价研究目前较为匮乏，少量成果散见于有关混合学习的评价之中。检视当下，随着信息技术的介入与各类赛事的驱动，传统上课程与学习评价所秉持的标准取向、结果取向与间接取向，已无法适应未来数字化环境下课程与学习的评价实践，迫切需要建构适用信息时代的新的评价范式——表现性评价。基于此种想法，本书第八章将探讨技术之于课程与学习评价的功能，建构以促进学习为指向的微课程评价体系，探索基于微课程学习的表现性评价的实施路径，以期为创新数字时代的学习评价提供镜鉴。

4. 微课程视界中教师的角色如何重塑

在风驰电掣的数字时代，源于现代技术的挺进与驱动，教育生态中的连锁式变革业已展开。在这场连锁式变革中，知识从纸本跃居网络，学生由受众变为主演，环境也不再静默而呆滞，逐渐变得易于交互且富有智能。置身声、光、电、网编织而成的数字化境遇之中，传统意义上的教师突然发现自己躺在缓慢流失的沙洲之上，立身之基变得松动起来，从教之技渐感力不从心，生存之境开始充满危机……这些景象正在诱发并不断强化着教师角色的数字化焦虑。面对数字技术的汹涌来袭，作为教学的核心主体，我们的教师已然退无可退、避无可避，亟待以前瞻的姿态筹划自身的角色变革。基于此种情势，本书第九章将转向数字时代教师角色的重塑，探讨微课程视界中教育生态变革的趋势、教师角色变革的向度以及教师走向卓越的路径，以期消解教师的技术恐慌与职业焦虑，重塑新时代教师专业发展的角色图像。

本章小结

出于对“大”工业时代所造成的“蠢笨、无个性与千篇一律”等“现代病”的矫治，我们进入了“微时代”。相对于“大”时代而言，“微”时代更显“亲切、随和、灵活、个性化”，可以让我们“放松、从容、回归自身”。①也正是作为对微时代的回应，微课程应运而生并快速发展，继而开拓了课程设计、开发、实施、评价的新视界。透视技术融合创新的时代背景，我们发现，微课程的萌生与勃兴，导源于信息技术的创新、传播媒介的迭代与人类知识的转型。检视微课程研究的既有成果，可以发现相关研究主要包括三个层面：一是理论研究（包括概念界定、结构要素、本质特征及价值意蕴），二是技术制作（涉及微课程设计制作的思路、微课程设计制作的模型、微课程设计制作的方法），

① 陶东风. 理解微时代的微文化［J］. 中国图书评论，2014（3）：4-5.

三是实践应用（分为经验成果推广、应用问题探究、发展对策解析）。总体来说，截至目前，国内的微课程研究尚处于“实践先行，理论滞后”的初级阶段，实践的规范性、理论的适切性以及理论与实践的融洽度均需要进一步提升。有鉴于此，本书秉持理论与实践双向促动的立场，提出了微课程研究立论的问题框架。一方面，廓清问题疆界，展开微课程的理论慎思：解析微课程的本真意涵、追问微课程的价值诉求、澄明微课程的知识观念、探寻微课程的时空意蕴。另一方面，消弭理实落差，破解微课程的实践难题：分析微课程的系统化设计、建构微课程的翻转教学法、推究微课程的数字化学习、探索微课程的评价理路，并据此勾勒微课程视界中教师走向卓越的角色愿景。

第二章　微课程的意涵解析

放眼世界，随着大数据、云技术应用的汹涌来袭，顺应教育信息化、教学数字化的时代潮流，微课程以它短小精活、主题突出、易于扩充，适切翻转学习、混合学习、移动学习等特质，正变革着传统的教学理念与学习方式。然而，透视当下的实践，关于微课程的本真意涵、适用范围、应用模式等问题尚在探讨之中，实践中将它与微课、微视频、微型课程等邻近概念混用、误用甚至滥用的现象更是俯拾皆是，以致造成了诸多认识上的迷思与实践上的困惑。这里，笔者博采学界理论探索之精要，结合自身行动研究之反思，从“微”“课”“程”三个向度追本溯源，甄别、挖掘、审思并澄明微课程的内在理据，以期为建构信息时代的课程开发新范式提供镜鉴。

一、微课程之“微”探微

在现代汉语语境中，从课程论视界来看，微课程之“微”，在呈现形态上的“微小”或“短小”表征背后富有深意，在知识挖掘上的“精微”与“适切”表征还有待挖掘，在课程编制上的“草根”与“开放”表征更需要透视。

（一）在呈现形态上，“微小”或“短小”表征的背后蕴含着认知理据

较之传统课程，微课程在呈现形态上的显著特征是“微小”或“短

小”。在西方，无论是20世纪60年代出现的“微型课程”，抑或20世纪90年代提出的“六十秒课程”或“一分钟演讲”，它们作为微课程的前身或雏形，“微小”或“短小”均是题中之义。①2008年，戴维·彭罗斯提出了“微课程”概念，强调它是长度“1分钟左右”，能产生“更加聚焦的学习体验”的“知识脉冲”。②微课程传入中国以来，教育界对其时长也做了探讨。胡铁生强调，微课视频长度不宜超过10分钟，5—8分钟最为适宜；③黎加厚指出，微课程是指时间在10分钟之内，有明确的教学目标，内容短小，集中说明一个问题的小课程；张静然提出，它是一线教师自行开发的、时间在5分钟左右的微小课程；④刘名卓、祝智庭认为，微课程是一种不长于10分钟的内容精、容量小的新型课程形态；⑤阮彩霞、王川认为，它的时间通常持续5—15分钟都可。⑥这里，我们暂且不论微课程与其临近概念的差异，仅从呈现形态上来看，较之传统课程的“宏大”与“整全”特质，微课程的“微小”或“短小”特征已无须再论。

而事实上，审视微课程的呈现形态，止步于“微小”或“短小”是不够的，我们还要追问两个问题。其一，微课程之“微”的时长标准是什么？从学习学的研究来看，人的焦点注意一般有相对稳定的时间，太长会造成注意疲劳，太短则会消减注意效率。边际递减理论也表明，一项活动即便生动有趣，如若时间较长、内容较多，人的好奇心与注意力

---

① 吴严超. 微型学习资源：“微”理念与实践的思考［J］. 江苏广播电视大学学报，2013（5）：17-20.

② Shieh, D. These lectures are gone in 60 seconds［J］. Chronicle of Higher Education, 2009, 55（26）：A1, A13.

③ 胡铁生. “微课”：区域教育信息资源发展的新趋势［J］. 电化教育研究，2011（10）：61-65.

④ 唐军，李金钊. 中小学微课程研究综述［J］. 上海教育科研，2013（9）：55-57.

⑤ 刘名卓，祝智庭. 微课程的设计分析与模型建构［J］. 中国电化教育，2013（12）：128.

⑥ 阮彩霞，王川. 微课程的概念、特点和理论基础［J］. 课程·教材·教法，2014（11）：19.

也会降低。因此，微课程之“微”的时长标准，既不能依据未经证实的感性认识，更不能依据想当然的主观臆断，而应针对受众的年龄阶段与心理特征，以及知识的体量大小与难易程度来设定，切不可为“微”而“微”。其二，微课程之“微”的认知依据是什么？认知负荷理论表明，人的工作记忆的容量非常有限，当学习者要掌握复杂的内容时，就会承载过重的认知负荷。一般来说，人的认知负荷分为三类：一是原生性的，它取决于“知识本身的复杂程度”；二是无关性的，即“因教学设计不当而产生的额外记忆负担”；三是相关性的，也就是“学生的图式建构和自动化过程所占用工作记忆的资源”。其中，“学习材料的组织与呈现方式”“学习材料的复杂性”“学习者的先验知识”决定着认知负荷的大小。①以此为鉴，有论者指出，微课程设计要“适度控制原生性认知负荷，有效降低无关性认知负荷，合理调节相关性认知负荷”②。实际上，这也是微课程之所以目标单纯、主题明确、内容短小、用时不长、半结构化的认知理据。毕竟，能够避免认知超载、符合学习规律的课程，才是具有科学依据、师生喜闻乐见的课程。

（二）在知识挖掘上，“精微”与“适切”表征的背后存在着视点差异

这里的“精微”，主要是针对微课程在知识挖掘程度上的“精深”与知识内涵阐释上的“微妙”；而所谓“适切”，则是指微课程在知识安排上“适从”知识的教学规律并“契合”学生的认知顺序。笔者认

---

① 张晓君，等. 认知负荷理论视角下的微课程多媒体课件设计［J］. 现代教育技术，2014（2）：21-24.

② Tamara van Gog，Fred Paas，John Sweller. Cognitive Load Theory：Advances in Research on Worked Examples，Animations，and Cognitive Load Measurement，Educational Psychology Review［J］. Educational Psychology Review，2010（22）：375-378.

为，从性质上来说，微课程依旧是“课程”，它应具备传统课程所具有的一切要素，只是在内容与形式上“具体而微”罢了。首先，微课程的目标精微，区别于传统课程兼顾知识、能力、情感等多维目标设置，它往往集中解决一个重难点、易错点、易混点、易考点，确保在有限时间里知识授受的便捷、直观、生动、深刻及有效。其次，微课程的内容集中，不管是基于网络时空的远程在线微课程，还是处于物理时空的课堂教学微课程，都要求制作者根据学生知能习得目标的要求，有针对性地生成微课程的可视化内容，其中原理的讲解与案例的选择均要言简意赅，直接指向国家规定的课程标准。再次，在课程实施上，微课程的应用需要适用迅猛发展的媒体技术并在网络时空中传播，学习者需要适应在线、移动、混合、泛在等学习方式，这也有别于传统课程持守的那种预设性、线性化、封闭式、单向度的课程实施。最后，在课程价值层面，不管是微视频、微课程还是微型课程，它们一方面能够适应人类的认知规律，便于信息时代人类学习方式的转变与学习化社会的建构；另一方面，在这种时间碎片化、空间虚拟化、思维可视化的学习过程中，它们还能够促使学习者的认知结构优化重组，进而生成系统化的知识图谱。

诚如上述，微课程在知识挖掘上呈现出“精微”与“适切”，然而这些并非为微课程所独有，实际上它们也适用于微课、微视频、微型课程等知识传播形式。因此，我们需要进一步厘清微课程与其泛相关概念在知识处理上的差异。首先，微课程与微视频显然不同，虽然二者在内容体量、制作技术、传播方式上较为类似。从性质上说，微课程属于“课程”范畴，它除了常用微视频为载体之外，还可依据课程知识与教学情境需求，以音频、动画、文本、PPT 等形式呈现；而微视频则属于“资源”范畴，它以短平快、娱乐化、互动性见长，广泛用于娱乐、教学、商业等诸多领域，通常只是微课程的呈现载体。其次，微课程与微课不应混同，虽然二者在知识的遴选、载体、传播与技术等方面相似。一般来说，微课以微型教学视频为核心，配以教学需要的微课件、微练习、微点评等积件进而形成半结构化、主题突出的数字化学习资源包。①笔者认为，微课程在内容上既包括静态的教学资源，也包括动态的课程实施；在结构上既包括教师的知识阐释环节，也包括学生的意义建构过程。也就是说，微课仅是微课程之“课”的内容资源，尚不具备微课程的“内容+实施”的“课程”属性，因此将二者混同是一种重“课”轻“程”或有“课”无“程”的认知偏见。最后，微课程与微型课程也不可同日而语，虽然二者都具备知识教学上的目标、内容、实施、评价等要素。从起源上看，微型课程主要针对早前学校课程教学时间长、规模大的弊端，而提出的时间与规模都是小型的、专题式的、适用正式学习的一些小模块课程；②而微课程则是近年来信息、网络、媒体等技术与教育、课程、教学深度融合的产物，它主要针对的是信息时代知识、时间的碎片化与空间、情境的虚拟化，而提出的一种智能化、个性化与泛在化的教与学方式。

（三）在课程研制上，“草根”与“开放”表征的背后潜存着技术悖论

一方面，这里的“草根”与“开放”意味着微课程研制的多元主体之间是一种平等、协商、合作的关系，而非遵循传统课程研制格局中的主从、上下、排他逻辑。他们既可以是学科教师、信息技术教师，也可以是教育信息化行政管理人员、数字化教育产品研发机构，还可以由上

① 胡铁生．“微课”：区域教育信息资源发展的新趋势［J］．电化教育研究，2011（10）：61-65.

② 刘名卓，祝智庭．微课程的设计分析与模型建构［J］．中国电化教育，2013（12）：128.

述几类人员协同完成教学设计与课堂教学、视频录制与后期编辑、网络点播与资源管理等任务。这种主体多元、开放合作的草根性课程生成方式，较之传统课程权力集中、操作封闭的编制模式，无疑更加公开透明、便于共享交流。众所周知，在传统模式下，课程诸要素之间的关系及其运作是一种线性存在，课程标准与知识选择等一般是在教育行政部门主导下，由置身中小学课堂之外的课程专家完成，一线教师主要是被动地进行课程实施，至于作为课程对象的学生的“话语权”更是微乎其微。

而就微课程来说，这种状况在一定程度上得到了改观。首先，在课程研制过程中，诸要素运作过程中的主要环节是微课程设计与制作，即依据课程标准与教学目标，以合宜的方式将教学内容制作成小粒度化的微视频供学生在线学习。在当下这个“自媒体”时代，人人都是“信息源”，课程研制权力也就不再为教育行政部门与课程教学专家所独占，而是面向包括教师与学生在内的所有人员开放。尤其是它所具有的动态生成、易于扩充、及时更新等特性，为师生自由编辑视频、添加教学资源、进行情境设计等预留了广阔的空间。其次，在课程实施过程中，由于网络时空的介入，微课程在教与学上呈现出“时空异步”特点，它变革了传统课程在物理空间中教与学“共时同步”模式，学习者可以借助网络终端随时随地展开学习。与此同时，随着网络、媒体与数字技术的融合发展，微课程开发中的人机交互、双向反馈、智能推送等功能正在成为现实。在可以预见的未来，微课程的半结构化、可扩展性优势必会更加凸显。

另一方面，这种草根性与开放性在赋予微课程以生命力的同时，其背后还潜存着“粗放”与“集约”的技术悖论。其一，制作技术门槛日益降低与课程质量总体不高的矛盾不断凸显。技术至上者认为，目前微课程制作主要采用的 PowerPoint2010、屏幕录像专家等录屏软件，会声会影、Movie Maker 等视频软件，DV+白板/白纸，手写板+录屏+PPT 等制作方法，它们具有简单易学、操作简便、快速上手等平民化特点，因此无须专门学习微课程制作的技术与方法。然而实证调查表明，目前我国微课程的制作较为粗放、质量良莠不齐，76%的教师认为"微课程的设计是微课程制作过程中最重要的环节"，34%的教师认为"在微课程制作过程中遇到的主要问题或困难是没有掌握微课程的设计方法"。①有鉴于此，内容主导者强调，依据拉尔夫·泰勒（Ralph W. Tyler）的课程开发范式，微课程研发要清楚地反映"学习问题"（目标）、"微视频"（内容）、"网络互动"（活动）、"学习诊断"（评价）四要素之间的关系，确保解决实际问题、达成预期目标。据此展开的调研也显示：在 20 个随机抽样的微课程网站中，75%的网站将微课程混同于视频制作、网络上传、资源索引与实时点播，即便有少数网站添加有交互功能，但学习目标与学习评价等维度依然是缺失的。②由此可见，微课程研制中"重技术、轻设计""重视频、轻课程"，甚至是"有视频、无课程"的倾向均不同程度地存在。

其二，专业研发机构能够保证微课程质量但普遍化应用困难的矛盾也不容忽视。可以预见，随着云计算、物联网与大数据技术的日臻成熟，以及网络化、智能化、移动化社会的蓬勃发展，微课程作为一种数字化的学习资源、富媒体的整合课程或者智能化的学习方式，其本身的生成性、融合性和开放性决定了它未来必然走上规范化、专业化与集约化的道路。诚如有学者所说，微课程设计当前尚处于尝试阶段，未来还

---

① 郑小军，张霞. 微课的六点质疑及回应［J］. 现代远程教育研究，2014（2）：50-51.

② 李锋，张斌. 基于课程标准的学校微课程研发［J］. 课程·教材·教法，2014（11）：23-24.

要“系列化”“与教材配套”，增加“视频互动性”和“学习分析系统”，并且由教育出版机构与教材编制部门协同来做。[①]辩证地看，目前的“草根式”课程生成方式与“平民化”视频制作技术，虽能一定程度上提升教师的课程意识与媒介素养，但在“技术中心”“内容中心”“学生中心”等研发取向的支配下，最后制成的微课程难免产生“技术绑架课程”“内容屈从技术”“学生浅表学习”等弊端。我们认为，可能的除弊之策包括：在国家层面上，研制微课程开发技术标准、搭建微课程创作资源平台、组建微课程协同研发团队等，这样能够保证微课程内容的权威性、质量的可靠性与服务的立体化。然而，如此一来，新的悖论又将接踵而至：微课程制作的技术门槛、开发投入和协同成本将会大大提高，相应地其主体的参与度、设计的个性化等都将受到限制，势必会影响它的常态化教学与普遍化应用。

二、微课程之“课”透视

传统教学论认为，“课”是有时间限制的、有组织的教学过程的单位，其作用在于达到一个完整的然而又是局部性的教学目的。[②]在信息技术与课程教学日益融合的当下，我们认为，微课程之“课”除了可做上述理解之外，还有“教学资源的组合单位”或“学习活动的计量结果”之意，下面我们从三个层面加以透视。

---

① 黎加厚. 微课程教学法与翻转课堂的中国本土化行动［J］. 中国教育信息化，2014（14）：8.

② 李秉德. 教学论［M］. 北京：人民教育出版社，1991：245.

（一）学科知识点：微课程之“课”的起点

作为学校教育的核心环节，课程之“课”本质上是个知识问题。有论者指出，知识论基础不仅制约课程内容的研制与选择，而且决定课程的认识论、价值论、方法论等基本问题，决定关于课程的思维方式、言说方式、实施方式。①也就是说，知识是课程生成与变革的基础和依据，离开了“知识”与“知识论”，课程也就成了无源之水、无本之木。人类之所以能从远古蛮荒顺利走到纷繁当下，并在其间不断自我实现与自我超越，很大程度上是因为他们善于将先辈的知识经验有效地代际传承。在制度化的学校教育诞生之后，此种代际传承职能主要由学校来承担、用课程来落实。而课程设计与开发的核心任务就是知识内容的选择，无论是“什么知识最有价值”与“谁的知识最有价值”引发的论争，还是基于“目标”“过程”“结果”的课程开发，抑或秉持“学科内容”“学生兴趣”“社会改造”取向的课程编制，实质上都是基于特定目标从人类知识经验中遴选合宜部分，以合理方式加以传承，以促使青少年身心发生积极变化，进而不断推进个体社会化的过程。

毋庸置疑，作为课程的一种时代变式，微课程之“课”的逻辑起点当然也是人类知识。不过，这里的知识应具备三个条件。首先，进入微课程的知识要经过个体需求、社会需要与学科发展的重重筛选，接受精准性、可靠性、开放性检验，能够回答“基于什么标准遴选什么知识制作什么样的微课程”这一问题。基于前文的阐释，问题的答案可以这样表述：微课程是基于国家的课程标准，遴选教学的重难点、易混点、易错点、易考点，制作短小精活、适合碎片化与个性化学习的数字化课程。其次，知识内容的组织要符合微课程的特点，确保它在呈现形式上

---

① 郝德永. 知识与课程：“支点”的困境与超越［J］. 全球教育展望，2008（10）：6-11.

的微小或短小、知识挖掘上的精微与适切、课程编制上的草根与开放，以支持学生的翻转学习、混合学习、移动学习，促进传统教育观念与教学理念的汰变，催发现代教学手段与学习方式的更新。最后，知识内容的载体主要是微视频，同时辅之以微教案、微课件、微练习、微反思、微点评等支持性与拓展性资源。作为一种情境化、可视化、趣味化的学习资源生态系统，微课程借助网络平台传播、智能终端接收，改变了传统课程在物理空间中的同步互动范式，正在形成一种全新的在网络时空中的异步教学模式。需要强调的是，微课程之“课”虽然在课程组织、传播载体以及呈现方式上变革了传统教学范式，但并未也无法改变教育的目的，抑或教学的目标，知识依然是微课程设计的逻辑起点，只不过这里的知识更加聚焦学科的知识点而已。

（二）学习者经验：微课程之“课”的依据

课程的本质到底是“知识”，还是“经验”？我们认为，实际上二者是一个问题的两个侧面，本质上所涉及的都是课程内容的选择问题，争论的根由是判定的基点不同。如果依据“群体”这个基点，从人类积累的知识经验中选择课程内容，则课程就是“知识”；如果选取“个体”这个基点，依据“个体经验”来组织课程内容，则课程就可以理解为“经验”。当下，有人基于系统论视角的新经验论，把课程视为一个“经验系统”，①这实际上秉承的是知识与经验相统合的取向。从哲学的视角看，经验有两个来源：一是基于感觉与知觉而来的直观认知，二是基于实践与反思的深层体验。经验的内容包括策略性内容、方法性内容和体验性内容，经验的方式也有亲历亲为的操作、探究、反思以及上

① 杨志娟，蔡淑兰．课程定义的新视角——基于系统论视角的新经验论［J］．内蒙古师范大学学报（教育科学版），2009（12）：25.

述多种方式的复合等不同种类。①以此观之，个体经验的品质会直接影响教育教学效果。从学习学来看，唯有学习者自己才是教学活动中真实学习的主体，“以学定教”“学主教辅”“先学后教”等新的教学模式正在也终将完成传统教学“道”与“路”的翻转。因此，理想的课程与教学都是始于经验、立于经验、归于经验的，这里的经验当然是指学习者的经验。

进而言之，微课程之“课”的依据是学习者的经验。这其中有两重内涵：一是以课程专家、学科教师为主的课程编制者在开发微学习资源、制作微课程时，要清醒地认识到所开发的课程资源、所制作的课程文本，是要付诸学生的学习体验的，因此资源的组合方式、知识的呈现形式和文本的组合样式等都要从学习者的经验出发，都要便于学习活动的便捷高效展开；二是在微课程的研制中，开发者将基于特定目标、围绕特定内容制作的微课程上传到网络点播平台，学习者根据自己的需要与兴趣，从这些资源所组成的“课程超市”中自主选学，可以说这本身就是尊重学习者经验的最好体现。循此逻辑，在微课程的实践中，又有如下两个问题值得审思：一是不管是课程专家还是教师或学生，在开发微课程时，如何保证出发点是基于学习者而不是课程开发者的经验。检视当下网络平台上的众多微课程，这个问题似乎还没引起足够重视，很多所谓的“微课程”也仅是冠以微课程之名，实质上同传统上基于成人视点的课程没有本质区别；二是在课程实施环节，由于微课程的传播介质主要是新媒体，学习者的学习活动主要依靠自我的定向、指导和监控，学习方式也以移动、翻转、即时的学习为主，具有碎片化、非

---

① 孔凡哲. 基本活动经验的含义、成分与课程教学价值［J］. 课程·教材·教法，2009（3）：33-38.

线性等特征，那么如何在充分尊重学习者经验的基础上，对这种数字化的学习活动进行指导，以确保真实学习、系统学习、深度学习的发生，这也亟待探索破解之策。

（三）经验的改造：微课程之“课”的旨归

归根结底，课程价值体现在学生的实质性发展之中，即是说经过课程的设计、开发、实施、评价等环节，学习者的知识、技能、情感、态度与价值观要发生建设性的变化，这才是真正意义上的“学习”。从心理学上来说，真正意义上的“学习”有三个条件：主体身心发生某种变化；这种变化相对持久；由主体与环境相互作用而产生的变化，是后天习得而不是先天反应倾向所导致。①在约翰·杜威（John Dewey）看来，这种变化就是学习者经验的改造与改组，“教育在它最广泛的意义上就是生活的延续，而生活是个体或种族的全部经验”，所以教育源自、通过并归于经验。但是，并非一切经验都具有崇真、向善、显美的性质，教育的作用就是扩展有益的经验，改造有害的经验，从而促进儿童的生命成长。因为“这种经验的改造或改组，既能增加经验的意义，又能提高指导后来经验进程的能力”。②正是在此意义上，我们认为，不管是基于“群体”视点的知识课程，还是基于“个体”视点的经验课程，其最终的落脚点都应是学习者的经验得到改造或改组，生成了新的生活经验或生命体验，唯有如此才能臻达课程目标、彰显课程价值。

与此同理，微课程同样也要通过课程设计、实施、评价等活动来促进经验的改造或改组，以促使学习者的身心发生向好的实质性变化，并

---

① 皮连生. 教育心理学［M］. 上海：上海教育出版社，2004：30.

② 蒋雅俊. 论杜威的经验哲学与经验课程哲学［J］. 南京师大学报（社会科学版），2013（4）：88-96.

保证这种变化是基于微课程的学习而来。进一步说，这种作用方式应充分考虑信息时代人类的思维、生活和学习方式，借助信息、网络与媒体技术以“微”的样式来呈现，以便学习者依据个人的兴趣与发展取向，随时开启自身经验改造或改组的进程，进而实现微课程所承载的变革学习方式这一时代使命。如此一来，就有一个重要问题亟待探索科学的解决方案，即如何在这种随机的、碎片化的学习过程中，在对学习者进行督导的基础上，采取有效的方式对学习结果加以评估，并据此对微课程进行调适与改善，以彰显微课程的动态生成特性。笔者认为，应对之策有三：一是创设包括微课程在内的数字化学习资源 GPS 协同研发模式①，整合利益相关者力量破解微课程研发的技术、实验与推广难题，以此来拓展微课程的未来发展空间；二是建立科学有效的数字化学习资源评价机制，提高微课程评价结果的科学性与权威性，以此来规范教与学的资源建设行为；三是制定可操作性的数字化学习资源评价指标体系，有效融合课程标准对各类数字化资源的新要求，以此来引导微课程的常态化教学与普遍化应用。

三、微课程之“程”审思

长期以来，学界对课程的本质是“知识”“经验”，或者是“目标”“计划”，还是“教程”“学程”的争论，一直见仁见智、异见纷呈。我们认为，其分水岭在于对“课程”理解的重心是落在“课”上，还是落

① 这里，G 表示教育行政部门 Government，P 表示教材出版机构 Press，S 表示基础教育学校 School。笔者以为，微课程的研发离不开一线教师的深度介入，同时教材编写者的参与也至关重要，只有以此为基础和前提，采取利益相关者多方协同的模式，才能实现微课程的常态化教学与普遍化应用。

在“程”上。实际上，“教育经验说”“学习科目说”“教学内容说”等关注的重心显然是“课”，而“课程计划说”“学习进程说”“认知跑道说”①等则把重心放在了“程”上。这里，我们以双向统合的思路对微课程之“程”加以审思。

（一）微课程的要素与实施应具“整全性”

有人提出，微课程将教学内容过度碎片化、简单化，难免会造成教育的弱智化、快餐化。笔者认为，这种观点忽略了微课程作为“课程”的“整全性”。所谓“整全性”，是指微课程应具备课程要素上的完整性、结构上的自足性与逻辑上的自洽性，应该是“以视频为主要载体，记录教师围绕某个知识点或教学环节而开展的简短、完整的教学活动”②。

一方面，就课程要素的整全性来说，它包括静态与动态两个维度。从静态来看，微课程包含课程的目标、内容、组织、实施、评价等一切课程应具备的要素，不会因为它是信息时代出现的新型资源组合方式就显得例在其外，否则它也就失去了作为“课程”的根由。从动态来看，微课程要素之间的运作方式是系统性的、合规律的，即便是在课程目标、课程内容、教的活动、多元交互以及媒体工具的链条中，我们依然能够找到各要素矛盾运动的基本逻辑，只不过这种逻辑还具有传统课程所不具备的一些特质：在目标层面上，要设计微课程的适用教学阶段并预设知识点教学所达到的结果；从内容上来讲，需对课程内容进行精选、改编、润裁与可视化处理；就教的活动而言，教师要通过微课程

① 靳玉乐，于泽元. 课程论［M］. 北京：人民教育出版社，2012：37-38.

② 教育部发布“微课”的参评项目及相关要求［EB/OL］. http://weike.enetedu.com/bisai_fa.htm，2014-12-31.

引导学生在数字化环境中深度思考、建构意义；而教的活动则需借助微视频等媒体技术以实现概念、信息与操作的交互。

另一方面，从课程实施的整全性来讲，它包括教与学的角色功能及双边关系。就前者来说，表面上看教师只要依据课程目标，以合规律的方式将课程内容整合，制作完成并适时上传微视频，其角色与价值即可终结，至于微课程的实施环节，在信息时代则可完全依赖学习者的自我规划、自我导向、自我监控来落实。其实这是一种误解，因为缺失了教师要素的教学已不成其为教学，微课程的实施不是不再需要教师，只不过教师角色与价值的体现方式发生了转变。就后者而言，传统的课程实施主要在教室中进行，师生可以面对面沟通交流，信息传输是在有声语言、生动表情、肢体动作等手段营造的自然场境中进行，学习者收获的不只是单纯的知识与技能，还有情感、态度、价值观的陶冶；而微课程的实施主要借助媒体技术在虚拟的网络空间中进行，其间调动了视觉、听觉、触觉等认知通道，信息交互方式明显不同于传统的课程，师生的交往方式也发生了根本性变化。面对技术带来的挑战，笔者以为，探索微课程的情感化设计与翻转课堂、电子书包、智慧校园相融合的应用模式，对于建构数字化背景下的课程开发范式具有重要的实践价值。

（二）知识点与知识点之间应当“体系化”

有人认为，微课程短小精悍的特点决定了它必然同时具有孤立、零碎、割裂等致命弱点，利用微课程进行学习，学到的知识必然会零碎、割裂、不成体系。①固然，单个、孤立的微课程将知识点进行切割、碎

① 郑小军，张霞．微课的六点质疑及回应［J］．现代远程教育研究，2014（2）：50-51.

化，形成信息孤岛，确实无法实现知识的联结、整合与贯通。但是，如果按照如下设计思路，上述弊端就能得到有效消解。首先，科学萃取知识点。微课程设计应遵循戴维·梅瑞尔（M. David Merrill）的“首要教学原理”，从缜密的知识体系出发，精准地析出、提炼、萃取重难点、易错点、易混点、易考点，同时清晰呈现出它们之间的内在关联。如此一来，每个知识点就能唤醒先前的认知经验，继而引出后续的知识单元。因此，作为微课程研制者，科学萃取学科课程知识点，并准确呈现、串联前后左右知识点的内在脉络，是信息时代教师实施微课程教学的核心素养。其次，测绘知识点地图。如前所述，以知识点之间的逻辑关系为“线”，将若干既相对独立又彼此关联的知识点进行关联化、序列化、体系化处理，这样就能够形成网状结构、泾渭分明的知识点地图。如果我们再把这个地图放大，就会发现大的知识点之下还有若干小的知识点，学习者只要贯通知识点地图标示的学习脉络，就可避免所学知识的碎片化与彼此孤立。①最后，创生数字化“知识树”。如果说人类知识是以学科为类目而构成的“知识丛林”的话，那么学科之下的若干课程就是一棵棵“知识之树”，而若干主题单元或知识模块也就构成了“树的枝蔓”。循此逻辑，星罗棋布的知识点也就构成了“枝繁叶茂”的知识景观。在信息化视野下，我们用将知识点加以挖掘并以微视频呈现的“微课程”来喻指“知识树”的“叶片”，相应地知识点之间的逻辑关联也就可被视为每个“叶片”之下的枝干，它们扎根于课程改革的实践土壤，接收从根部输送而来的思想养料。

另一方面，知识点与知识点之间实现“体系化”，也符合青少年知情意行融合发展的规律。在网络课堂、翻转课堂时代，学生借助媒

① 梁乐明，曹俏俏，张宝辉. 微课程设计模式研究——基于国内外微课程的对比分析［J］. 开放教育研究，2013（1）：65-73.

体终端依据自己的兴趣与需要随时开展学习，其间课程资源作用于学习者并促使其获取知识、形成能力、完善人格的过程也是渐进的。从实质上看，不管是单纯的知识习得，还是互动的知能转换，乃至人格的最终形成，都是一个螺旋递升的过程。如果我们对这个复杂的过程进行合理拆解，分别设计成微课程加以单项训练，再在体系化的训练方案指引下，引导学习者进行知识统整与能力迁移，最终也能够帮助学习者获取系统的认知经验，训练娴熟的操作技能，形成优良的个性心理品质。比如，内蒙古鄂尔多斯东胜区教研中心李玉平老师围绕“师德教育”这一主题创作的包括“心情管理员”“捂本的孩子”“忙中的宁静”“恐怖的课堂”等在内的系列微课程，①就以敏锐独特的眼光选取知识点，生动系统地呈现了有关青少年情绪调节、心理疏导、态度养成以及人格浸润等方面的教育策略，堪称以微课程形式观照学生全面发展方面的范例。

（三）微课程与微课程之间应有“耦合性”

这里的耦合性指的是若干微课程之间的关系，即在特定目标指引下，围绕特定内容开发的系列微课程之间应具有一种松散耦合的关联。我们说微课程短、小、精、活，但如果过分强调这些特质，则未免又零散有余、神聚不足，难以保证学习者习得系统性的知识。如此一来，要促进学生的知能转化、生成健全的情感态度、树立正确的价值取向，也就会因失却了起码的知识基础而变成一句空话。我们常说，学校教育的价值在于助推青少年儿童的“全人化”与“社会化”进程，那么作为学校核心要务的课程与教学，当然要体现这一价值追求，保证学习者在制

① 李玉平老师的 34 个微课程［EB/OL］. http: //www.360doc.com/content/13/0418/08/5462332_279130769.shtml.

度化的学习过程中，习得知识、转识成智、全面发展。换句话说，如果我们过分放大微课程的短小性、片段化等特征，课程实施中主要依靠学习者即时的、碎片化的学习的话，则难免会背离学校教育的价值旨归。

笔者认为，在数字化学习时代，微课程要真正体现自身的价值，充分发挥适应未来社会人类学习方式的优势，确保促进学习者实现真实学习、系统学习和深度学习，则必须注意学科与学科之间的逻辑、课程与课程之间的关联。这就需要我们在研制微课程时，增强系统思考、总体设计、分类分层的意识与能力。首先，从分类的维度来看，要以基础教育学段的学科为类目，以学习者的认知规律为基础，依据知识教学的循序渐进原则，推进微课程设计的群组化，即每一群组的微课程都要支撑一个更大的知识主题，最终形成一个松散耦合、结构完整的知识谱系。比如，美国可汗学院公开课的分类模式就值得我们借鉴，在其网站上就有数学、物理、生物、化学等科目，每个科目都由若干门课程组合而成，而每门课程的教学视频又都是围绕一系列核心知识点创制而成。其次，从分层的视角来看，就某一学科的某一课程而言，尽管单个微课程只集中解决一个问题，目标单一且内容短小，但它应当服从该门课程的总体目标。比如，数学科目中的三角形教学，就可以围绕“实际测量三角形内角之和等于 180 度”“多种方法求证三角形内角之和相等”“证明所有类型的三角形内角之和都相等”等核心知识点来创制系列微课程。也就是说，单个的微课程固然“只见树木不见森林”，然而经过分层设计的微课程，就能确保彼此之间保持必要的关联，共同支撑某一科目的教学目标与课程标准。如此一来，学习者就可以循着“知识切割—脉络联结—系统整合—迁移内化”的知识习得路径学习，从而建构一种“博观约取—统合综效—全面贯通—个性发展”的新型学习方式。

本章小结

所谓微课程的意涵解析，实质上就是回答微课程到底是什么的问题。在本章中，我们通过拆解与剖析微课程的“微”“课”“程”来达成研究的预期。首先，探寻微课程之“微”，它在呈现形态上表现为“微小”或“短小”，在认知理据上契合了焦点注意规律与边际递减理论，可以有效降低学生的认知负荷；在知识挖掘上体现为“精微”与“适切”，与传统课程兼顾知识、能力、情感等多维目标设置相区别，它聚焦少量重难点、易错点、易混点、易考点的知识挖掘，注重问题解决的有效性，适切学习者的认知规律；在课程研制上表征为“草根”与“开放”，较之传统课程权力集中、操作封闭的编制模式，其课程主体多元与编制过程开放的课程生成方式，赋予教师与学生课程权力，彰显了课程生产的民主性与协商性。其次，透视微课程之“课”，它以学科知识点为起点，内容的选择接受精准性、开放性与开放性检验；以学习者经验为依据，尊重学生的主体地位，倡导以学定教、学主教辅、先学后教的新型教学模式；以经验的改造为旨归，促进学生身心发生持久、积极的变化，进而帮助学生生成新的生活经验与生命体验。最后，审思微课程之“程”，重点强调“课程要素的整全性”，既包括课程目标、内容、组织、实施、评价等要素，也包括课程实施过程中师生角色与双边关系的互动；注重“知识点间的体系化”，通过科学萃取知识点、测绘知识点地图、创生数字化“知识树”等方式，来贯通知识点内部的逻辑关联，帮助学生实现知识习得、知能转化与人格养成；关切“微课程间的耦合性”，以学段学科为分类依据，以知识单元为分层策略，确保微课程的群组化与关联性，促进真实学习、系统学习与深度学习的发生。概而言之，从“微”“课”“程”三个向度对微课程的意涵加以解析，有利于建构微课程的分析框架，创新微课程的教学模式，探索信息时代的课程开发范式。

第三章　微课程的价值追问

当前，基于Web2.0、云计算、大数据的技术日臻成熟，伴随移动通信技术和智能学习终端的广泛应用，信息技术与教育教学的融合已达到前所未有的深度。信息时代的狂飙突进“与其说引爆了一场颠覆性的数字化技术变革，毋宁说开启了一场划时代的认知革命”。①置身其中，传统教育必然接受现代技术变革的洗礼。因应时代变革，我国《教育信息化十年发展规划（2011—2020年）》指出，教育信息化的发展要以教育理念创新为先导，以优质教育资源和信息化学习环境建设为基础，以学习方式和教育模式创新为核心。以此反观实践，“微”时代的悄然来临，在传统教育领域业已引发了以慕课、微课程、翻转课堂、混合学习为显著表征的连锁式变革。放眼当下，数字化教学、网络化资源、碎片化学习正将个性化、情景化、具身化、可视化等特性融入课堂教学之中。对此，无论人们讴歌赞誉、展臂拥抱，还是疑虑恐惧、抱残守缺，教育领域中的信息技术革命都已迎面袭来，且正在学校场域中引发一场从观念到价值、从思维到行动、从技术到应用的深度变革。

因应技术进步，包括微课程在内的数字化教学潮流已汹涌而至。就国内情况而言，从2011年广东省佛山市开启微课教学实验以来的短短几年时间内，从基础教育到高等教育领域，微课程都备受青睐且迅速发展。首先，微课程以其容量粒度小、可视化程度高、信息传播快等特点，极大地满足了现代社会快节奏、高效率的生活节奏，在学校教育情

① 余宏亮. 数字时代的知识变革与课程更新［J］. 课程·教材·教法，2017（2）：16.

境中较好地满足了教育教学活动的灵活需求，它与翻转课堂的结合更拓展了微课程实践的应用空间，打破了学校原有的教学固序模式，引发了人们对教学组织、教学方式、教学环境变革的深层次思考。其次，在学习方式变革上，微课程改变了人们传统的认知方式，数字化学习资源与智能化学习环境被不断地建构与完善，从一定程度上说，微课程代表着数字化学习的新路向。最后，微课程在学校课程开发的目标定位、内容选择和主体行动等方面也都开启了范式转型之路。

一、微课程作为教学方式变革的新支点

比较而言，传统课堂教学强调教学结构的完整性和封闭性，教学内容知识的容量较大，一个较长的教学过程与环节内要完成满额的教学任务，我们将之称为“宏课程”。教师在规定的时段中需讲授完特定的知识模块，封闭固化的教学程式剥夺了学生学习的主动性和自主性，缺失了教学的灵动，“满堂灌”常常成为教学的主旋律，复演并忠实地持守传统教育的教学立场。尽管新课程倡导“自主”“合作”“探究”等新型教与学方式，然而现实学校场域的中小学课堂受制于应试高压和传统惯习，很难在更宽广的范围内推展教学方式的深层次变革，教学的灵动性常常遭致遮蔽。于是，当信息技术大潮涌动之时，人们寄希望于通过慕课、翻转课堂和微课程来颠覆旧习，祛除传统教学的弊病。平心而论，在这场变革中，微课程扮演了“温和的革新派”。正如有学者所论述的那样，以微课程为学习单位，让学生掌握了课程教学知识点学习的自主权、自由权和选择权，从而确定了学生学习的中心地位，有效弥补了现行学校教学“一刀切”课程设置的弊病，摆脱了传统“大型课程”

被动式教学理念的束缚。因此，利用微课程开展“微学习”活动，能够为知识点学习创造随时、随地和随需地自主学习与交互学习的环境。①

（一）微课程教学的比较优势

毋庸置疑，微课程以其强大的生命力挺进传统教育的腹地，得益于它因附载技术而具有的独特优势。概而言之，其优势主要包括以下三个方面。

1. 内容聚焦，精简高效

一般而言，微课程以 10 分钟以内的微型课，将传统“大型课堂”45 分钟左右的课时拆分为若干相对独立的单元，分别组织教学。之所以这样设计，其原因在于大容量、高强度的传统课程体系需要学习者花费较多的整段时间来学习。无论是对于教育者或对于学习者而言，这种大容量信息充斥的课堂教学，其教学效果必然随着时间的推移而发生递减与弱化，极易造成人的心理疲惫和情绪厌倦。相形之下，时间上的切割使得微课程以“小粒度”呈现，在教学内容单元设计上突显短小精活、自然流畅，与当代社会快捷高效的生活节奏相契合，自然受到社会的悦纳。与此同时，内容上的聚焦使得微课程以“模块化”呈现，灵活开放，组合便捷，有利于知识及时更新，更有利于满足学生的差异性发展需求。除此之外，容量上的浓缩使得微课程以“集约化”的形态呈现，删繁就简，彰显精华，让学生在较短时间内获取更多有价值的信息，有助于提升教学和学习的效率。

概而言之，微课程的知识体系分散呈现且结构开放，每个学习单元相互独立又内在关联，这些点状化学习单元有着内在的逻辑线索。微课

① 张武威，黄宇星．微课程技术创新教学理论与方法的重要突破［J］．课程·教材·教法，2015（12）：49.

程知识仿佛学科知识链状结构上的一个个节点，彼此相对独立又内在构成学科知识体系的完整架构。

2. 资源丰富，质料新颖

戴维·彭罗斯将微课程比喻为“微型的知识脉冲”。微课程多以微视频为主要载体，辅之以字幕、声音、文本、交互式问答系统等，构筑了丰富的质料源和体系链。10 分钟以内的短视频，以信息密集、图文并茂、声像同步见长，符合学生的认知发展规律。除此之外，微课程还是一个开放的资源库，涵盖各种微练习、微作业、微课件、微点评等。从内容上讲，这些资源可以是多种功能的单一呈现或多元组合，既可以是新授课，也可以是复习课；既可以是课程知识点的细化，也可以是习题或实验课的拓展。从课程类型上看，微课程更是适用广泛，既可以是学科课程、活动课程的某一模块，也可以是基础课程、拓展课程和探究课程的内容选点。

更为重要的是，微课程资源从形式上有了较大突破，不再局限于传统课堂的封闭结构，网络的开放性使得微课程突破了时空局限，让任何学习者都可以随时随地汲取信息，将各种教学资源转化为触手可及的网络教育资源。而且，微课程与诸如平板电脑和智能手机的移动智能终端联结，使得泛在学习真正成为可能，学习者可以利用这些移动设备，获得灵活、自主、全新的学习体验。以这些方式实施教育教学能够较好地捕捉学生的学习兴趣和需要，消解因长时段学习而产生的枯燥厌倦情状。

3. 需求导向，自定步调

微课程坚持以学习者为中心，旨在实施学习者自定步调的课程。制度化教育和班级授课制出现以来，一直未能破解“因材施教”这一教学难题。在传统教育思想的规制下，学习者一直都是教学“改造的对象”，学生的主体精神渐趋迷失，主动意识渐趋淡漠，俨然成了学习的被动者和知识的接收器，以致应试教育的观念与实践愈演愈烈。不满于此，现代教育理论与技术总是试图从深层次彻底消除这种教育痼疾。秉持此种理念，微课程的设计从一开始便张扬学习者的主体地位。教师的教不再是单纯按照自己的步骤和思路加以构设和呈现，而是从学习者的视角出发，从内容到形式再到流程，均加以全方位的变革和整体性的重构。

微课程早期创始者为学生提供了知识地图（Knowledge Map）以及自订学习计划。知识地图将零散的知识点以网络图的形式串起，为学生指明学习路径，并由浅层次向深层次递进，同时明确指出掌握知识点所需的技能，让学生明确自己的学习任务。每次学习之后，学生都能在导航中看到自己的学习历程，回顾自己所学的知识，还可以根据自身需求完善学习计划。可汗学院不仅记录每个学生的学习历程，还对学习及测试情况进行数据统计，让学生知道自己的不足，及时调整学习方案。这也让教师清晰地看到学生的困难，便于教师帮助学生解决学习中的问题，并适当调整自己的教学内容。①以此观之，微课程真正将学习者置于教学活动的中心，让学习者真正参与并融入教学之中，并借此自由安排学习内容、学习时间和学习步调，这种课程教学变革引发了教学思想的更新，也必然引领教与学方式的转型。

（二）微课程引发的教学变革

微课程从异域萌生到本土改造，在实践中逐渐走出了一条融合与创新之路，开启了传统教学的变革之旅。具体来说，微课程引发的教学

① 张一川，钱扬义．国内外“微课”资源建设与应用进展［J］．远程教育杂志，2013（6）：28.

变革主要包括以下几个方面。

1.“以学为主”的教学范式渐成主流

传统教学认识论强调，教学是教师主导下教与学的双边活动，教师教学生学习书本知识，学习那些以符号为表征的人类认识成果。正如苏联教育家凯洛夫在其所著的《教育学》一书中所指出的那样：“在教学过程中，学生对于现实的认识具有以下特征：学生领受既知的、为人类所获得的真理（知识）。学生经常由有经验的教师来领导。”①然而，随着主体性哲学的兴起、人本主义思潮的涌动以及建构主义教学认识论的鹊起，尤其是现代认知心理学的发展，人们逐渐认识到学生在教育教学过程中应当居于中心与主体地位。在学习者认知风格、元认知技能、信息加工方式和学习策略等方面的差异面前，教学中任何偏倚“教为中心”的教学策略与教学设计，最终都难以成为优质高效的教学。

时至今日，随着“少教多学”“先学后教”“以学定教”等理念的提出，随着信息技术与课程教学的深度融合，一些传统的教学理念与范式似乎失去了立论依据和前设基础。比如，微课程与翻转课堂结合，突破了传统教学的时空限制，不管是“静态结构”的空间架构，还是“动态过程”的时间流变，微课程的时空属性都迥异于传统课程的物理时空。在微课程视界里，由于课程时空相对独立，一来教师制作上传的微视频等课程资源如果脱离了学生的学习，那么只能是一些资源的聚合，缺乏课程与教学意义，也就无所谓教师的“教”或者学生的“学”；二来互联网思维的重要一点是“用户中心”，主要依托网络时空传播的微课程当然要遵循这个基本法则，即所制作的微视频、所遴选的配套资源必须

① 凯洛夫. 教育学［M］. 沈颖，南致善，译. 北京：人民教育出版社，1952：60-61.

尊重学习者的认知习惯，必须考虑用户体验，否则将难以收到预期的实施效果。微课程这种独特的时空存在一定程度上能矫正“重教轻学”的认知偏向，促使“从教到学”的认识转型。①微课程视界中的学生及其学习无疑置于教学过程的中心地位，学与教的关系也得以迈向超越而不背离、超脱而不受限的境界。可以预见，随着信息技术在教育领域的常态化、普遍化应用，未来这种以学为主的教学范式将成为主流、备受推崇。

2. 教学内容的资源存储无限延展

微课程是数字时代教学变革的产物，其知识的表征与载体突破了传统教学的束缚，走向基于现代媒体的数字化学习。数字化的文字、图形、图像、声音和动画等与传统课堂教学结合，可以彰显微课程教与学的可视化、具身化和网络化优势。

课程与学习资源建设是支撑教学变革的基础。进入新媒体技术时代，课堂教学已突破物理空间束缚，实体课堂与虚拟课堂日益融合。目前，已有诸多教学资源公共服务平台提供免费的数字资源，实现了全天候、无缝隙、低成本的资源共享。师生通过手提电脑、智能手机或平板电脑等移动终端，可以随时随地访问资源共享平台，下载所需的知识或信息，可以参与互动、交流和讨论，甚至可以操作虚拟实验，完成现实中不可能完成的学习行为。同时，海量的课程学习资源越来越趋向智能化，“集成学习终端、数字讲台、无线网络的智能互联教室，将根据学生特点主动推送学习资源、电子课本，支持学生个性化学习，为学生建立电子档案袋，实现师生的多样化互动，实现学习过程的智能管理。”②而且，教师备课不再囿于教材知识体系，可以利用智能系统更

① 石耀华，余宏亮. 论微课程的时空属性及其教学意蕴［J］. 远程教育杂志，2015（3）：50.
② 柯清超. 技术推动的教育变革与创新［J］. 中国电化教育，2012（4）：11.

新处理数据，获取学科进展和学生发展信息，以便形成诊断性报告，改进课程设计，深化对问题的理解。①展望未来，随着数字课程资源平台建设的完善，跨区域课程与学习资源将实现共通共享，校际联合育人将成为一种新的教育范式。

3. 学程式的实践表征鲜活灵动

课堂教学总是遵循一定程式而展开，教学程式是教学的具体组织形式和操作流程。尽管教学程式难以规避结构机械、形式刻板之嫌，但现实中教师都有意无意地因循既定的程式从事着教学活动。传统的课堂教学程式包括两大模型及其变式：一是理论讲授型的教学程式，即遵循"感知教材—理解教材—巩固新知—检查新知"这一流程；二是活动探究型的教学程式，即遵循"情境—问题—假设—验证—结论"这一流程。笔者以为，无论何种教学程式，均基于传统课堂的教学情境，在教材知识这个"权威"面前，师生自主选择的空间受限，要么被动接受旧有程式，要么主动迎合所谓的创新模式，很难着眼现实条件和创新需求加以变革，以致在论及教学程式时，用于宣传的个别成功范例往往掩盖了现实中的诸多操作难题。

教学既是复杂的，又是功利的。言其复杂，在于其形式的多元嬗变；论其功利，在于其对效益的孜孜以求。微课程教学继承了传统课堂优势，又对传统程式加以改造和更新，致力于达成高效的教学目标。近年来，微课程与翻转课堂功能耦合，在一定程度上消解了传统课堂教学的"即时性""场域性""不可重复性"等弊端，学生可以自由选择合适的时间完成课前学习、课后内化以及进阶拓展等学习任务。与此同时，教学内容的精练也彰显出微课程教学法的灵活特征。教学过程的流程

① 王帆. 从智慧教育视角论教育数据的变迁与潜能 [J]. 中国电化教育，2015 (8): 13.

变得灵活多变，特别是借助多媒体和网络平台实现了教学过程的可复制、可跳跃与可剪辑，很大程度上规避了以往教学过程中课程内容一次呈现所带来的弊端。不同学习程度和学习能力的学生可以根据自身情况调整学习进程。从教学的层面上看，学生通过移动终端可以获得预习、复习、练习、实验和探究等各方面的教学信息，一改过去被动接受教师的教学节奏和教学程式的路径，展现了教学流程的可变性，教学程式从而变得灵动且富个性，这种自定步调的学习可以有效提升教学的效率。由于教学互动的及时高效，学生面对的不再是“有限交往的教师”和“静默存在的纸本”，数字技术与智能媒体渗透到教学场域的每个角落，学生可以随时随地与学习共同体所有成员讨论交流。这样，较之传统课程教学，微课程的教学程式也就变得更加灵活而便捷、灵动而高效。

4. 教学评价方式与体系趋于多元

众所周知，传统的教学评价多采用纸笔测验形式，考查的是学生背诵记忆和机械训练的结果，而不是学生在教学过程的参与、探究、讨论、思考等深层素养。信息技术的引入可以有效消解这些弊端，基于大数据的挖掘、建模与分析，可以为学生建立个人电子档案，实现即时性评价和过程性评价。实施电子档案评价，能便捷地监测学生的学业发展轨迹，基于技术的评价系统可以统计学生浏览学习资源的频次和时长，分析学生提交作业、创建资源等学习进展情况；结合讨论区、聊天室等学习社区交流与互动的频次和质量，可以综合分析评判学生的学习效果，全面衡量学生的认知能力、合作意识以及创造性思维品质。这种差异化考查在关注结果的同时，有效开展过程性评价，有助于教师即时调整教学策略，彰显教学评价的发展性功能。

二、微课程作为学习方式变革的新路向

借助信息技术的支持，课程建设已从实体结构向虚拟场域转化。而今，数字化课程改变了既往标准化、确定性、唯一性的教育教学方式，使得“学生的学习过程由原来的知识精加工学习逐渐向知识贯通式学习转变”①。这一转变是对学生怎样认知学习对象、在什么场景下学习、如何开展学习以及以什么方式学习做出的有益探索。我们知道，作为一种新的课程形态，微课程超越了传统时空限制，聚焦并突出主题内容，通过灵活而短小的呈现方式使学生沉浸于动态化、可视化、形象化的信息流转过程之中，切实体验学习的意义。从某种意义上说，这不仅有利于改变传统“以学科为中心”的“无人”境域中的低效学习，而且能够对“自主、合作、探究等学习方式在实际操作中的虚假化、形式化、绝对化倾向”②予以规避，在接纳学生学习体验独特性和稳定性的基础上，开辟出数字化学习“新航道”。

（一）微课程视界中认知方式的改变

微课程作为学科知识点搭载多媒体技术在教学中的创新应用，它所改变的不仅是文字符号的信息呈现方式，更多的是激活了信息传输过程中人类觉知以及与此谐变的思维方式和学习方式。具体来说，它开启了知识呈现走向“碎片化”、知识习得迈向“具身化”、认知过程转向“卷入式”的变革之道。

1. 从“秩序化”走向“碎片化”的文本呈现

微课程以多媒体技术平台为依托，将教材知识、教学资源、教学活

① 黄荣怀，等. 关于技术促进学习的五定律［J］. 开放教育研究，2010（1）：11-19.
② 余文森. 论自主、合作、探究学习［J］. 教育研究，2004（11）：27-30.

动有机整合，为学生搭建起内容丰富而又充满意义的学习资源库。这种以视频编辑处理为技术支撑的微平台以问题解决为核心，所提供的数码图文视听注重学生个人兴趣爱好和现实需要，表现出即时性、个性化、多元化特征。灵活多变的“碎片化”信息表达，在某种程度上摒弃了大班额教学中教师面向学生集体指导而难以顾及学生个体差异的弊端，彰显了学生作为意义特殊性个体的文化存在。

在传统的课堂教学中，文本内容遵循从抽象到具体、一般到特殊的学科知识呈现次序，在知识绝对顺序中排序第一的放在篇目章节的第一位，排序第二的放在第二位，接下来依序而行，清晰、简洁、井然有序的层次排列构成了从一般到个别完整排列的“拉莫斯知识地图”。① 整个知识演绎过程犹如一个封闭的回路呈现在学生面前。学生从清晰明确的起点探知未知领域，在线性的、秩序化的“拉莫斯知识地图”指引下，抵达具有高度概括性的结论这一终点。

微课程附载的教学视频冲破了传统科目因知识图谱客观性、确定性展现所造成的知识迁移障碍，它通过丰富的媒体素材充分调动学生的感官机能，使学生的思维不断产生“冲突”，形成新的个人体验。由于学生的生活体验不同，原有知识符码的“大叙事”在不同学生的认知视野里发生了“断裂”，形成了以问题为中心节点的“碎片化”信息。“比特流”的数据将学生的自身认知和外在环境紧密结合，以非线性、自组织性和可逆性的表达方式呈现知识的外在形式和内在结构。在这里，“碎片化”信息依托超文本链接所组成的知识网络，对不同学生来说具有不同的意义完整性。

① 张良. 课程知识观研究——从表征主义到生成主义［D］. 上海：华东师范大学，2015.

2. 由“客观”趋于“具身”的学习体验

微课程打破了物理实在观下知识传输过程中“点对点”的线性化、封闭性和单一化图景，借助网络视频的信息终端技术，实现了知识以互动建构的方式生成意义联结。这是从传统学习认知过程中的“客观主义”认知观向第二代认知科学所表达的“具身认知观”转变。

在传统的知识习得过程中，学生犹如“灌装的容器”，作为接收指令的“受体”存在，学习只是脖颈以上的事情，而手脚等其他肢体与感官则显得“多余”而“麻木”。这种离开了“身”的学习以“镜式”方式映射文字信息，以物化的客体实在反映意欲言说的内容。因此，学生更多的是采用“死记硬背”“囫囵吞枣”的方式来记住面前的符号代码，以茫然呆滞的神情面对多彩的知识学习生活。在他们的视界里，只注重学了多少知识、学到的知识难不难；而所学的知识在人生成长中将会起什么样的作用，该如何使用所学的知识，则显得并不重要。

微课程以视觉体验的方式，借助图文声像技术，将从外部输入的间接经验和学生身体力行获得的直接经验紧密结合，对学习内容的呈现形式和组织方式加以重构，使学生运用已经形成的认知图式，对外界信息进行同化和顺应，进而形成整体而系统的知识。微课程打破了以笛卡儿为代表的身心二元论思维方式，倡导以环境为背景纽带建立起身体与心智二者有机协调的具身认知式的学习新体验。在这里，身体不是充当信息加工的被动式“载体”，而是以“主体间性”的方式实现了人与世界之间的“建构性”对话。正如有学者所言：“我们是在主体间性中萌发对这个世界的理解。我们不是一个孤独的、自主的创造物，更不是以一种个体的方式，单独地在我们的头脑中建构世界。相反，我们是通过他人了解这个世界……换言之，以身体为基础的主体间性，即我们通过身体化的表现，通过身体的姿态，通过模仿和互动与他人分享我们的存在……这是意义产生的根源。”①进而言之，微课程搭建的虚实结合的学习场景更有益于学生在“行”中体验“知”，在“知”中改进“行”，进而在“知”与“行”的双向建构中，螺旋累进地感知、理解、体悟学习的意义。

3. 由“静”迈向“动”的认知过程

微课程改变了知识图谱的呈现方式，使其由主客二元对立的实体结构转化为主客交互的生成性存在。学生的学习也从消极、静态的表层认知转向积极、动态的深度认知，进而形成极富建构性的深度学习观。

在传统的学习进程中，学生秉承行为主义取向下的“S—R”应试符号联结，按部就班地学习学科专家或教材编者预先设计的知识内容，教师和学生之间只是单向度的信息传递。学生接收教师发出的学习指令，并将之记录在纸上，再以“定论”而非“存疑”的思维方式输入自己的头脑。虽然学生提取知识资料库的信息是通过“表征、联合、相关”②三个系统加工阶段完成的，但整个认知过程是一种缺乏个人经验和批判性思考的静态化操作。这种静态化是以线性化、不可逆、模式化、无灵性的方式对知识结构表层进行的无主次之分、轻重之异、难易之别的外部规则感知。学生只是以知其然不知其所以然的方式对待知识。

微课程所制作的文本信息内容多是以“话题建模、观点挖掘、专家发现的形式”③出现的短小片段，这些在符合学生身心认知规律的基础

---

① Johnson M. The Meaning of the Body: Aesthetics of Human Understanding [M]. Chicago & London: The University of Chicago Press, 2007.

② 刘儒德，等. 多媒体学习的认知机制 [J]. 北京师范大学学报（社会科学版），2007（5）：22-23.

③ 黄荣怀，等. 从数字学习环境到智慧学习环境——学习环境的变革与趋势 [J]. 开放教育研究，2012（1）：79.

上，借助信息传输机制将内容传输给学生。学生根据自己的需要，从所呈现的视觉信息中选择并组织相关的视听材料，以形成视觉心理模型。而后学生将已有的知识经验和这一心理模型进行整合，以加强对新知的理解。学生对文本信息积极主动的加工过程，就是实现深度认知的过程。有研究发现："当某个细胞参与学习的过程时，这个细胞就会生长……'接受了教育'的神经元会长出新的突融——这个微小的附属物在神经元之间起了传递信息的作用。如果活跃的突融数量增加，神经细胞在传递信息时的效率就更高。如果信息不断被传递到大脑的某片特定区域，就会在这片区域集合并被储存。如果我们从不同角度对同一个概念进行学习……就能建立更多且更深层次的信息链接。这些信息链接和与其相关的内容交织，共同构成了'理解'。"①

（二）微课程视界中学习环境的建构

人和人的信息交流与传递是以一定的环境为中介进行的。根据波普尔所提出的"三个世界"理论，第一世界对应物理学习环境，第二世界对应虚拟学习环境，而第三世界对应的则是现实世界与虚拟世界融合的学习环境。②微课程为学生提供了以媒体技术为中介的虚实结合的学习环境，这不仅为学生提供了走到哪里学到哪里的便利，更使得终身学习在时间上的延展与空间上的拓展成为可能。如此一来，课程改革倡导的自主学习、探究学习、合作学习和研究性学习也就获得了新的条件与环境支持。

① 萨尔曼·可汗．翻转课堂的可汗学院［M］．刘婧，译．杭州：浙江人民出版社，2014.
② 杨进中，张剑平．虚实融合的研究性学习环境设计［J］．电化教育研究，2014（12）：74-75.

1. 数字化学习时空的形成

众所周知，微课程依托视频制作原理和信息推送技术，为学习者学习提供个性化指导，打破了传统的物理时空观；它通过突出的主题单元、精活的内容设计，以一种蕴含的精神、社会和文化意识，以及对社会实践和人类经验的意识的虚拟现实形式，浸透着个人身份、社会互动以及归属感的被承认了的熟悉“邻近”①而出现。在这里，我们可以看到，“时空”属性已经由绝对趋于相对，由自然走向社会，由现实迈向虚拟，它倡导有意义的经验感知的建构。②

微课程打破了时空安排制度化、秩序化形式的垄断，将教育教学组织方式从僵化固定的“班级授课”转向动态多元的“数字园区”。在班级授课环境下，在什么时间学习什么样的课程内容，都是预先设计好的，学生被束缚在封闭的空间、严格的时间之下，作为一种“工具”遵守既有的成人社会规范。这极大地抑制了学生创新能力、高阶思维能力的培养与发展。微课程倡导“数字园区”建设，当下的 ITO 涂层技术已广泛应用于各种移动终端屏幕制造上，使得屏幕显示更真实、用电更省、用户操作体验更好；逐步实现各种个人终端突破学习地点限制，种类越来越多，功能也越来越强大，学习的发生不再限于课桌旁。由此而见，学生的学习因时空的“解放”而变得更加开放和自由。学生可以在任何时间、任何地点根据自身需要，借助手边的科技工具习得任何知识，这在增强学生“现场感”的体验中赋予了学习过程新的意义和价值。

---

① 张果. 网络空间的重构：数字“空间”的活力“地方”？[J]. 自然辩证法研究，2013（12）：101-102.

② 石耀华，余宏亮. 论微课程的时空属性及其教学意蕴［J］. 远程教育杂志，2015（3）：49-50.

2. 数字化学习资源的进化

微课程时空概念的转化，冲破了“以教师为中心”“以教材为中心”“以课堂为中心”的传统学习资源建设理念，转而为了促进学生更有效地学、教师更有指导性地教，对学习资源进行合目的性的进化。这种进化所建立的是基于人—机、人—人互动基础上的学习共同体，即“从内容建设层次上升到学习服务层次，在资源体系自身得到不断完善的同时，注重围绕资源的学习设计提供个性化的服务功能，使用户获得深层次的、专业的支持；不断提供丰富的学习活动工具，支持学习内容与学习活动的整合性设计；支持内容本身的动态聚合，支持用户在不同情境下访问和使用学习资源；学习者应能通过资源找到相关的学习者，通过与这些学习者就自己或他人的观点、见解等进行分享、交流与探讨，协作地解决问题或者完成任务；并对知识进行协同建构，在成员之间建立相互影响、相互促进的人际关系，形成一定的规范和文化。”①

作为借助视频动态呈现的新型学习资源，微课程以某一问题或知识单元为中心，在短暂的10分钟内反映一个完整的学习板块，方便学生依据自身的认知负荷，运用视听感官进行选择、重组。在整个学习过程中，学生不仅是知识信息的消费者，同时也以生产者的身份对学习内容进行自主建构。它借助媒介传播方式，将学习内容生活化、情境化，使知识内容产生、发展、变化于活动之中，彼此之间水乳交融，使得学习内容易为学生所习得。由此可见，数字化学习资源的进化，为改进新课程改革以来因“问题泛、方法泛、结论泛”②而造成的自主性、探究性、研究性等学习形式的低效，提供了新的思想给养和实践

① 黄荣怀，等. 从数字学习环境到智慧学习环境——学习环境的变革与趋势［J］. 开放教育研究，2012（1）：80-81.

② 徐学福. 论探究学习的失范与规范［J］. 教育学报，2009（2）：21-22.

支撑。

3. 数字化学习文化的创生

微课程所搭建的学习平台，为学生提供了探索、发现、获取、创造信息的条件和契机。有学者指出："学习是一种文化的过程，学习文化是一种关系性的存在，即学习环境与学习者个体所拥有的价值、知识与能力的关系。"①从"印刷文化"向"视听文化"的转变，不仅意味着学习质量的改善，而且促进了服务与资源之间的远程沟通与合作。微课程在播放过程中，鼓励学生积极动脑动手、参与其中，其特征主要体现在：扩展学习平台的内涵（学习者和教育者运用软件服务参与资源的开发与应用）；促进社会性网络的建构（利用社会性组织群体的人际交互和合作来强化学习经验）；引入终身学习理念（通过技术手段实现贯穿一生的教育历程）；创建基于网络架构的学习环境（从整体性的视角营造更加真实和更富交互性的学习环境）。②

作为"中枢神经系统的延伸"③，微课程通过"电子脉冲"介质，在学生、知识和文化环境之间建立起有机联系，使学生认识到学习是内在价值体验的过程，而非外在功利诉求的满足；学习是注重情景化的，是在生活体验中不断创生的，其本身就是一个不断激发学生批判力、创造力和想象力的过程。整个学习氛围如同"开放的花园"，形成"春色满园关不住"的态势。在"微"环境下，学生拥有更多的自主权和选择权，将很多教育环境中占据主导地位的知识传递模式转变为共同构建

---

① Lauge Baungaard Rasmussen. Learning Cultures [J]. AI & Society, 1998 (12): 134-154.

② 徐锦霞，钱小龙. 数字化学习的变革：理论基础、学习文化与学习范式 [J]. 中国远程教育，2013 (11): 53.

③ 马歇尔·麦克卢汉. 理解媒介：论人的延伸 [M]. 何道宽，译. 南京：译林出版社，2011: 11.

知识和注重发展能力的建构生成模式，有利于培养学生适应未来不确定性的能力，将他们发展成“反思型的参与者”，并且支持学生营造各自的学习环境，即构建个性化学习环境和创建电子档案袋。①

（三）**微课程视界中学习形式的开展**

作为一种附载数字技术的课程形态，微课程是当下方兴未艾的智慧教育在教学中的集中展现。其中，“智慧”是“smart”的中文翻译，被理解为“智能型，并具有独立工作的技术设备”②。它赋予了学生可支配自己学习生活的自主性，使得教室不再是教学的唯一场所。它以“支架走向网络、信息走向聚合、传统走向现代、配置走向集约、师生走向互动、虚实走向结合、记录走向电子、实训走向真实”③的方式，致力于培养数字时代的“智慧人”。从某种意义上说，与媒介技术融合的微课程昭示了未来学习的一种新路向。当然，踏上这一新路向需要创设有效的技术条件与智能环境。

1. 搭建智能化的学习平台

《国家中长期教育改革和发展规划纲要（2010—2020 年）》提出，要强化资源建设，加强网络教学资源体系建设，引进国际优质数字化资源，开发网络学习课程，建立数字图书馆和虚拟实验室，构建开放灵活的教育资源公共服务平台，促进优质教育资源普及共享。要强化信息技术应用，更新教学观念，改进教学方法，提高教师应用信息技术水平和教学效果。要鼓励学生利用学习手段主动学习、自主学习，增强运用信息技术分析解决问题的能力。这些都表明，传统教育理解并悦纳

---

① 徐锦霞，钱小龙. 数字化学习的变革：理论基础、学习文化与学习范式［J］. 中国远程教育，2013（11）：53.

② 王世伟. 说“智慧城市”［J］. 图书情报工作，2012（2）：5-9.

③ 魏忠. 教育正悄悄发生一场革命［M］. 上海：华东师范大学出版社，2014.

现代技术已成为一种共识与行动。反观现实，我们的学习进程正在形成以大容量（volume）、快速度（velocity）、多样化（variety）、真实性（veracity）、高价值（value）、可视化（visualization）①为主要特点的超文本学习方式。

微课程的出现标志着网络信息从公众日常生活走向教育教学，反映出学校正在步入智能化、信息化、数字化建设新阶段，学生的学习变得日益灵活。以往僵滞呆板的灌输式授课，因计算机信息加工系统的介入将变得更加便捷、开放。比如，我们可以将某类学习任务、学习程序和相应的指导反馈信息嵌入预先设计的教学软件，师生的交流互动围绕以视频形式播放的教学信息展开，逐步完成既定的教与学目标。又如，我们可以利用辅导型课件学习新知识、新技能，利用操练性课件巩固知识技能，利用计算机辅助测验系统进行自测，利用集成性学习系统、智能辅导系统进行系统的个别化学习。②

2. 倡导深度卷入的学习参与

以信息技术和课堂教学融合面貌出现的微课程，是以学习者“深度卷入”的方式展开知识意义建构的。它冲击了传统标准化的教育教学形式，使学生不再对知识进行原版拷贝，而是借助计算机通信技术唤起学生的好奇心和求知欲，进而激发潜藏在他们身体之内的潜能。从某种意义上说，微课程提供了一种学校教育与网络教育共存的新景观：学校里更少的课堂与更多的实验室，更多的交往与更少的讲授，更多的互动与更少的灌输，更个性化的服务和更灵活的学制。③

① 陈琦，张建伟. 信息时代的整合性学习模型——信息技术整合于教学的生态观诠释［J］. 北京大学教育评论，2003（3）：90-96.

② 魏忠. 教育正悄悄发生一场革命［M］. 上海：华东师范大学出版社，2014.

③ 美国温特贝尔特大学认知与技术小组. 美国课程与教学案例透视——贾斯珀系列［M］. 王文静，乔连全，等，译. 上海：华东师范大学出版社，2002.

一方面，就学生学习的外在形式而言，微课程打破了“教师的课堂”或“少数优等生的课堂”格局。传统课堂教学以工厂流水线的方式，遵循简单的输入—加工—输出的线性操作模式进行。固定的上下课铃声、秧田型排列的课桌、统一订购的教材、确定的标准答案……教师凭借自己已有的知识经验，预先在教学中确立起权威。教师是知识的灌输者，是知识的“传声筒”，是知识的“代言人”；学生是知识的接受者，是知识的“听音筒”，是知识的“存储器”。在日常的教学中，教师教授的更多是为学习水平处于中上等的学生所能理解和掌握的用精致型语言编码的知识，而忽视了学习相对困难的学生的学习。微课程通过播放可暂停、可快进、可后退、可重放的微视频，满足不同层次学生的不同需求，实现了学生整体的个性化发展。另一方面，就学生学习的内在本质而论，微课程能够有效地将知识活化为能和情境相融的内容，结合学习者自我认知、思维、情感以及性格特点，通过设置适切的问题和安排恰当的学习任务，使学生在学习过程中与周遭的社会情境、生活经历产生共鸣、发生碰撞。采用这种方式，学生得以从知识的“被动接受者”转变为知识的“主动创造者”。

3. 营造积极快乐的学习氛围

快乐学习是指学习的过程充分体现人性化与个性化，并且能够最大化学习效率、实现学生自我价值的活动。在杜威看来，学生的成长不是别人要求他们的，而是他们主动且自愿做的事情，是一种内生性的成长。因此，学生的需要和兴趣在其中发挥着重要的内驱作用。

微课程依托“赛博空间”建立起的虚拟网、云资源，通过对知识信息的传递，摒弃了长期以来确定性、终结性、普遍性的思维方式和学习行为。快乐学习视课程为教师与学生共同推展探究性、自主性、创造性学习的资源平台，而不是所谓客观知识的罐装容器；视课程为动态的、发展变化的，而不是固定不变、完全预定的认知旅程；视课程为探究活动中意义、精神、经验、观念、能力的生成过程，而不是终极真理；关注个体发展的差异性、多元性、创造性，视个体不仅是知识的接受者，而且是知识的创造者，赋予课程培养个体社会批判思维与意识、文化创新精神与能力的使命，并针对不同学生的能力、潜力、志向、兴趣等设置多层次、开放化、具有选择性的模块式课程体系。①以此观之，微课程以数字化的形式融入学校教育，使得课程因为学习者的动手操作而活了起来，同时学习者在行动反思中实现了知识的内化、体悟了学习的快乐。

三、微课程作为课程开发变革的新范式

课程开发是通过分析学习者需求，确定课程内容，形成课程设计，以保障课程顺利实施的关键环节。在课程开发中，既有饱含教育理念的课程开发取向，又有蕴含方法技术的课程设计决策，还有内含并指向课程目标达成的实践逻辑。在此意义上说，课程开发是一个规划、设计、决策、组织、实施、评价、反馈、调整、修正的复杂系统，课程目标、内容、资源、媒介等各种要素彼此交互，共同发挥价值功用。因此，课程开发绝不仅是一个孤立的“事件”或“程序”，而是一个不断发展的“过程”或“历程”。我国传统课程开发的运作模式更多依赖教育力量推动，尤其在义务教育阶段，课程开发主体归属教育行政部门，体现国家意志，属于国家本位的课程开发范式。只有依据国

① 郝德永．快乐学习：愿景与路径［J］．全球教育展望，2006（7）：10-11.

家颁布的课程计划与课程标准，才能进入课程开发的实际程序。此后，还要通过资格审查、初审、实验、审定等一系列环节，才能完成课程开发的整个流程。尽管新课程改革催生了“草根式”的校本课程开发范式，但从更大范围看，这种目标管控、行政推动、层层把关的课程开发模式难以实现对课程开发主体的“赋权增能”。尤其对担负课程实施任务的教师而言，其主体精神在很大程度上被束缚，个人知识与地方知识被部分地遮蔽和掩盖，能动性空间难以得到有效的拓宽和延展。

当微课程步入教育教学实践之后，上述情形在较大程度上得到了改观。首先，微课程解构并颠覆了传统的宏观课程结构的稳定性。这其中重要的实践背景是，伴随新课程演进历程中对国家课程与地方课程的校本化实施，完全忠实取向的课程实施观逐渐被摒弃，基于相互调适的、师生创生的取向已深入人心、广为接受。居于高位的国家课程的校本化实施，客观上需要打破原有课程体系长期稳固的样态，将宏大叙事般的知识谱系分解成离散分布的小粒度、小片段，以便较好地满足学习者零散时间的利用。微课程恰好适切这种变革需求，因此获得了生命活力和实践张力。其次，微课程从程式上变革了传统课程开发的序列。回溯课程开发的历史，从博比特（F. Bobbitt）的活动分析到查特斯（W. Charters）的工作分析，再到泰勒原理的集成框架体系，课程开发程式基本延续的是知性取向，课程总是以维护普适的、确定性的实体知识为鹄的，其内容蕴含的知识体系总是客观、恒定的。实体知识观成为传统课程开发的本体论根据，这种以知识目标导向为核心的课程开发程序，势必割裂知识学习与经验生成的内在逻辑链条。与之不同的是，微课程更多地秉持学习者中心立场，在课程开发的程式中发生了序列上的变革，将“学习者—经验—知识”融为一体，借助网络技术手段创造更加便捷的途径，使人的要素成为课程开发的出发点和落脚点。最后，微课程引发了课程开发范式的时代转型。在现实的教育情境中，人们把微课程视同教育技术的新应用，对技术的顶礼膜拜淹没了对技术背后价值论的挖掘。毋庸置疑，微课程的设计、制作与应用离不开技术的支撑，然而微课程开发并非只是强化普适性的课程开发技术，而是在“知识—技术—人”的关系思维中找寻课程主体在课程实践中的价值与意义，即既要维护学习者主体性发展的基本立场，实现课程学习者主体与课程知识客体之间的有机联结，又要将课程实施的主体——教师，置于课程开发与研究的主体和中心地位，为教师提升知识管理能力和课程创生能力奠定根基。概而言之，微课程的引入在目标定位、内容遴选、课程主体等方面实现了传统课程开发的范式转型。

（一）从“标准规范”到“用户体验”：微课程开发目标的定位转向

课程目标是课程学习的预期结果。从经典的目标模式来看，课程目标是课程开发的基础和核心，是课程开发与编制过程中需要首先解决的问题，是课程开发的根本出发点并贯穿于课程开发过程的始终。这种课程目标满足的多是预设的、成人的、社会化的诉求，因此具有较大的实践指导性和约束力。在我国三级课程管理体制下，课程目标的设置必须遵从国家课程标准。特别是体现国家意志、旨在培养未来公民的国家课程，必须由教育主管部门组织研制，具有很强的普适性、权威性和强制性特征。无论是高位课程的校本化实施，还是学校课程的创生开发，都不能背离这种标准规范及其规则要求。微课程的开发也不例外。正如有学者指出的那样：“微课程的研发不应偏向其中某一要素，而是需要在理解当前学生学习现状的基础上，依据国家课程标准建构出适合学生学习的微课程群。"[①]毋庸置疑，微课程的开发势必依据国家课程标准，在其框架体系中寻求生存与发展空间，但这并没有消弭微课程的创新品格，否则"学习者中心"的课程开发取向便无从谈起。

回首此前，新兴信息技术在教育领域中的每一轮推广使用，都在突显以学习者为中心的价值，学习者体验直接决定着技术应用的前景，故而学习者需求分析与用户体验必须成为微课程开发的观测指标。正因如此，有论者强调，要分析学习者的认知特征和学习需要，确定支持学习者学习的认知策略；组织学习内容，依据学习者认知策略设计学习活动，通过微视频的方式创设学习环境；记录学习者利用微视频的学习过程，分析学习者的学习状况，对学习者进一步的学习给出学习建议。[②]换句话说，只有在需求分析的基础上才能选择适切的微课程类型和制作流程。正如实践是检验真理的唯一标准，微课程效果的优劣必须经受学习者认知实践的检测和评估。我们可以从学习者的主观感受、动机态度、价值观和使用频次等方面，形成包括效率、效益和主观满意度等在内的评价指标体系。概而言之，微课程只有具备了实用、便捷、易用、高效的技术功能与特征，才能说它具有了合理的功能定位，也才能说它焕发了绵延的生命活力。

（二）从"知识集成"到"资源盘活"：微课程开发内容的对象转化

我们知道，无论是外显的学科知识，抑或是操作的程序性知识，都要有适切的课程载体。长期以来，布鲁纳（J. S. Bruner）等人倡导的学问中心课程论比较重视客观的科学知识体系，因此课程一度成为知识

①② 李锋，张斌. 基于课程标准的学校微课程研发［J］. 课程·教材·教法，2014（11）：25-26.

的代名词。在传统课程体系中，知识被固化成线条或模块，充斥于课程开发的全程。学科知识被不断地浓缩集成，结构化的知识树构筑了课程知识体系的大厦。一般而言，面对成熟的课程，我们随即剖开一个课程知识点，知识的系列链条就可以被抽取，以供学习者进一步加工和统整。与此同时，课程的知识地图也有助于更迅捷地获取知识的信息源。课程知识点的集成发展是现代教育的优势所在，散落为社会经验的零星知识被条理化、系统化和学科化，加速了学科的成熟和完善。然而，当我们转换视角，从学习者视域出发，则不难发现超大容量、过重负荷的体系化课程知识势必成为学生学习负担的源头。在应试背景下，海量的课程知识已成为狰狞的洪水猛兽。心理学研究表明，人的注意力维持是短暂的，青少年儿童更是如此。应当说，传统 45 分钟的课堂让学生始终保持高度的注意力实属不易，加之僵化铺陈的知识有时会成为无意义的信息符号，因此知识样态的多元方式呈现便成为课程开发与实施的重要议题。

笔者以为，针对微课程对内容知识选择的特殊要求，有必要改造传统课程的集成化知识构造体系，将其转化或活化成多元形态的教学资源，并将之可视化、信息化、智能化，以形塑这样一种新的课程资源观。一方面，课程资源的形态与性能是多样化的。微课程发展至今，已超越了学科知识的狭隘视域，尽管时间压缩、容量有限，但从课程内容所蕴含的信息元素上看，它集视频、图片、声音、文字等多种形态于一体，传统的课程资源得到了有效的挖掘、组合、浓缩与转化。较之过往从知识到知识的课程内容体系而言，微课程在课程开发的内容体系上有了重要的突破与创新，PPT 课件、学案、练习、点评等丰富的辅助资源，以及网络平台支撑的仿真实验等拓展性资源，都为学习者学习提供了简便快捷的知识导航。另一方面，现代技术能够助力课程资源的拓展与整合。尽管微课程在容量和结构上表现为粒度细小和连接松散的特征，但无论是在课程资源的深度挖掘上，还是在课程资源的整合优化上，它都开创了信息技术在教育领域应用的新范式。反观当下，学校教育业已突破了制度化的藩篱，随着慕课、私播课、翻转课堂的涌现，微课程与它们的融合已形成态势，线上线下、校内校外、课前课后都已成为微课程实施的空间。如此一来，各种课程资源突破了时空阻隔，实现了跨界整合、融合与集成，这无疑赋予了课程开发以新的理论内涵和实践价值。

（三）从“刚性消费”到“草根研习”：微课程开发主体的行动转轨

传统课程往往沿用“防教师”的开发策略，教师被置于课程开发过程之外，人为地割裂了教师与课程的天然关系。新课程改革力避这一传统做法，不断给教师“赋权增能”，旨在促进教师参与课程规划与开发的全过程。然而，长期形成的积弊难以在短期内消除，教师依然习惯于将自己视为课程的“被动消费者”，习惯于接受并忠实地执行外部的安排，他们作为课程主体的身份、地位与职能时常会让渡出去。与之不同，无论是课程内容，还是制作形式，微课程都具有一定的“亲民性”，每位教师都可以将教学内容与教学方式实现联结，实现主题突出、短小精活、动态生成的有机融合。微课程的设计与实施，将引导教师运用新的教学理念，解决课堂上出现的问题，学会教学反思，进行教学行为矫正，成为一种新的校本研修方式和促进教师成长的重要途径。①

首先，微课程开拓了教师信息素养提升的新空间。微课程为教师提

① 姜玉莲. 微课程研究与发展趋势系统化分析［J］. 中国远程教育，2013（12）：72-73.

升信息技术能力创造了契机，教师要将教学内容生动展现，课程设计就成为关键。有别于传统单一的教学资源，微课程需要运用视频制作、软件应用、声像处理等技术，且要求这些信息技术与教育教学深度融合。在此意义上，可以说学以致用、以用促学迅速点燃了一线教师对教育信息化的热情，整体提升了教师群体的信息素养。

其次，微课程打开了校本教研的新视野。课堂教学一直是校本教研的主题，近年来我国基础教育领域不断涌现出集体备课、同课异构、学科融合等校本教研范型。随着教育变革进程的加速，更新校本教研的内容体系与组织形式的需求日益强烈，微课程的特征与优势正好适应了这一需求。这不仅促进了教师的教学实践探索，也拓展了教师职场学习的传统领域，因而具有理论意义与实践价值。

最后，微课程指明了教师专业发展的新路向。课程主体的多元化、课程开发的开放性，彰显了微课程对教师专业发展的独特价值。正如有学者所指出的那样，教师制作微课程的过程，其实是一个反思的过程和微研究的过程，能够促进教师的不断成长。作为一种研究方式，微课程可引导教师开展适合自己的研究，进而转变教育科研的观念与模式。微课程便于传播，记录了优秀教师的鲜活经验，可以为一线教师互相学习提供可资借鉴的案例，也为优秀教师的经验提供了很好的传播方法。①以此观之，微课程开启了教师专业发展的新征程，有益于促进教师研究教学、创新教学并反思教学，为提升教师的技术素养与教学质量奠定了坚实的基础。

① 姜玉莲. 微课程研究与发展趋势系统化分析［J］. 中国远程教育，2013（12）：72-73.

本章小结

概而言之，微课程在课堂教学变革中凸显了现代教育以学习者为中心的价值诉求，它将多元化教学资源无限拓展，引发了教学模式的转换以及教学评价的转型。顺应信息时代新的客观需求，在学习方式的变革历程中，微课程的兴起引导人们重新审视认知方式，重新建构学习环境，重新发掘学习价值。在开发范式的转型问题上，微课程改变了传统课程的目标定位、内容形态以及开发主体的行动方向，其理论成果和实践路向无疑为我国未来课程变革与发展做出了有益的尝试和探索。

具体来说，微课程的价值主要体现在以下三个方面。其一，作为一种新的课程形态，微课程已成为教学方式变革的新支点：较之传统课程教学，微课程内容聚焦、精简高效，资源丰富、质料新颖，需求导向、自定步调。导源于此，一系列教学变革渐次展开："以学为主"的教学范式渐趋主流，教学内容的资源存储无限延展，教学程式的实践表征鲜活灵动，教学评价的方式与体系渐趋多元。其二，作为一种新的学习资源，微课程开拓了学习方式变革的新路向：从"秩序化"走向"碎片化"的文本呈现，由"客观"趋于"具身"的学习体验，由"静"迈向"动"的认知过程，促进了学习方式的时代转型；数字化学习时空的创建、数字化学习资源的进化以及数字化学习文化的创生，形塑了技术、智能与个性相互交融的学习环境；而搭建智能化的学习平台，倡导深度卷入的学习参与，营造积极快乐的学习氛围，则保障了数字化学习形式的展开。其三，作为一种新的运作机制，微课程彰显了课程开发的新范式：课程开发的目标定位从"标准规范"转向"用户体验"，课程开发的内容从"知识集成"转向"资源盘活"，课程开发的主体行动从"刚性消费"转向"草根研习"，这些都为数字时代的课程开发勾勒了新的图景。

第四章　微课程知识观论叙

什么知识能够进入课程？课程知识何以具有价值？如何传递课程知识更有效？千百年以来，人们对诸如此类问题的论辩过程，构成了课程知识观的嬗变历史。这其中既含有知识价值的判定标准问题，也包括知识与课程的逻辑关系问题，还涉及课程开发的价值取向问题。作为人类对课程知识的来源、筛选、传递、评价与再生产等问题的总体看法，课程知识观既是人类认识课程知识的智力结果，又为人们改造课程世界提供了经验坐标。然而，在传统课程知识观中，人们往往追求的是洞识主体与客体、个体与知识、课程与生活的复杂关系，进而希冀在此基础上提高课程知识传承的速度、规模与效能，却在不经意间忽略了潜隐在人类、知识、课程、教学、生活这一逻辑链条背后的“时代的技术状况”，导致了在课程知识观的建构中几乎看不到技术的“在场”。

总体上讲，人类教育的发展史其实就是知识传播的技术介入并影响教育的历史。无论在文字的产生与应用的早期阶段，抑或在造纸与印刷技术的勃兴时代，还是在电子与视听技术席卷裹挟的晚近以降，课程知识的变迁可以说须臾未曾离开过技术的融入与形塑。尤其在互联网、云计算、大数据汹涌来袭的当下，以迅猛发展的信息、媒体与数字技术为支撑，课程知识的理解方式、呈现形态、传播渠道与教学方式等正在发生前所未有的变革。与此种情势相对应，以短小精活、主题突出、易于扩充，适切翻转学习、混合学习、移动学习等为特质的微课程一经出现，便迅速引起了人们的密切关注与广泛应用，已经并将继续获得更为广泛的生存空间。然而，作为信息时代孕育的一种新型课程形态，微课程蕴含着怎样的知识观？这种知识观是如何演进而来的？它在教学中有哪些实践表征？引发它向此嬗变的动因又是什么？这些都是本章慎思追问并尝试解答的基本问题。

一、“学科知识”与“信息技术”的际遇：微课程知识观的萌生背景

在世界课程史上，传播技术①与课程知识的关系长期以来隐而不彰。主要原因包括两个方面：一是对促进知识传播的微观技术较为忽视，人们对诸如文字符号的发展与笔墨纸砚的改进，往往疏于将之归为传播技术的推陈出新，甚至忽略了它对教育发展所起的促进作用，而是倾向于把教育的变革归因于思想观念的引领、课程内容的优化以及教学方法的改善等；二是重大传播技术的整体发展较为缓慢，②比如从印刷技术的发明到激光照排的问世，其间经历了漫长的 13 个世纪，故而在特定的历史时期内，人们难以观察到由技术革新对教育发展所带来的深刻影响。直到新近的世纪更迭时期，人们才深刻体验到由印刷技术到电子技术、再到数字技术的迭代更新，尤其是它们对教育教学、课程知识、教材形态以及教法学法所带来的深刻变革。就微课程的异域萌生与本土实验而言，它激发了人们对时间的碎片化、空间的虚拟化、技术

---

① 这里采用“传播技术”而非“信息技术”是基于如下考量：通常认为，“信息技术”产生于 20 世纪 90 年代，以计算机技术、通信技术、网络技术与信息存储技术为核心，发展到 21 世纪初，又以“云计算”“微技术”“大数据”等为代表；而“传播技术”在概念的外延上相对宽泛，语言、文字、造纸、印刷、音频、视频等均可纳入其中，更符合笔者从历史的视角考察这一技术影响课程知识观发展的旨趣。当然，笔者在“所指”不同时会在其中选用“能指”的概念。

② 郭文革. 教育的“技术”发展史 [J]. 北京大学教育评论，2011 (3)：137-138.

的草根化、知识的情境化等要素重组与流程再造的课程想象。毋庸讳言，微课程的勃兴是传播技术与学科知识深度融合的结果，它变革的不只是教与学方式的翻转，从更广泛的意义上讲，它改变了恒久未变的课程知识的生态环境。

（一）人类与知识融生互动的脉搏变奏

在教育学的视界中，关于人类对知识本质的探寻，迄今为止有两个令人振聋发聩的问题：一个是 19 世纪中期斯宾塞（H. Spencer）关于“什么知识最有价值”的叩问，另一个是 20 世纪后期阿普尔（M. W. Apple）关于“谁的知识最有价值”的追问，前者孜孜以求的答案是“科学的知识”，后者果敢揭开的谜底是“权力的知识”。而在笔者看来，在这两个“旷世之问”背后，还隐藏着一个需要探源的前设：知识何以具有价值？这是一个有关人类与知识关系的本源性命题，它直接关涉课程知识观的基点、取向与建构，直接关涉课程知识的属性、样态与价值，进而决定着作为生命存在的人在课程知识中的角色、地位与命运。回顾漫长的课程发展史，人们以哲学认识论为基础，精心建构了传统的课程知识观，并将之奉为生产课程理论与指挥课程实践的思想武器。然而，时至信息技术风起云涌的当下，审思以学科知识与传播技术融合面貌出现的微课程，我们会发现这样一些事实：它的形态并不是知识碎片与传播技术的简单叠加，它的内容借助视觉技术能够可视化呈现，它的时空通过智能终端可以营造虚拟的学习情境，它的实施依托媒体技术可以实现教与学的翻转，等等。面对这些突然袭来的新变化，传统上以笛卡儿（R. Descartes）为代表的知识理性主义所规约的课程理论话语以及教学实践经验，似乎在解释力与指导性上已显得力不从心。这迫切需要我们检视传统的课程知识观，从中发掘传播技术的踪迹与效能，梳理个体—知识—技术三者之间耦合的叙事史，进而建构一种适用信息时代、关涉技术哲学、促进人知互融的课程观。

笔者以为，从微课程所彰显的“时代的知识状况”——以技术为支架促进人知融生互动为视点向前追溯，人类与知识的关系走过了漫长曲折、螺旋累进的历程，而在绝大部分时间里，传播技术仅仅作为一种隐秘的驱动力量而存在。有鉴于此，这里我们姑且“悬置”技术，以便从宏观上把握人知关系的脉搏变奏。下面，让我们穿越传统课程的演进史，整体勾勒人与知识关系的基本走向。

一是人知关系日趋疏离以致异化。传统的课程知识观从哲学本体论的视角来看待知识，对课程知识的本质先后提出了“客观反映说”“智慧精华说”“社会建构说”等诸多观点。“客观反映说”认为，课程知识“是人类认识的成果，是在实践基础上产生又经过实践检验的对客观实际的反映”；①“智慧精华说”强调，“课程知识是从人类知识宝库中‘精选’的部分，即学科知识与学科内容知识”；②而“社会建构说”则坚称，课程知识具有社会向度，它是由社会建构而成的，反映了某些社会群体的政治利益。③在笔者看来，诸如前述的课程知识本质观所观照的仅是“课程知识是什么”与“课程知识如何选”的问题，而对“什么是课程知识”或“课程知识何以存在”却鲜有建树，因此，非但未能为我们理解课程知识提供“人学”立场，反而把我们引入了“知识本位主义”“知识授受主义”与“知识功利主义”的窠臼。从知识的本质观来看，“知识本位主义”主张，以知识为核心来建构课程世界，把课程知识等同于课程本身。这实质上是在课程的世界中安置人的居所，而非

---

① 中国大百科全书·哲学［M］. 北京：中国大百科全书出版社，1987：1169.

② 王策三. 教学认识论［M］. 北京：北京师范大学出版社，2002：3-10.

③ 迈克尔·阿普尔. 意识形态与课程［M］. 黄忠敬，译. 上海：华东师范大学出版社，2001：1-29.

在人的世界里思考知识的功用。一言以蔽之，这样的课程知识是以“针对人”为旨趣，而不是以“为了人”为鹄的。如此一来，人也就变成了知识的载体与工具，知识则取代人跃居到了“目的”的位置。在考选的世界里，这种人知倒置的关系异化了课程知识的“属人”本质。现实中诸如“只要学不死，就往死里学”的动员就是鲜活的写照。循此逻辑，既然课程知识是目的本身，那么“知识授受主义”也就成了“知识本位主义”在知识传递环节上的当然诉求。在“知识授受主义”那里，课程知识是人类经验智慧的结晶，是毋庸置疑的“真理性存在”，它具有客观性、确定性、普遍性、中立性与终极性，①教师与学生唯一能做的无外乎是对这些“真理性知识”的“授”与“受”，这无疑就是弗莱雷（Paul Freire）所痛斥的“储蓄式教育”的本质所在。从知识的价值论上看，正是通过作为“储蓄者”的教师与作为“储蓄所”的学生的协同配合，法定化、制度化的课程知识才得以绘就“知识功利主义”的景观：学生为分数而学、教师为考试而教、学校为升学而拼、教育为应试而搏。而这些近乎狂热的举动所践履的是这样一个“空灵”而“激越”的理念：为了儿童未来的成人生活幸福做准备。殊不知，每个人都生活在当下的感受性里，“此在”的生活原本就应该与幸福相伴，“彼岸”的美好永远都无法在此刻体验。

二是人知关系返正并走向融生互动。如果说，在笛卡儿以降的理性主义认识论那里，课程知识是外在于、针对于、役使于人的存在，个体与知识关系的疏离是一种“理性”状态的话，那么，在后现代的认识论视界，知识的哲学转向与当下的知识实践都表明，知识已不再那么的客观而恒定、冷峻而僵硬、崇高而威严，而是逐渐注入了人的温情与感

① 石中英. 知识转型与教育改革［M］. 北京：教育科学出版社，2001：129.

受、体验与履历、态度与价值，并且日趋彰显出它的“涉身性”“经验性”“境域性”。对此，诸多学者展开了论辩。针对课程知识与生活世界的割裂，有论者提出了“教学回归生活世界”的课程知识转向主张；针对课程知识与经验建构的疏离，有论者主张课程知识的动态建构要依赖于学生的参与社会性的沟通和对话，而非单纯线性、机械意义的传递和授受；针对课程知识与意义价值的关系，有学者审思了课程知识中个体精神自由缺失的历史与现实，提出了课程知识的意义性这一命题。①就课程知识的“涉身性”来说，布鲁纳强调：应“把‘人身’渗透到知识的存在方式之中”，从根本上否弃“知识”与“人”完全割裂的课程知识观；②梅洛-庞蒂（M. Merleau-Ponty）则主张：“有机体本身就参与了形式的建构……客体的性质和主体的意向不但是含混在一起的，而且它们还构建形成了一个新的整体”。③就课程知识的“经验性”而言，波兰尼（M. Polanyi）更坚信：“知识本质上是一种理解力，是一种领会、把握经验、重组经验，以期实现对它的理智控制的能力”④，因此知识学习的展开也就是“经验穿透”的过程；约翰·杜威也指出：“书本知识无论对于那些发现它并在他们的经验中起作用的人来说是如何真实，但是对学生来说，没有东西使它成为知识，除非这种材料在个人自己的生活中产生了效果。”⑤而就课程知识的“境域性”来讲，持此论者在强调知识需要通过人的“切身体会”而获致的同时，又把目光延展到了人与知识互动的情境现场，指出“要想使课程给学生呈现人类

① 郭晓明. 课程知识与个体精神自由［M］. 北京：教育科学出版社，2005：1-25.
② 孙阳春，柳海民. 课程知识观的学理分析及其启示［J］. 外国教育研究，2006（4）：26.
③ Merleau-Ponty，M. The Structure of Behaviour［M］. Boston：Beacon Press，1967.
④ 迈克尔·波兰尼. 个人知识——迈向后批判哲学［M］. 许泽民，译. 贵阳：贵州人民出版社，2000：318-322.
⑤ 约翰·杜威. 民主主义与教育［M］. 王承绪，译. 北京：人民教育出版社，1990：358.

群体的生活经验，并把它纳入学生的生活世界中加以组织，使文化进入学生的‘生活经验’和‘履历情境’，课程知识就不能仅仅来自‘科学世界’，而必须以‘生活世界’为背景和来源”。①至此，人与知识融生互动的走向渐趋清晰。

概而言之，在漫长的知识认识论中，人类与知识的关系沿着由“疏离”“异化”到“返正”“融合”的轨迹，逐渐消弭了笛卡儿知识观中“主与客分立”“心与物互斥”的认识鸿沟，向着由卡尔·波普尔（Karl Popper）所擘画的“通过知识获得解放”②之路踯躅前行，逐渐拆解了根植在课程世界里的“我思故我在”这一认知藩篱，有力推动了从“心对物的普遍怀疑”向“心与身的融生互动”的认识论转向。

然而，回到之前“悬置”的技术上来，我们可以发现传统课程知识观的嬗变，主要是沿着“认识论”的路线前进，所采用的方法也多以哲学思辨、思维转向为主，其间技术的身影及其促动作用被屏蔽了，因此也就无法解释当下信息技术与课程教学深度融合的鲜活实践。有鉴于此，回答“信息技术对教育教学何以具有革命性影响”就显得尤为迫切。受西方传播学大师麦克卢汉（M. McLuhan）“任何媒介施加的最强大的影响，就是改变人的关系与活动，使其形态、规模和速度发生变化”③这一著名论断的启发，我们认为，对任何事物来说，时间与空间、关系与情境都是两对强耦合的存在，但凡导源于时空结构的变化而引发的关系与情境的变化，往往都是较为深刻且难以逆转的变化。众所

---

① 郭元祥. 论课程观的转向［J］. 课程·教材·教法，2001（6）：15-18.

② 卡尔·波普尔. 通过知识获得解放［M］. 范景中，李本正，译. 杭州：中国美术学院出版社，1996：179.

③ 马歇尔·麦克卢汉. 理解媒介：论人的延伸［M］. 何道宽，译. 南京：译林出版社，2011（特伦斯·戈登序）：4-5.

周知，自工业革命以来，人类正式的教与学一直被安置在由教室这一封闭的空间与通常以45分钟为单元的这一定量的时间构成的时空架构之中进行，教师的教与学生的学二者之间一直处于线性的“上下级”关系状态与生产取向的“一对多”情境之中。在这种教与学“同步互动”的时空架构、师对生“广种薄收”的关系情境没有改变之前，传统的技术未曾彻底撼动过既有的教育教学体系与知识授受格局。然而，时至今日，由于信息技术、媒体技术与数字技术的介入，微课程的内容借助信息网络传播、以富媒体形式呈现、通过智能终端接收，改变了传统的课程知识在物理空间中“共时同步”的教学范式，正在形成一种在虚拟时空中“历时异步”的传播模式。与此同时，针对微课程实施带来的知识体系碎片化、师生互动缺失、视频学习肤浅等问题，当下日益成熟的知识地图、虚拟现实、行为分析等融合发展的新兴技术业已聚焦关注、正在协同攻关，正如我们所体察到的那样，由网络时空所营造的“一对一”“协商式”的教学关系也初露端倪。可以预见，借助传播技术的变革，以时间碎片化、空间虚拟化、教学翻转化为特征的微课程的勃兴，必然会在未来的课程教学领域掀起一系列更为深刻的变革。当然，传统的课程知识观也必将接受日新月异的技术力量洗礼。

（二）技术与课程知识相融的演进轨迹

历史地看，传播技术或者说教育技术与人类知识是相伴相生的，它是随着知识与教育的联结而介入人类课程发展史并参与课程知识观建构的，而微课程的知识观所反映的是传播技术由浅入深影响到教育体系“核心地带”的当下样态。有论者认为，从“视听教学”开始，教育技术学才正式登上历史的舞台。但它对“多媒体”的过度关注给自身带来了致命的先天不足——他们一直把教育技术的“学科史”与媒介技术推动人类教育发展的“实践史”混为一谈，排斥“学科”建立以前出现的那些支持人类教育发展的“老旧技术”，经常会有人说黑板、文字、纸张、印刷书等传统的媒介不是“教育技术”。①笔者以为，正是这种认识上的“混为一谈”或“视而不见”遮蔽了人们对个体—技术—课程三者之间关系深入探讨的视线。从教育发展进程来看，正是不断迭代更新的传播技术引发并推动了人类课程知识的变革，并且寓于其间的人与技术的关系也同步经历了沧桑巨变。下面，让我们打开尘封的传播技术史，探寻它由浅入深影响课程知识观建构的演进轨迹（见表 4-1）。

表 4-1　传播技术与课程知识相融的相关要素②

历史阶段	课程内容	知识载体	传播方式	技术特征
口耳相传（公元前 4 世纪中期以前）	史实、祭祀、风俗、故事、传说、神话	人（喉咙、耳朵、肢体）、巫师、吟诵诗人等	记诵、传唱、对话、示范、练习（口传耳受、身体力行）	原始的体内技术 比如：口头语言、肢体语言；抄录、雕刻、书法等技艺都具有寓于人体之内的“附魅”特征
手抄文字（公元前 4 世纪中期到 15 世纪 50 年代）	生产生活经验；史料、诗歌、谚语等文化典籍	龟甲、兽骨、金石、简牍、丝帛、蔡侯纸、羊皮纸、莎草纸等	抄写、讲授、记忆、对话、辩论/学园、官学、书院、私塾	

---

① 郭文革. 教育的“技术”发展史［J］. 北京大学教育评论，2011（3）：153.

② 这里借鉴学界对媒介技术发展史与教育技术发展史相融合的阶段划分（可参阅：郭文革. 教育的“技术”发展史［J］. 北京大学教育评论，2011（3）：137-156），笔者尝试从课程内容、知识载体、传播方式与技术特征四个维度，梳理传播技术与课程知识相融的历史演进轨迹，进而概括不同历史阶段的课程知识观。

续表

历史阶段	课程内容	知识载体	传播方式	技术特征
印刷文字（15 世纪 50 年代至今）	结构化的学科知识	人造纸张、拉米斯教材、图书文献、报刊等	班级授课制、学校组织制度、现代教育体系	近现代体外技术 比如：机械造纸、铅字印刷、激光排版；电子信号、单媒体、多媒体等都具有“祛魅”特征
电子传播（19 世纪 30 年代至今）	学科知识、模块知识、专题知识	广播、幻灯、投影、电台、电影、电视、电脑等	广播电视学校、现代远距离教育	
数字传播（20 世纪 90 年代至今）	学科知识、模块知识、碎片知识	互联网、慕课、微课程、数字教材、电子书包、智慧校园、智能终端等	移动学习、泛在学习、混合学习	后现代体内技术 比如：互联网、流媒体、富媒体、超媒体、智能终端等都具有“返魅”特征

这里，我们简要阐释表 4-1 的阶段划分与分析维度。首先，借鉴媒介环境学与媒介技术史的研究成果，循着作为隐性变量的技术的变革路线，我们把传播技术与课程知识相融的进程划分为口耳相传、手抄文字、印刷文字、电子传播与数字传播五个历史阶段。其次，考虑到课程知识观的生成与演进会受到特定时代的知识、教育、技术状况的影响，我们选取了课程内容、知识载体、传播方式与技术特征四个分析维度。最后，借鉴既有的研究观点，我们把“技术特征”归为三类：一是“原始的体内技术”，它是一种完全依靠人的肢体操作的工具，需要完全纳入人的四肢和感官的控制，知识的形态通常是在生产生活中累积的经

验、工艺与技巧，人既是知识的创造者与承载者，也是知识的使用者与传播者；二是“近现代体外技术”，一般以机器的出现为诞生标志，机器把人的复杂劳动分解为程式化的动作序列，从而使之能够“脱离”人体而“自动”运转，并按照人的旨意完成相应的技术活动；三是“后现代体内技术”，它强调在继承近现代体外技术的优势并将其“内化”为人的本质力量的前提下，通过复归人的主体性来消解人机交互中发生的人与技术的双向异化。当然，此处的“内化”并非一定要把技术植入人的体内，而是指技术与人体在保持人的主体性的前提下相互结合、恰当分工，使二者的结合成为高技术与高人文的融合。①以下，我们以五个历史阶段为纵轴，以四个分析维度为横轴，以三类特征各异的技术为变量，来绘制传播技术与课程知识相融的坐标与走势，进而检索并还原不同时段的课程知识观。

回首口耳相传阶段，由于教育并未作为独立的工种出现，因此那时课程内容与人类的生产生活是同源同构的，主要包括对史实、祭祀、风俗、故事、传说、神话等人类认识成果的代际传承。然而，由于生产与技术尚处于蛮荒状态，对上述知识的记载、复制与传播只能依赖人自身的器官功能——口耳相传、身体力行，比如记诵、传唱、对话、示范、练习等，寓于这些传播方式之中的技术可归为“原始的体内技术”，因为它们所使用的表达符号主要是由人喉咙发出不同音节组成的口头语言，有时还辅之以表情达意、实操示范的肢体动作，这些本质上都是寓于人体之内的原始机能，因此具有“附魅”的特征。故而，这一阶段的课程知识观是混沌的、庞杂的、寓身的，可以认为“课程知识即人类对自身的生命、生存、生产与生活的行为、体验与反思本身”。

① 颜士刚. 信息技术影响教育发展的历史、原因及趋向[J]. 电化教育研究，2009(12)：13-15.

追溯手抄文字阶段，由于生产力的提高与剩余产品的出现，人类社会的分工日益细化，教育活动逐渐从社会生活中独立出来，系统化、专门化的教育组织随之产生，一部分人开始专司青少年儿童教育，向他们传授人类累积的史料、诗歌、谚语、典籍等课程内容。这一时期，传播技术的发展也取得了突破性进展，一方面出现了由华夏先祖发明的象形文字与由希腊人创造的字母文字，另一方面出现了产生于东方的甲骨、简牍、丝帛、蔡侯纸、印刷术与肇始于域外的莎草纸、羊皮纸等“知识载体”或“传播技术”，它们共同革新了人类知识的传播方式，在彼时的庠序、学园、官学、书院、私塾中，师生以抄写、讲授、记诵、对话、辩论等形式传授知识，而寓于其中的抄写、雕刻、书法等技艺与讲授、对话、论辩等技法，依然属于具有“附魅”特征的“原始的体内技术”。同时，这一时空跨度的课程知识观已渐趋清晰、系统与深刻，可以表述为“课程知识即经过初步分类筛选、由教学机构传授的人类生活经验与传统文化习俗”。

时至印刷文字阶段，众所周知，雕版印刷在我国隋朝晚期（公元600年前后）就已出现。时至11世纪，生活于北宋的毕昇发明了活字印刷术，其后由中国人蔡伦发明的造纸术在12—14世纪渐次传遍欧洲，15世纪中期德国人古登堡发明了活字印刷机，借助这两种脱离人的身体、不再“附魅”的“近现代体外技术”，人类迅速汇集了一套全方位、多领域、分学科的知识体系，随后又发展出一种全新的知识组织结构——拉米斯教材范例，二者相互配合遂成了学校教育中的“课程内容”与“知识载体”。由于具备了数量足的纸张、高效率的印刷技术与标准化的教学用书，百年之后以教学按内容分科、学生按年龄分级、授课按班级进行为主要特征的班级授课制，才得以在欧洲确立并于随后传到世界各地。当我们今天探源在19世纪末20世纪初经由日本传入中国，以“班级授课制”为核心特征的“现代学校制度”时，事实上那项产生于1300多年前的印刷技术才是真正的动力之源。纵观印刷文字出现以来的教育发展史，可以说是传播技术的革新引发了教育生态系统的一系列变革，这为我们再现那时的课程知识观——“课程知识即在现代学校制度中班级授课时所传授的学科教学知识”提供了技术视角。

进入电子传播阶段，电脉冲信号的出现创新了人类知识表达的方式，之前亘古绵延的“文字书写”不再独步天下，新兴的“影像书写”把人们带进了由语言、音乐与画面共同营造的视听时代。与此相应，按学科、模块或专题加以分类的课程内容的保存、复制、传播也有了新的载体，随之利用广播、幻灯、投影、电影、电视、电脑等来传播知识的方式相继问世，这又进一步推动了以广播电视学校为代表的现代远程教育的蓬勃发展。在这一时期，技术介入知识的路线向纵深延展，课程知识也就被理解为“人类借助传播技术在教育场域所筛选、传递、接收、反馈与评价的资讯”，此种课程知识观显然为技术的融入留出了广阔的空间。如果说，印刷技术为教师教与学生学的时空分离提供了可能的话，那么，视听教学则使得这种可能成为现实。而就技术特征而言，无论是视听教学所依托的电子传播技术，抑或是班级授课制所借助的文字印刷技术，仍属于能够“脱离”人体而“自动”运转的“近现代体外技术”，“祛魅”的特征也较为明显。然而即便如此，传播技术的进步、学科内容的细分以及教学时空的分离，依然没有为现代教育体系带来实质性的变化，教学模式由“一对多”向“一对一”的迈进，似乎陷入了难以“双向对等交流”的困境，教学手段从“单媒体”到“多媒体”的突进，也只是增添了丰富而炫目的资源而已，时代呼唤着新的传播技术来激发新的课程想象。

到了数字传播阶段，作为有史以来所有传播技术的集大成者，互联网借助它所具有的信息传播快速与广泛、表达符号丰富与精准、交互活动双向与智能等利器，迅速把这个世界的万事万物卷进了一个由信息架构的网络空间之中，并不断引发了人类的思维、生存、生产、交换、交往以及学习等方式的连锁式变革。作为一种由人编织并使人寄居其中的虚拟网络，具有“技术”向“人”回归这一“返魅”特征的互联网，在当下的教育生态系统中正在引发“革命性”的内爆。从技术的角度来看，它以推动人类基本的书写行为从实体的“纸上”向虚拟的“网上”迁移为突破口，进而“酿造”出一种一经产生就无法装回纸本、流程不可逆转的“知识组织结构”，当下蓬勃发展的微课程、云课程、数字教材、电子书包、智慧校园即是鲜活的例证。它们以“影像书写”挑战亘古长存的“文本书写”，使得今天的课堂“同时并存着多个传播子系统，学生‘身’的出现，已经不能保证‘教’与‘学’真的发生了”。①聚焦以“知识+网络+终端”形态呈现的微课程，我们需要建构“课程知识即是学习者身心浸入网络时空，借助智能移动终端以可视化的方式来呈现的人类讯息”这一新的课程知识观，以迎接未来“儿童—知识—技术”深度融合而带来的诸多教育挑战。

二、“影像书写”对“文本书写”的扬弃：微课程知识观的实践表征

不可否认，较之传统“文本”，“影像”具有诸多明显的优势：一方面，影像能够感性、直观、生动、具体地“还原”真实场境，较之文本

① 郭文革. 教育的“技术”发展史［J］. 北京大学教育评论，2011（3）.

以理性、抽象、静态、隐秘的方式“描述”既存现实，它更为少年儿童所喜闻乐见；另一方面，作为对现实的“摹写”，影像比“描述”现实的文本更接近人类的生产与生活实践。①而在当前，微课程避“文本书写”之短，扬“影像书写”之长，以“网络化”“可视化”“具身化”的方式来表征知识，打破了传统上不可还原、不可复演、不可体验的知识观念。

（一）知识形态的“网络化”

知识的“网络化”这一命题由美国学者戴维·温伯格（David Weinberger）提出，他在反思信息时代知识形态的著作《知识的边界》中认为，在信息超载的当下，知识在网络中产生，也在网络中跳转，已变成网络的一种属性。作为一种开放流动的交互性存在，知识不再存在于书籍之中，不再存在于人的头脑之中，而是存在于网络本身。在他看来，传统上状如书籍的知识是“长形式”的，而信息时代的知识则是“网形式”的：“如果你想写一本书，你就不得不与自己对话，想象各种可能的反对观点，因为书是一种与读者相分离的、非对话的、单向度的媒介。我们不得不依赖这种自言自语，但并非思想本就是如此，而是书将知识固定在了纸上。我们不得不建立一个长长的思想序列，由一个想法通向另一个想法，只是因为书籍是由一张张纸装订起来的。‘长形式’思考之所以看起来如此，是因为书籍将它塑造成这个样子。而且，因为书一直是知识的媒介，所以我们认为，知识就应该是那个样子的”。而如今，知识终于拥有了一种能够帮助它超越这种局限的媒介——网络。在网络中，知识具有更强的流动性、更高的连通性以及更好的交互性，

---

① 颜士刚. 信息技术影响教育发展的历史、原因及趋向［J］. 电化教育研究，2009（12）：12.

它正在对知识的本质以及“长形式”思考在其中发挥的作用带来一些根本性变化：“如果我们将知识视为孤立的内容，而不去联系它所处的那种新的、超链接式的对话、争辩、阐释甚至对骂的上下文，那么我们就错失了知识正在经历的最重要的变化，知识现在不再是那个孤独的作者坐在自家舒服的椅子上传递给读者的内容，也不再是站在教室前面的教师给那些坐在不怎么舒服的椅子上的学生传递的内容……而是存在于一张细密杂乱的大网之中，正如生命并非活在我们的神经、骨骼、血液、骨髓之中，而是活在这一切所构成的联系之中。”概而言之，“如果‘长形式’的书籍告诉我们，知识是从A到Z的漫长旅程，那么网络化的知识可能会告诉我们，世界并非是一个逻辑严密的论证，而更像是一个无定形的、相互交织的、不可掌控的大网。”①此种关于知识网络化的见地，为我们理解微课程的知识形态洞开了新的视界。

迄今为止，关于微课程的知识形态，人们往往浅表地认为，微课程短小精悍的特点，决定了它必然同时具有孤立、零碎、割裂等致命弱点，利用微课程进行学习，学到的知识必然会零碎、割裂、不成体系。②固然，单个、孤立的微课程将知识点进行切割、碎化，形成信息孤岛，确实无法实现知识的联结、整合与贯通。然而，从课程与教学论来看，这既不符合人类的认知规律，也不是知识的本然结构，更不应成为微课程存在的旨趣。笔者以为，微课程的“微”并不等于知识点的“碎”，对知识加以“碎片化”处理，只是突破传统教学中重难点、易错点、易混点、易考点的环节或手段，其终极目标是在知识点之间建立非线性但相关联的“知识网”，亦即使知识以“网络化”的形态来呈

① 戴维·温伯格. 知识的边界［M］. 胡泳，高美，译. 太原：山西人民出版社，2014：185-187.

② 郑小军，张霞. 微课的六点质疑及回应［J］. 现代远程教育研究，2014（2）：50-51.

现。进而言之，这里知识的网络化，包含“知识本身结构的网络化”与“知识传播路径的网络化”两层含义。

先谈知识本身结构的网络化。微课程对知识的处理是沿着“知识切割—脉络联结—系统整合”的线索来展开的。①首先是科学萃取知识点。即从缜密的知识体系出发，精准析出、提炼、萃取出重难点、易错点、易混点、易考点，同时清晰呈现它们之间的内在关联。如此一来，每个知识点就能唤醒先前的认知经验，继而又可引出后续的知识单元。其次是梳理知识点脉络。如前所述，以知识点之间的逻辑关系为“线”，将若干既相对独立又彼此相关的知识点进行关联化、序列化、体系化处理，这样就能够形成网状结构的知识点脉络。如果再把这个脉络放大，就会发现大知识点周围还联结着若干小的知识点，学习者只要贯通知识点之间的学习脉络，就可避免所学知识的碎片化与彼此孤立。②最后是建构数字化知识网。如果说人类知识是以学科为“纲”、以课程为“目”编织而成的“网”的话，那么纽结于“纲目”之中的若干“网节”就是以小粒度或小模块形式存在的“知识点”。而在教育信息化的视野下，我们借助网络、媒体与数字技术，对星罗棋布的知识点加以挖掘并以微视频方式呈现的“微课程群”，也就构成了一张纲举目张的数字化“知识网”。

再谈知识传播路径的网络化。微课程的知识教学本质上是一种“网络化”过程。较之传统课程，介入网络时空的微课程的传播已不再沿袭传统的线性、单向与封闭路径，而是循着非线性、弥散化与开放式的脉络展开。一方面，就微课程的知识点遴选来讲，它旨在挖掘学科教材中

---

① 余宏亮. 微课程意涵三重判读［J］. 课程·教材·教法，2015（5）：35-42.

② 梁乐明，曹俏俏，张宝辉. 微课程设计模式研究——基于国内外微课程的对比分析［J］. 开放教育研究，2013（1）：65-73.

的小粒度知识，并以微视频的形式呈现。事实上，这些从学科教材中析出的知识点，已通过课程专家的筛选与教育部门的审核，而那些被排除在纸本教材以外的内容则未必就不是可传递的知识，只是它们不符合知识点的“遴选标准”而已。现如今，在微课程的实施中，那些经遴选而旁落的知识则可以微点评、微反思等形式向学生个性化推送，以强化他们对知识点的理解、内化与迁移。换句话说，在网络时空中，微课程的知识点是以可还原、可增补、可更新的面貌来呈现的，它超越了传统课程里知识点的那种裁剪的、审定的、静态的呈现方式。事实上，此种差异导源于书籍与网络的区别：因为书籍的物理特性倾向于按序延展下去，而非中断分岔。与叙述的狭长小径背离的那些观点，就算再有价值，看起来也像是在干扰、分散读者的注意力。书籍只是不够长，不足以让那些“长思考”自由舒展成它们本来的样子。①而网络则有足够的空间，它所呈现的是边界弥散、连续不断、绵延此刻的“知识喷泉”，它既能容得下传统上多卷本的长篇大论，也会为那些完全用“推文”表达的短小观点留出位置。概而言之，在网络时空中，知识无须刻意地遴选、屏蔽或排除，“点击率”决定了它们的位置，即便是那些“无人问津”的知识也不会消失，只是被冲刷到了知识网络的边缘而已。

另一方面，就微课程的知识点建构来说，承前所述，传统课程的知识单元一经审核裁定，也就被固化为不可协商、不可修正、不可增删的“真理性存在”，而网络时空中的微课程，已将学科知识点嵌入网络之中，使之具有了人机交互性、人际协商性与动态生成性，甚至因此改变了课程知识的建构主体与创生方式。众所周知，对于同一个学科知识点，不同主体研制的微课程，从知识挖掘到方法选择、再到呈现方式可

① 戴维·温伯格. 知识的边界［M］. 胡泳，高美，译. 太原：山西人民出版社，2014：164.

能不尽相同。更有甚者，在开放互动的网络中，课程专家、学科教师、学生个体、教育官员乃至社会大众均可参与微课程建构。也就是说，在这个人人都可以“出版”的时代，已没有人会被神化为某个领域唯一可靠的专家，我们正在亲历“从纸质专家知识模式向网络专家知识模式的转型”①。笔者以为，如今专业知识已被嵌入数字网络，并由此获得了强大的能力，它已摆脱旧媒介的规约，而拥有了新媒介的属性。其一，在纸本时代，课程知识看起来是可以分割成各种可掌控的领域；而在网络空间中，微课程的知识点不会被整齐地分割，它们弥散地存在于各种关联之中。其二，传统上课程知识随着教材的出版通常只有一次表达机会，而如今以微课程形式嵌入网络的知识点几乎是各种意见的荟萃，而且可以即时更新。其三，课程知识的建构过去是不透明的，而网络化的微课程则会附带密集的“超链接”，以便还原知识点赖以存在的情境。其四，在前网络时代，课程知识是单向传播的，教材只是“一对多”的知识媒介，而今微课程的知识传播方式已发生变化，因为网络是多向互动且富有创造性的，能够对各种观点即时做出更为积极的响应。一言以蔽之，网络是连接性的，其连接的规模、范围、透明度与多向性，已远远超越了有史以来任何媒介的性能。以此观之，栖身于网络之中，微课程的知识样态必然会烙上网络化的印记。

（二）知识呈现的“可视化”

总体而言，人类对知识可视化的探索有着漫长的过去，而作为专门的研究主题却仅有短暂的历史。古希腊哲学家亚里士多德（Aristotle）在谈到学习方式时曾说：告诉我的我会忘记，给我看的我会记住，让我

---

① 戴维·温伯格. 知识的边界［M］. 胡泳，高美，译. 太原：山西人民出版社，2014：104-105.

参与的我会理解。我国宋代史学家郑樵在《通志》中有云：“置图于右，置书于左，索象于图，索理于书。”①由此可见，图画与文字互补、意象与思想交融有助于促进知识的理解。苏联教育家沙塔洛夫认为，通过形象进行思维是人的思维所固有的特点，视觉记忆是一种可靠的机制，记忆具有选择性，在脑中保存许多意义相关联的联想是人脑的一种奇特的能力。②我国明清的《蒙养图说》《字课图说》别出心裁，针对学童喜欢可视化表征世界的认知偏好，创制了化抽象为形象的教材绘本。回顾历史，可以这样说，人们对将知识转化为形象、直观、生动的图形、图表、图像，以促进知识的传播、理解、迁移与创生的探索从未停歇。审视当下，正如有论者所言：人类历史中正在发生一个重要的转变——图像的转向。③展望未来，借助新思维、新技术、新工具，人们必将把知识可视化推向新的高度，一个影像认知的时代必将到来。

需要指出的是，与早前时代“将任何抽象的事物、过程变成图形、图像的表示都可以称为可视化”不同，在信息技术狂飙突进的当下，“知识的可视化则是在科学计算可视化、数据可视化与信息可视化基础上发展起来的新兴研究领域”，“它研究的是视觉表征在改善两个或两个以上的人之间的知识创造与传递中的应用，指所有可以用来建构和传递复杂见解的图解手段”。④除传达信息以外，其目标还在于传输见解、经验、态度、价值观、期望、观点、意见、预测等，概念图、思维导图、认知地图是其常用的工具。以此来透视当下的课程，有学者基于

---

① 孙艳超. 真是“一图胜千言”吗？——兼评《计算机、可视化和历史学：新技术将如何改变我们对过去的理解》[J]. 现代教育技术，2010（8）：150.

② 瞿葆奎. 教育学文集·教学（中册）[M]. 北京：人民教育出版社，1993：185.

③ W. J. T. 米歇尔. 图像理论 [M]. 陈永国，等，译. 北京：北京大学出版社，2006：2.

④ 赵慧臣. 知识可视化的视觉表征研究 [D]. 南京：南京师范大学，2010.

信息技术与课堂教学融合的实际，指出知识的可视化具有形象性、自主性、陶冶性与创造性等特征，有利于促进学习者的认知发展、激发学习者的想象力、创生全新的教学时空。①也即是说，作为一种借助信息技术的认知工具或认知方式，知识的可视化能够帮助教师采用学生易于理解与接受的教与学的方式，激发学生的学习动机，使教师的教在学生“想学”“愿学”“乐学”的心理基础上展开②，也能够使学生的学在自身“学会”“会学”“活学”的能力层次中升华，从而促进教与学的生动性、趣味性与有效性。

微课程实际上正是借助知识的可视化这一技术，才得以在当下的教育教学实践中引发传统课程生态的连锁式变革的。作为一种新的认知或学习方式，微课程的知识可视化既能改变学生学的方式，促进有意义学习与深度学习的产生，更能深化教师教的反思，辅助设计教学，将需要感知、认识、想象、推理的事物及其发展变化的形式和过程，用仿真化、虚拟化、形象化、生动化的方式呈现出来。概括地说，微课程在推动知识可视化上主要表现为以下几个方面。

首先，知识内容的可视化呈现。在微课程的知识教学中，教师突破了传统的“粉笔+黑板”这一单调、呆板、直白的内容呈现方式，转而依据学生的身心特点与知识经验、学科的知识类型与体量大小，综合运用听觉、视觉、触觉等多种感官，合理选择图片、动画、音频、视频等呈现方式，对碎片化的知识进行选择、挖掘、组合与联通，使之融合为富有特定意义的信息模块，以促进知识形象、直观、生动、高效地传递、理解、内化与迁移，进而在课程知识的呈现方式上实现了从单调、

① 王淑芬. 网络技术下知识可视化的课堂教学范式重构［J］. 课程·教材·教法，2014（7）：43-45.

② 崔允漷. 有效教学［M］. 上海：华东师范大学出版社，2009：6.

机械、直白向丰富、灵活、多维的转向。举例来说，在地理科学中，气压的变化、地质的分布等现象无法直接观察，它可以绘制知识草图来加以呈现，从而给人以直观的印象；在化学教学中，分子结构、化学反应等知识讲解较为抽象，它可以利用可视化技术进行演示，以加深学生的知识理解；在物理实验中，电磁场、核辐射等现象肉眼无法观察，它可以用虚拟仿真的视频来展演，以获得常规实验无法达到的效果，同时也避免了可能发生的危险。

其次，教学方式的可视化表达。较之传统课程教学采取以教师、教材、教室为中心的教学方式，遵循以学生课前预习、教师课堂讲授、训练课后完成的先教后学、以教定学、教主学辅的授受流程，微课程的勃兴与实践业已实现了从教学理念到教学方式、再到教学流程的翻转，逐渐形成了先学后教、以学定教、学主教辅的范式转向。在时下的翻转课堂上，微课程的知识教学依托信息技术与网络时空，将传统课堂上的“课上”讲授活动转变为“课下”的自主学习，使得教师作为课堂上的“主演”退居为知识教学的“导演”，学生作为知识灌输的“容器”跃升为知识学习的“主体”。不可否认，支撑这种教与学方式翻转的，正是知识可视化技术的应用以及由其引发的教与学时空的分离。

再次，学习情境的可视化体验。在后现代知识观看来，知识从来就不是静态的、机械的、僵滞的，它是情境化的、可体验的、生成性的。因此，情境的还原、复演、创设与感知对于丰富儿童的“认知经验”与“情境履历”至关重要。而对于这两者割裂的教育危害杜威有着深刻的理解：“一是平常的经验难以得到丰富，这种经验并不因为学习而更加丰富；二是因为学生习惯于一知半解和生吞活剥的教材，把这种教材装到脑子里去，这种态度便削弱思想的活力和效率。”①在教学中，如果我们希望培养学生对知识的自主学习与体悟能力，那么以微课程的形式向他们提供诸如图形图像、电脑课件、录音录像与短小视频等丰富的可视化资源，积极创设当前学习主题与视觉信息文本耦合的学习情境就显得极其必要。比如，执教《雾凇》一文，如果教师首先鼓励学生反复诵读来探寻雾凇的成因，接着引导学生画出并按逻辑顺序串联课文中的关键词，进而在学生头脑中想象一幅雾凇图，最后再用微课程来演示松花江畔千姿百态的雾凇景观，就能通过优美的语言、生动的画面、流动的图像，带领学生融入文本、融入自然，从而获得独特的情境体验。

最后，问题解决的可视化实现。美国学者埃德加·戴尔（Edgar Dale）的“学习金字塔”表明，不同的学习方法达到的学习效果不同，初次学习两周之后的知识保持率由低到高的次序为：阅读、听讲、视听、演示、讨论、实作、互教。也即是说，在众多的学习方式中，单独调动一种感官进行学习，效果会在较低的水平上徘徊，而综合运用眼、耳、口、手、脑等器官展开的问题解决式学习，则能够取得较高的学习效能。有实验表明，解决问题与知识建构是双向强化的。②因为知识建构的实现必然以问题的解决为基础，而问题的解决也必然要求综合运用各种知识，所以通过解决问题来强化学习是一种有效的学习模式。然而，需要指出的是，无论是问题的解决，还是知识的建构，都是较为复杂且难以具现的认知过程，传统的知识传递方式既无法观测更无法呈现，而如今微课程则能够以可视化的方式轻松完成。比如，在化学实验

---

① John Dewey. Democracy and Education: An Introduction to the Philosophy of Education [M]. New York: The Free Press, 1916: 161.

② Wang Minhong, Wu Bian, Kinshuk, Chen Nianshing, Spector J. Michael. Connecting Problem-Solving and Knowledge-Construction Processes in a Visualization-based Learing Environment [J]. Computers & Education, 2013 (10): 293-306.

中，化学反应的发生常常在瞬间完成，电子在原子核间的跃迁往往在瞬间消失。对于这些人眼无法窥探的过程，现在通过虚拟的网络视频已能清晰呈现出连贯的、细微的步骤。正是因为创立了复杂化学系统的多尺度模型，马丁·卡普拉斯、迈克尔·莱维特与阿里耶·瓦谢勒获得了2013年诺贝尔化学奖。这表明，问题解决的可视化已进入我们的课程知识领地，它借助过去难以企及的数字化、仿真化与可视化技术，使我们获得了身临实境的认知体验。

（三）知识习得的“具身化”

20世纪80年代以前，具身认知仅是一种哲学思潮，后来逐渐走向实证领域，目前已转向自然情境下的认知研究。在现象学的视界里，梅洛-庞蒂认为，身体是知觉的“主体”，而非被认识的“客体”，认识过程实质上是身体的表现，身体是我们与世界关联的中介。①在生物学的论域内，贝特森（G. Bateson）与瓦雷拉（F. J. Varela）强调，认知依赖主体经验的种类，而这些经验乃是出自于具有各种感觉运动能力的身体；人的感觉运动能力本身根植于或嵌入一个更加广泛的生物的、心理的和文化的情境中。②在方法论的层面上，奈瑟（Neisser）与西蒙（Simon）则主张，以生态学的方法取代此前信息加工的方法，研究自然情境中的认知，关注环境对智能的影响。嗣后，情境认知、情境学习与情境化人工智能逐渐形成热潮，继而酿造出第二代认知科学——具身认知理论。该理论一经诞生旋即颠覆了传统认知心理学的主流观点。在第一代认知科学看来，认知是人“颈部以上”的功能，它把认知比喻为

① 梅洛-庞蒂. 知觉现象学［M］. 姜志辉，译. 北京：商务印书馆，2001：1-15.
② Varela，F.，Thompson，E.，Rosch，E. The Embodied Mind［M］. Cambridge，MA：MIT Press. 1991：173.

计算机对抽象符号的加工与运算，是运行在大脑这一“硬件”上的“软件”或“程序”。①而具身认知理论则认为，认知是具身的、情境的、发展的与动力学的；心智是嵌入大脑的，大脑是嵌入身体的，身体是嵌入环境的，环境是认知系统的一部分。因此，身体、认知和环境是三位一体的。也就是说，认知是被身体及其活动方式塑造的结果，它不是一个运行在身体“硬件”上的“心智程序软件”，而是与身体和环境共同构成了一个相互作用的统一体。②

不可否认，具身认知消解了传统上“身心对立”的思维方式，建构了“身心一体”的认知话语。它抓住传统认知“对身体的忽视”这一缺陷，在两极对立的观点之间开辟了一条中间道路。而就在此前，多媒体学习的认知理论还坚称，认知即是对信息加工的过程，是学习者对诸如以语词与画面形式呈现的材料的选择、排列与组合，至于诸如记忆、分类和推理等高阶认知活动的展开，则更多地依赖抽象的言语符号。③时至当下，学界已然认识到，认知活动并非纯然的信息加工过程，其表征和实操受身体影响并植根于实时的情境之中。因此，应当把具身认知引入数字化学习研究论域，以摆脱传统认知科学形成的思维羁绊，建构一种身体觉知与环境交互的认知图景，推动人工智能时代课程知识习得的“具身化”进程。笔者以为，时下微课程之所以备受青睐，除了其具有主题精微、短小精活、内容可视、易于更新等特点之外，从更深刻的意义上讲，还因为它所营造的学习环境符应了具身认知的旨趣，为学习者以身心一体的方式进行认知提供了理论支撑与实践空间。具体来说，微

---

① 叶浩生. 具身认知：认知心理学的新取向［J］. 心理科学进展，2010（5）：705-710.

② Shapiro，L. The Embodied Cognition Research Programme［J］. Philosophy Compass，2007，2（2）：338-346.

③ 郑旭东，等. 多媒体学习研究的未来：基础、挑战与趋势［J］. 现代远程教育研究，2013（6）：21.

课程在身体、认知与环境两两交互方面推动了知识习得的“具身化”。

首先，在身体—认知的维度上，微课程的知识教学是身心合一、深度卷入的“具身化”认知。如前所述，我们的身体、认知与所处的环境是不可分离的，学习是身心在场的认知过程，它在具体的认知情境中发生，主体对知识的理解以“体悟”的方式获得。众所周知，微课程的知识教学突破了传统上线性的时空架构，已把课堂拓展到校园以外的空间，甚至迁移到了虚拟的网络世界。也正是基于教学时空的边界延展与课程实施的流程再造，学生的感官、心智、大脑、身体以及认知方式获得了自由与解放。在微课程所携载的知识点视频、拓展性链接、个性化推送以及即时性评测等数字化学习环节，学生的视觉、听觉、触觉等感官系统得以综合运用，他们以深度卷入的状态体验声、光、电、网所营造的学习环境，深度参与到对知识的感知、推理、确证与迁移等信息加工过程之中。也即是说，借助资源的丰富性、内容的可视化与感官的交互性，微课程洞开了多官能协同的认知通道，确证了学习是身心卷入的认知活动。

其次，在认知—环境的维度上，微课程的知识教学促进了认知过程与学习环境的相互交融。不可否认，随着信息技术的迅猛发展，传统的课堂环境正在接受新技术的改造，微课程所形构的课堂已不只是局限在校园围墙之内的物理场所，而是正日趋变成一个由师生、技术、资源、环境等构成的人本化、智能化与泛在性的学习空间。在此空间中，作为身心一体的学习者是认知主体，信息技术、数字技术、媒介技术以及由它们创造的流媒体、富媒体、超媒体构成了数字化的学习环境。在具身观的视界里，除了基于认知主体的身体、大脑、器官而生发的生理、心理与精神上的内部环境之外，外部实体性的物理环境与智能化的虚拟环境亦可视为主体认知过程的组成部分。换句话说，认知不再是由身体感受器简单地接受环境刺激后，大脑对这些信号进行编码处理从而如实地映照出外界环境，而是由业已嵌入环境之中的身体主动去建构认知。在这里，环境的影响与认知的建构同等重要，认知与环境在相互作用的过程中融为一体。以此观之，微课程拓展并整合了传统认知过程所赖以进行的内部环境与外部环境、实体环境与虚拟环境，推动了信息化条件下认知过程与认知环境的相互影响与彼此塑造。

最后，在身体—环境的维度上，微课程的知识习得趋于把人的神经系统与电子媒介“合并”。诚如前述，认知是身心一体的，身体是嵌入环境的，环境本身也是认知的对象。因此，人的心智、头脑、身体与世界是不可分离且合作共变的。对此，新近的神经科学与媒介技术研究表明：我们的生物神经系统与电子媒介具有合并的可能。①而事实上，这一思想在西方传播学宗师麦克卢汉那里早已萌发，对麦氏关于“媒介是人类器官的延伸”的论断，人们过去仅仅将之理解为媒介的超强功能，即便在推展数字化学习的当下，也仅仅把网络视为以学习者为中心的学习方式提供了可能的媒介，而未能更进一步跳出媒介功能论的认识藩篱。回过头看，虽然麦克卢汉的论述止步于“电子媒介是人的生物神经系统的体外延伸”，但这一观点与具身认知及其所借助的媒体技术分享了共同的观念与主题，这为我们理解微课程在数字化学习中所扮演的角色提供了启示：就当下的微课程研究而言，学习者的认知风格、个体需要、学习时空、情感情绪等个性化因素，已日渐成为微课程设计的技术变量，以便为认知主体定制更加灵活、更具人性、更加开放的智能化学习环境。循此理路，实现人的生物神经系统与电子媒介技术高效交互，

① Qing Li, Bruce Clark and Ian Winchester. Instructional Design and Technology Grounded in Enactivism A Paradigm Shift? [J]. British Journal of Educational Technology, 2010, 3(41): 403-419.

创生一种具身的、系统的、智慧的数字化学习新世界，是信息技术、神经科学与课程教学深度融合的未来趋势。

三、“网络文化”对“印刷文化”的超越：微课程知识观的变革动因

诚如前述，微课程知识观以学科知识与信息技术的际遇为萌生背景，以“影像书写”对“文字书写”的超越为实践表征。行文至此，我们需要追问：较之传统课程，微课程的知识观何以向此嬗变？隐蔽在其背后的变革动因是什么？笔者以为，这源于“网络文化”对“印刷文化”的超越，网络时代下知识生产方式的迭代与更新、媒介融合视域下人与技术的相融与互构是其基本理路。

（一）网络时代下知识生产方式的迭代与更新

不可否认，在网络时空中，微课程的知识在形态、呈现与习得等诸方面的变革，只是知识“比特赋型”的结果，而非知识“何以至此”的动因。从动力论的视角来看，微课程知识的实践表征背后，还存在着媒介技术这一隐秘的驱动力量。回溯知识演化史，我们可以发现，不同时代知识生产、表达、传播、储存与再生产的方式，均是受不同媒介技术形塑的结果；同时，不同媒介也都是人按自身利益的最大化进行自然选择的结果。举例来说，无论是口头语词、手书文字，抑或是机械印刷、激光照排，还是新近的网络书写、3D 打印，它们都是在人的理性规约下不断扬弃老旧技术的功能而变得更加人性化的。诚如有论者所言，从技术根源上看，“电态”的知识信息分别保留了耳传过程中“气态”知

识信息的及时性与互动性优点，也克服了其不易保存和难以远程传播的缺陷；同时，“电态”的知识信息也继承了印刷品中“固态”知识信息的易于保存和远距离传播的优点，并克服了其互动性和及时性较差的缺陷。①笔者认为，“电态”的知识固然有易存储、传播快、即时性和高互动的优势，然而它并未深入到知识生产的核心地带，知识的生产、发展和创新依然是“单兵作战”的方式，而汇聚集体智慧以“合著知识”的重任，则历史地落在了“网态”知识信息的肩上。

网络作为一种深刻改变人类表达方式的数字化技术，在促进知识形态吐故纳新、与时迁化的同时，也推动了知识生产方式的迭代更新。概括来说，网络对知识生产的革命性影响表现为三个方面。

其一，网络携带了操控便捷的信息加工技术。检视印刷文化，纸张作为人类知识的栖息之地，有着千年不辍的光辉历史，推动了人类认知能力的长足发展，成就了人类璀璨夺目的印刷文明。但是，无论是人工手写还是机械印刷的文字，一旦以纸张来承载或以书籍来出版，它就会使人的思想表达变得静默、僵化和独立。如果想要对思想或语言加以补充、修正与更新，则要额外承受时间、精力和资源上的成本耗损。更有甚者，即便如此也无法消除印刷文本与生俱来的形式独立性与思维对抗性。对此，有论者解释说，这是外在于书写的技术困难，其根源是表达持久的过程会立即使表达固定，使之成为一成不变的东西。用利器在墙上镌刻也好，用鹅毛笔写字也好，用打字机打字也好，无论人创造的文本是什么，书写的结果总是立即成为一个令人望而生畏的客体。②网络文本则不同，它借助文字处理技术，可以随心所欲地添加图片、声像文

---

① 肖峰. 信息方式的变迁与知识生成方式的更新［J］. 长沙理工大学学报（社会科学版），2012（1）：11-17.

② 保罗·莱文森. 莱文森精粹［M］. 何道宽，编译. 北京：中国人民大学出版社，2007：230-231.

件，以便随时随需地增删、润饰内容，使得人的思想可以无羁绊地涌上屏幕，这种对动态、虚拟文本所做的率性操作，瞬间瓦解了传统印刷文本僵硬对抗的能力。概而言之，网络所携载的知识加工技术，在延伸人类智力的同时，也颠覆了传统的知识观念：它把印刷文本从最受人尊敬的神坛和书架上拉了下来，揭开了它的面纱：原来它们只不过是思想的表达而已，是可以调整的，也是可以修改的。如此一来，新的知识观也就消除了人们对纸质文本的尊敬、崇拜与竞逐，过去附着在印刷文本上的敬畏、光环和魔力也随之黯然消退。

其二，网络搭建了高频互动的知识生产平台。回望前网络社会，知识的创作以博闻强识、幽居冥想、著书立说等为基本方式，现场交流、书信往来、设坛讲学等是知识交流的基本途径。自不待言，那时人类的知识生产与流通由于受地域的限制，只能局限在速度缓慢、效率迟滞、封闭偏狭的有限时空之内。而到了网络时代，由于媒介技术的狂飙突进，人类的知识生产方式发生了深刻变革，过去知识生产中人在空间意义上的“缺席”现象，现在已能转化为时间意义上的“在场”状态。也即是说，人们跨时空、分布式的集体攻关、合著知识已由过去的臆想变成了当下的现实：人类有史以来第一次栖居在网络这一知识生产的基础设施之上，以异地而同时或历时而异步的方式操作网络这一智能性知识生产系统，极大地改进了传统上思想交互与观点碰撞的陈旧方式。诚如有人所体察到的那样，“这种相互联结的网络基本上是时空的破坏者，把距离和时间缩小到零，就好像世界上所有的科学家都坐在一间屋里。”①这无疑是人们对当下知识生产高频互动、协同创新的真实体悟。

① 鲍宗豪. 网络与当代社会文化［M］. 上海：上海三联书店，2001：326.

其三，网络集聚了亘古绵延的知识生产资料。在漫长的印刷文明里，作为知识生产的信息资料，无论是以纸张为载体的报纸、杂志、书籍，还是以图片、录音、影像为媒介的信息，它们的获得、流转与存储都要受到速度、规模与时空的限制。而在信息时代，作为一种思接千载、视通万里的思想利器，网络为当下的知识生产提供了数量囊括古今、形式复杂多样、加工快捷高效的信息资料，早期互联网人“让人取得并处理亘古流传的知识”的梦想，现在已成为身临其境、深度卷入的现实。毋庸讳言，如今的网络已变成了“知识的海洋”，此前以纸本存在、离散分布的知识信息，在图书数字化、知识网络化的驱动下，正从实体的“铅字”转化为虚拟的“比特”，以二进制数字的形态涌向网络，使得网络世界的知识疆域因太大而变得无形。也正是在此种技术环境下，人们体验到了知识生产资料获取的便捷：每一个显示器的背后都是一片浩瀚无际的知识海洋，在那里漂流着海量的专业资料、最新的学术动态以及当下的知识前沿。

笔者认为，作为网络文化孕育的新型课程形态，微课程秉持了数字时代的知识加工范式，在知识点的挖掘与呈现上符应了网络媒介的技术认知方式。

首先，就知识点的挖掘而言，微课程摒弃了印刷时代以书面文字为主的知识载体。我们知道，在书面状态下，以文字符码为主要内容的人类语言，仅能对波兰尼所指的“显性知识”作单向度的描述，即便我们采取图形图画的形式，也只能表现万事万物静态的侧面，更不用说对那些只能意会不可言传的默会知识加以表征了。这也就是那些嵌入人身体之中的技能性、策略性、体悟性知识长期得不到挖掘、呈现与转化的根源所在。进而言之，也正是因为遗失了太多的隐性知识经验，人类才被迫复验先祖早已谙熟的认知实践，有时甚至还不得不牺牲用知识来表征客观世界的真实程度。而对于微课程来说，这些困难似乎已迎刃而解。众所周知，微课程借助网络时代知识的“比特赋型”与“视频呈现”，把文字、声音、图像等信息资料熔于一炉，用数字化的方式加以挖掘、萃取与贯通，综合调动视听感官与神经系统的认知功能，以满足网络时代人们对读图看像的认知偏好。例如，对那些语言文字过去难以描摹与表现的默会知识，微课程可以用数字影像或虚拟仿真的形式加以记录、传播与储存，以供学习者在需要时暂停、慢放、快进、回看那些分解的动作或精微的步骤。

其次，以知识点的整合方式来看，微课程可以贯通离散分布的知识点之间的“互文”关联。这里需要澄清的是，知识的碎片化并不是微课程的知识处理目标，把系统知识化整为零之后的整合贯通才是微课程知识加工的价值旨归。在传统课程中，知识点是以线性的方式固着在每个纵向精深但横向区隔的学科疆界，它们犹如一枚枚“图钉”踞守着自己的“势力范围”，使得知识的迁移难以跨越学科壁垒。比如，数学的方程仿佛只有在自身的领地里才有功效，而对物理、化学、生物等相关科目中的知识建构助益不大。实则不然，在微课程的知识疆域里，每个“超链接”犹如一张张“邀请函”，它们除了调动本科目的知识点来解决当前的问题之外，也并不拒绝跨学科的思维方式或认知图式参与协同攻关。比如，对语文学科中的文化知识理解，在历史、政治、社会等学科知识背景的帮助下，往往能够收到事半功倍的效果。如此一来，似碎实整、视听结合的微课程也就有了“超文本”的特性：一方面，它借助网络媒介的认知技术，使得知识与知识、课程与课程、学科与学科相互依存、彼此解释、意义共生的“关联性”或“互文性”得以呈现；另一方面，它也把传统课程所形塑的“黑白静态的、符号性的、剥夺感官的知识世界，改造成了一个丰富多彩的感官表象世界，从而导致了人类传授、理解与思考知识方式的根本变化”。①

（二）媒介融合视域下人与技术的相融与互构

探寻微课程知识观的变革动因，止步于网络时代知识生产方式的迭代与更新，虽然在技术—内容的维度上具有一定的说服力，但无法在人—技术的维度上展现变革的复杂性。毕竟，知识观的建构、反思和变革是人的本质力量对象化的结果。而人的本质力量并非一蹴而就的静止性存在，它有一个外在条件驱动下的现代化过程。其中，这个外在条件就是人自身创造的媒介技术。对此，西方媒介传播学提供了富有解释力的理论资源。作为媒介环境学派的一代宗师，麦克卢汉提出了“媒介是人的延伸”这一著名论断。在他看来，媒介技术是塑造人类、历史与社会的隐秘力量，一切媒介技术都是人的身体感官与中枢神经的延伸。比如，印刷媒介是人视觉的延伸，广播技术是听觉的延伸，电视电影是视听觉的延伸，电子技术是人中枢神经系统的延伸。②从字面上看，上述晦涩难解的观点需要做些阐释。“媒介是人的延伸”总体上可以理解为：媒介是人体器官及其功能的拓展或延伸。具体的解释有三点：第一，一切媒介都是人体器官的体外对应物。比如，轮子与脚对应，它履行的是脚的职能，因而是脚的延伸；工具与手脚对应，它完成的是四肢的工作，因而是手脚的延伸；椅子对应于臀部，它是从该器官分离出来的具有独立结构的专用家具；等等。第二，不同媒介是不同器官在体外空间的拓展与强化。如麦克卢汉所言，在过去数千年的机械技术时代，人类实现了身体在空间中的延伸，而在晚近的电子技术时代，人类完成

---

① 黄少华. 知识、文化与人性［M］. 兰州：兰州大学出版社，2002：267.

② 马歇尔·麦克卢汉. 理解媒介：论人的延伸［M］. 何道宽，译. 南京：译林出版社，2011（特伦斯·戈登序）：4-5，（中译者第一版序）：16-17.

了中枢神经系统的延伸，并在全球范围内取消了时空。①第三，媒介技术对人体器官的延伸在功能上是等价的。对此，麦克卢汉试图以隐喻的方式来说明：印刷词是民族主义的建筑师，报纸是靠透漏消息的政治，电影是拷贝盘上的世界，等等。事实上，麦克卢汉忽视了一个重要的问题："媒介作为技术，拥有技术人造物的物理（physical）与目的（intentional）双重属性"，②他偏执于技术的物理属性，把视焦聚在了媒介的影响上，而忽视了人对媒介环境的建构，因此难免会陷入媒介决定论的彀中。时代呼唤有人来"延伸"麦克卢汉。

保罗·莱文森（Paul Levinson，也译保罗·利文森）不负众望，他把媒介延伸论留下的空白处，作为建构媒介演化论的出发点，论证了人与技术谁比对方更重要的命题，从而修正了技术决定论所抱持的一面之词。针对传统媒介环境学秉持的"媒介建构人的认知环境"论断，莱文森补充了"人建构媒介技术的演化环境"的观点，并认为媒介的形塑作用与人的主动建构相辅相成，二者共同编撰了人类的媒介进化史。总体来说，莱文森对传统媒介环境学的修正，主要体现在以下两个方面。第一，指出了媒介技术演化的"人性化趋势"。他对此简要概括为两点。③其一，人性化趋势是指人们发明技术来拓展传播，使之超越耳闻目睹的生物极限，以此满足人们幻想中的渴求。比如，作为原始的体内技术，言语只需要喉咙振动即可发声，但它总会受到距离与时空的限制，因而复制并延伸言语的技术——人性化的文字及其印刷术随后相继

① Marshall McLuhan, Understanding Media [M]. New York: McGraw-Hill Book Company, 1964: (second edition): 19.

② Kroes, P. Technical Artefacts: Creations of Mind and Matter [M]. Dordrecht: Springer, 2012: 40.

③ 保罗·莱文森. 数字麦克卢汉 [M]. 何道宽，译. 北京：社会科学文献出版社，2001: 254-255.

出现，轻松解除了古人“言之无文，行之不远”的忧虑。其二，人们发明技术以便重新捕捉在原始延伸中已经失去的那部分自然。比如，人的视觉本来是彩色的，并且通常在看的同时也在听，于是电影就从黑白进化为彩色、从无声发展到有声。因此，可以说人性化的现代电影复制或模拟了人类的前现代传播方式。第二，做出了媒介技术与人的建构并存的“软决定”。虽然，莱文森对麦克卢汉的技术决定论不满，但他并未否定“媒介建构人的认知环境”的观点，而是选择了对麦氏的理论观点进行修补而不是颠覆。他甚至还对麦克卢汉的观点做出了“人性化”的理解，说他没有完全否定人对媒介的控制，只是这种控制力难以抵消媒介对人的决定作用而已。此种立场促使莱文森最后做出了改造媒介决定论的“软决定”。他说：“技术只决定事物可能发生，但并非定会产生不可避免的结果。在软决定这样的系统中，各种因素共同起作用，其他关键因素也同样对结果的产生起作用”。①言外之意，媒介技术与人的建构是并存的。但他对二者的关联着墨甚少，这为探寻人与媒介的双向建构预留了空间。

诚前所述，莱文森同时研究了“人”与“媒介”两个环境，然而在他那里，二者之间是一种若即若离的关系。笔者以为，实则不然。辩证地看，“人的环境”与“媒介环境”本质上是一种互为前提、融合互构的关系。也即是说，人用技术来表现并固化思想，技术则驱动人的思想展翅飞翔。反观现实，我们分明体验到，在媒介融合的网络时代，人类似乎成了技术的环境，技术反倒是麦克卢汉所说的“鱼”，遨游在人的海洋里；而技术则成了人生存的前提。试想，如果拔掉电源插头，人类也许将不复存在。诸如前述的逆转现象，把我们引向了未来世界的“召

① 保罗·利文森．软边缘：信息革命的历史与未来［M］．熊澄宇，等，译．北京：清华大学出版社，2002：4.

唤结构”：技术将会更加人性化，而人则会变成多媒体。技术将更加人性化不难理解，这里重点阐释人的多媒体特性。如果麦克卢汉的“一切技术都是人体器官及其官能的拓展与延伸”命题成立的话，那么我们就可以这样逆向思考：由于人的视觉、听觉、声觉、触觉等官能分别依赖于我们的眼睛、耳朵、嘴巴与皮肤等感官，故而书面文字、印刷器械、广播电台、电影电视、网络视频则相当于延伸了人的眼睛、耳朵、嘴巴、皮肤以及中枢神经系统；反过来说，眼睛在视觉、图像层面上具有印刷媒介与影视媒介的特性，耳朵和嘴巴在听觉、声音层面上具有广播、电话、手机等媒介的特性，中枢神经系统在记忆与运算的层面上具有计算机、互联网媒介的特性，甚至可以说整个人体在自由移动的层面上则具备了便携式智能终端的特性。由此，作为个体的人便集多种媒体于一身，此即“人的多媒体化特性。”①从某种意义上讲，这里“人的多媒体特性”即是人与技术的融合互构、合而为一。如此一来，前瞻后网络时代，人的技术认知又将面临新的挑战。

所幸的是，依托网络、媒体与数字等技术的微课程已然来临，并在推动人的技术认知上成效卓著。我们知道，作为信息时代孕育的一种新型课程形态，微课程的内容借助信息网络传播、以富媒体形式呈现、通过智能终端接收，它的实施倡导先学后教、学主教辅、教学翻转，以便提高学生学的个性化、趣味性和有效性。毋庸置疑，这一旨趣的实现，既要深入推进网络环境、数字资源与媒介技术的人性化发展，更要充分发挥人体官能与神经系统的多媒体特性，进而实现媒介环境与人的环境的融合互构。反观当下，基于“信息技术对教育教学具有革命影响”这一研判，国家着力推进“三通两平台”项目建设，出版传媒业顺势加

---

① 张宝，严小芳．媒介融合与人的多媒体特性［J］．新闻爱好者，2010（18）：38-39.

快了教育资源数字化开发步伐，各地中小学也积极开展了基于微课程的翻转课堂教学实验，可以说这些都是应对网络时代媒介技术引发课程生态连锁式变革的实际行动，在某种意义上也可以说是在媒介融合视域下推动人与技术融合互构的有益探索。以基于微课程的翻转课堂为例，从媒介技术上看，它综合运用了网络、媒介、数字等知识处理工具；从知识表征上讲，它集中展现了信息时代知识的网络化、可视化、具身化等最新特征；从功能指向上说，它积极推动了人体官能、媒介技术与课程知识的融合与互构。

本章小结

无论作为一种数字化的知识媒介，抑或作为一种富媒体的整合课程，还是作为一种智能化的教学方式，微课程对人类的知识观念、技术认知以及自身属性都带来了一场深刻的思想洗礼。它使我们坚信：除了自身承载的内容之外，技术本身也是人类知识的组成部分，一切技术都是知识的物质体现。“一切知识在一定意义上都取决于技术，不止如此，我们还要有力地断言：如果没有技术，人的知识就不可能存在”。①就本章论述的主题而言，较之传统课程知识观，在发生论的意义上，微课程知识观以“学科知识”与“信息技术”的际遇为萌生背景，人类与知识的融生互动、技术与课程的相伴相融是其演进轨迹；在实践论的视域里，微课程知识观以“影像书写”对“文字书写”的扬弃为实践表征，知识形态的“网络化”、知识表达的“可视化”和知识习

① 保罗·莱文森. 思想无羁：技术时代的认识论［M］. 何道宽，译. 南京：南京大学出版社，2003：103.

得的“具身化”是其当下样态；在动力论的构建中，微课程知识观以“网络文化”对“印刷文化”的超越为变革动因，知识生产方式的迭代与更新、人与技术的相融与互构是其嬗变理路。审思微课程知识观的背景、表征与动因，能够为信息技术与课程教学的深度融合探索新的路向。

第五章　微课程时空观探寻

时间与空间既是人类存在的维度，又是人类认识世界的坐标。人类基于时空存在而形成的关于时空属性、存在形式等问题的总体看法与根本观点，就是时空观。时空观既反映了人类对时间与空间的认知结果，又是人类社会实践活动最重要的认知架构。在信息时代，依托日益发达的媒体技术，人类的存在方式、思维方式发生了重大转变，“微”成为这个时代的重要标志。对应这种趋势，在教育教学领域，微课程一经出现，便迅速引起高度重视，获得了广泛的生存空间。不管是在空间维度，还是在时间维度，微课程都表现出与传统课程不同的特点。从时空属性的角度探寻微课程的本质与价值，我们会有新的认识。

一、时空架构之中的微课程意涵

人类对时间与空间的认识有着漫长的演化过程，总体上呈现“由绝对走向相对”的演进趋势。这里，我们在时空架构中对微课程的意涵进行初步探讨，以此作为后续讨论的基架。

（一）时空观念的脉搏变奏

首先，绝对时空与相对时空。对时空属性的探讨最早源于自然科学，自然科学的时空观念总体上呈现“逐步减少并消除绝对性，挖掘并增加相对性”的演化趋势。社会科学领域的时空观念更多基于主体的生存体验、生活方式而来，不仅仅局限于对自然界的认知。在远古时代，限于生产力与认知水平，人类依赖日常经验形成的是一种绝对的“平面时空观”。在这种观念里，空间上下四方是固定不变的，时间古往今来是线性绵延的。在亚里士多德与托勒密时代，由于“地心说”被广泛接受，人们的空间观由“平面”走向“球面”。而在球面上，空间上下四方具有相对性，空间观随之由绝对走向相对，但对时间观的认识仍没有太大突破。到了牛顿时代，人们把时间与空间从物质演变过程中抽象出来，空间被看作“脱离物质并且供万物表演的舞台”，时间则被视为“脱离物质的任意流逝的客观存在”，空间是不断变动着的，时间的前后是无穷的。与前者相比，这种时空观念“减少了绝对性，增加了相对性，但同时还保留了一些绝对性”。如果说牛顿学说体系中还存在“同时”这一“绝对时间”的话，那么在爱因斯坦相对论中，“同时”也趋于相对，因为它取决于选取的参照系。世界上不存在绝对的参照系，“当参照系变化时，同时的事件变得不同时，不同时的事件也可能变得同时”。空间亦复如此。“在不同状态的坐标系中，时间和空间的测量结果不相同，动系与静系不同时也不同长”。到这里，绝对时空就走向了相对时空。①总之，随着认识水平的提高，人类结合生产生活实践，逐步抛弃了线性、秩序性、绝对性的时空观念，转而在主体与世界互动交往中赋予时空以特殊意义。

其次，自然时空与社会时空。这里先说时间。关于自然时间，有人认为它是“外在于人类社会的一种空洞的、无意义的时间概念划分，它在各个国家、城市和地区之间具有普适的一致性”；关于社会时间，又称作真实时间或历史时间，是“各个群体社会生活的节奏本身”，要求

---

① 赵国求，蔡肖兵. 科学时空观的历史演进及其特点 [J]. 江汉论坛，2007 (8)：24-25.

依据特定群体的社会生活对时间进行度量。[①]关于空间，自然空间是一种不以人的意志为转移的客观存在，社会空间则是基于人类生活经验所形成的心理空间。对于人类而言，真正有意义的是基于经验建构的社会时空。这里，还有一对密切相关的概念需要讨论：物理时空与网络时空。所谓物理时空，或者叫作现实时空，是我们存身于此的、可观可感的空间实体与时间流变。所谓网络时空，或者称作虚拟时空，是基于网络、计算机等数字技术催生的新型时空，它具有无边界、重体验等诸多不同于物理时空的特征。

通过上述探讨，我们可以发现，不管是经验层面的“平面时空”“球面时空”，还是哲学层面的“绝对时空”“相对时空”，不管是现实意义上的“自然时空”“社会时空”，还是介质归属上的“物理时空”“虚拟时空”，都是人类基于日常经验对时空幻象做出的抽象，都表征着人类时空观念的演进历程，同时又是人类进一步认识世界、改造世界的参照。这将为我们探讨微课程的时空观提供重要的启示。

（二）微课程时空语义分析

课程是时间与空间的函数。用时空话语解析课程的本质，有人以系统科学的“结构”与“过程”为基础，搭建了课程的时空认识框架：空间结构即静态的课程（curriculum），指课程要素的个数、种类、关系及其排列结构等空间关系，这里的课程要素包括课程研制者、课程学习者、课程内容和课程环境；时间结构即动态课程（course），指课程要素在时间上的动态过程关系，包括课程设计、课程传播、课程管理与调

---

① 李洁．对乡土时空观念的改造：集体化时期农业“现代化”改造的再思考［J］．开放时代，2011（7）：98-99.

控以及课程的评价与反馈。笔者以为，在静态的空间维度，不管是课程要素的有机组合，还是课程知识的生产与建构，都存在着特定的空间对应关系。在动态的时间维度，不管是以泰勒模式为代表的课程开发流程，还是课程内容经由教师理解最终转化为学生经验的课程实施，都能发现清晰的时间流变过程。

关于微课程，一般认为，其演进脉络可追溯至 1960 年美国艾奥瓦大学附属学校的“微型课程”（Mini Course）、1993 年美国北艾奥瓦大学格鲁（L. A. M. Grew）的“60 秒课程”及 1995 年英国纳皮尔大学基（T. P. Kee）的 1 分钟演讲（The One Minute Lecture）。2008 年美国新墨西哥州圣胡安学院高级教学设计师、学院在线服务经理戴维·彭罗斯正式提出“微课程”（Microlecture）的概念。[①]微课程进入中国后，其内涵得到了拓展，在实践层面进行了有效尝试，微课程、微视频、微课、微型课程等概念共生于微课程的话语系统。笔者认为，当前很多关于“微课程”的讨论实际上探讨的是“微视频”，即一种基于摄像、录屏、PPT 技术制作的以数据形式存在的微型学习资源，或者是指“微课”，即基于微视频而来的以在线学习或移动学习为主要形式的新型学习方式。如果忽略微课程、微视频、微课等概念之间的细微差别，当前汉语语境中的“微课程”，其内涵实际上已经超越了戴维·彭罗斯“Microlecture”的具体所指，已经成为一个中国化、本土化了的课程术语。

从时空语义分析，微课程的本真意涵至少包括以下三个方面。首先，微课程之精髓在“微”，这里的“微”应从“形式之微小”与“内容之精微”两个层面理解。“形式之微小”是指微课程的时长。胡铁生

① 吴严超. 微型学习资源：“微”理念与实践的思考［J］. 江苏广播电视大学学报，2013（5）：17-20.

以为中小学微课视频长度不宜超过 10 分钟，5—8 分钟最为适宜；黎加厚认为微课程的时长在 10 分钟之内；张静然指出微课程的时长应该在 5 分钟左右。①“内容之精微”则是说，尽管微课程的形式短小，但是课程内容仍要紧扣课程目标，在较短的时间内通过序列化的知识学习，让学习者产生一种“更加聚焦的学习体验”，最终建构系统化的知识体系。其次，微课程的基石在“课”，即它要针对课程标准与教材内容，基于学习者的原初经验改组学科知识，通过在线学习、移动学习、混合学习等富有微课程特色的课程实施，最终落实为学习者经验的改造与重组。最后，微课程的依据在于“程”，即是说微课程不能简单等同于作为“学习资源”的微视频或微课，它要借助系列微型知识的学习，帮助学习者建构序列化的、系统化的知识，以获得实质性发展，实现课程预定目标。

总之，作为适应时代特点而出现的一种新的课程范式，微课程呈现出诸多与传统课程不同的特质。不管是在“静态结构”的空间维度，还是着眼“动态过程”的时间流变，微课程的时空属性都迥异于传统课程纯粹的物理时空。从时空属性的角度探寻微课程的本真内涵，会为技术时代的教学认知、教学实施提供新的视角、增添新的内涵。

二、微课程时空属性的初步透视

与传统课程相比，我们发现，微课程的时空属性呈现“从线性趋于非线性”“从封闭走向开放”“从微观趋向宏观”的演化趋势。

---

① 唐军，李金钊. 中小学微课程研究综述［J］. 上海教育科研，2013（9）：55-58.

（一）从线性到非线性

“非线性”是相对于“线性”而言的。在自然科学中，线性关系是指两个变量中存在某种直接、确定的函数关系，非线性关系则是指变量中的这种函数关系不是直线式的，而是跳跃性的不确定关系。在此，笔者借用这两个概念，从课程要素的空间架构与时间流变两个层面，来洞悉微课程与传统课程的不同特质。

在传统课程中，一方面，就课程要素的空间架构即静态关系而言，“谁承担课程的研发”“谁负责课程的实施”“谁管控课程的学习”等问题，都是确定的。对此，我们能从专家、教师、学生与课程内容、课程情境的多重组合中发现明确的空间对应关系。另一方面，从课程要素的时间流变即动态运行来看，其一，在“课程研制、课程组织、课程实施、课程评价”的经典模式中，尽管存在“课程目标内容化”“课程内容教材化”“教材内容教学化”等多重转换，但正是在这些转换中，我们能够发现一种清晰的、线性的时间存在；其二，在制度化的学校体系中，“什么时间实施什么课程”“什么课程实施多长时间”“什么时间实施课程考核”等问题是相对固定的，实施进度也是预定的，通常是不可随意更改的。不管是古代小规模教育中的模糊时空，还是近代以来顺应流水作业方式而来的大规模教育中的精确时空，在传统课程体系中，隐含在课程要素的静态结构与动态运行背后的时空存在都是绝对的、不可逆的线性时空。

而在微课程中，情况则有所不同。首先，就课程要素的静态空间关系而言，虽然微课程仍旧是“课程”，课程要素的静态关系仍要遵循传统课程的一般规律，但是由于“微”理念的指引与网络空间的介入，微课程的空间关系开始呈现出非线性、相对性特征。“微”理念指导下的微课程实践有别于传统课程目标多维、内容庞杂等特点，转而追求短小与灵活，一门课程只解决某个特定问题，目标明确，任务集中。换句话说，针对特定目标与内容，需要开发一系列的微课程与之对应，这些微课程既各自独立，又相互关联，接续呈现课程内容，共同指向课程目标，使得课程要素之间的空间关系呈现出跳跃性的、不确定的特征。同时，由于微课程借助数字技术、依托网络空间传播，网络空间的介入使得微课程的空间存在发生质的变化。关于网络空间，我们毋宁说它是一种“空间隐喻”，因为它虽然同物理空间一样具备“依赖人的经验而形成的规则”，并“提供社会互动，包含文化价值”，但更具有“未分化性、无秩序性、无限性特征”，我们摸不着，也看不到。与物理空间相比，网络空间更像一种“符号化、隐喻性的空间存在”。①正是这样一种未分化的、无序性的空间隐喻，使得微课程的课程要素之间呈现一种不确定性、非线性空间关系。其次，从课程要素的动态时间运行来看，在微课程中，课程研制与开发的权利不再由课程专家独占，而是下移并分散给了教师与学生。教师的任务也不再专司课程实施，而是真实参与课程资源的开发与建设。学习者也不再单纯接受课程内容、被动建构知识体系，他们同样可以借助网络平台参与课程开发、优化课程建设。同时，由于微课程的课程资源以预制好的、凭借网络平台储存与传播的二进制数字符码为主。面对这些二进制数字符码组成的“课程超市”，学习者可以随时访问、随时学习，很难找到传统课程那种整齐划一的、制度化的进度安排，因而对于“什么时间实施什么课程”“什么课程实施多长时间”“什么时间实施课程评价”等问题的回答也有别于传统课程。学习者可以根据自己的知识结构与理解水平，充分利用一切闲散时间，自主安排学习进度，特别是在学习过程

① 张果. 网络空间的重构：数字“空间”的活力“地方”？［J］. 自然辩证法研究，2013（12）：101-104.

中可停顿、可反刍、可重学，以确保学习效果。因此，这种课程体系背后的时空属性不再是那种绝对的线性时空，而是一种相对的非线性时空。

（二）从封闭走向开放

基于“从线性趋于非线性”时空特质，微课程随之具备了“从封闭走向开放”的时空属性。也就是说，与传统课程的时空封闭、机械相比，微课程的时空则呈现出开放、灵动的特征。

在传统课程体系中，不管是课程要素的静态空间关系，还是动态时间运行，不管是古代社会松散的、非制度化的课程实施，还是近代以来标准化的、规模化的班级授课，课程实践都要依托具体的物理时空，运作其间的时间是绝对的、不可逆的，空间是固定的、可触摸的。在这种课程体系中，不管是课程要素内部的互动，还是课程要素与外部社会系统之间的信息交换，其渠道均十分有限，方式也比较单一，从而显得封闭、机械，制约了课程生态的良性循环。与此对应，在这种课程实践中，主体所感知的时间是一种不可逆的、如流水般的线性存在，所感知的空间也是一种确定的三维空间，因而所建构的也只能是一种机械的、封闭的课程时空观念。

而微课程与之不同。首先，课程研制与开发、课程组织与实施诸环节不再由单一主体把持、不再是特定群体的专利。课程专家固然要承担课程研制与开发的任务，但是不再以“权威”的身份出现，而是要真实地参与课程组织与实施，并依据该过程的信息反馈调适课程设计；教师与学生也不是单纯负责课程实施、机械理解课程、被动建构知识，而是实实在在地参与课程建设与开发。其次，由于隐喻性网络时空的介入，在 Web2.0 为代表的强大互动平台上，每个人都成为独立的信息终端，学习者的学习不再固定在学校与教室，而是走向无限开放的社会生活，也不再受制于制度化的时间安排，而是依据学习者的特点随时随地进行。再次，由于网络时空有着广泛的接纳性与包容性，任何主体均可借助网络平台呈现自己的创意，参与资源共建共享，课程系统与其他社会系统的互动渠道得到拓展，信息交换变得方便快捷，课程主体过去在课程内部自说自话的局面也因此得到改善，真正实现了课程与生活的无缝对接。如此一来，微课程的时空界限大大拓展。基于这种开放的时空存在，课程主体所形成的课程时空观念也就不再是绝对的、封闭的，而是具有了相对性、开放性。

（三）从微观趋向宏观

在课程领域，传统课程体系的时空存在是一种微观时空。顺应终身教育理念与建构学习化社会思潮，特别是数字技术时代的来临，我们倡导宏观课程时空的建构。

自20世纪中叶以来，因应知识经济的诉求，人们逐渐意识到，要保证个体获得更好发展，必须建构学习化社会，落实终身教育理念。所谓学习化社会，即人人都能终身学习的一种社会，在这种社会里“人人是学习之人，处处是学习之所”，社会能为每个学习者创造条件和机会，让每个学习者都可以在一切场所和时间里学习。这种实践要求教育跨越时空限制。 在时间上，“教育对象不再受年龄限制，突破传统教育在时间上的阶段性，将制度化的学校教育延伸至学前教育、职后教育，进而实现终身教育，教育门类上囊括职业教育、休闲教育、老年教育、社区教育、非正规教育等不同形式”；在空间上，“突破传统教育的封闭性，不再把教育、教学局限在学校、课堂等狭隘场域，而是延伸至企业、单位、家庭、社区以至整个社会”。[①]在这种观念中，教育权利不再隶属于一个“单独的、垂直的、有等级的机构”，教育不仅是学校的事，而且是全社会的事，教育目的不再聚焦于就业，而是为了满足不同学习者的发展需求。

在传统课程中，首先，在课程的时间维度上，在制度化的学校教育中，人的一生通常被简单化为两个阶段，前一阶段大致相当于儿童期至青年期，其主要任务是在塾馆或者学校接受系统的课程学习，而后走向社会，开始工作与生活。在这种课程实践中，儿童的学习时间、课程的实施时间都有明确要求。尤其自现代学制诞生以来，对于儿童的入学年龄、每个学段的修业年限、每门课程的实施与考核等问题，都规定得更为详细。其次，在课程的空间场域里，长期以来，课程实施一直局限于学校、教室这些特定的物理空间，甚至对教室内部的设计、布局都有严格要求，使得“生活”与“教育”被割裂为两个对立的领域，人被空间格式化。隶属于这种课程场域的时空存在无疑是一种狭隘的微观时空。

微课程顺应数字时代人类的存在方式与学习方式，基于特定群体的学习需求，以“微”理念指导课程建设，将课程内容开发成系列“微单元”，以微视频等形式借助网络空间传播，学习者只要拥有智能移动终端并且愿意学习，就可以随时随地随需开展学习。如此一来，课程时空就不再局限于特定领域，隐含其后的时空存在实际上已是一种宏观时空。顺应这种宏观课程时空，教育将真正走向生活，课程、学习、生活真实融为一体，学习化社会的建构与终身教育理念的落实因而成为可能。

---

① 杨德广. 树立宏观教育时空观　为创建学习型社会服务［J］. 教育发展研究，2005（5）：48-52.

三、微课程时空属性的教学意蕴

课程与教学，本为一个问题的两个方面。我们认为，不管是作为一种新的课程编制范式，还是作为信息时代人类特有的一种学习方式，微课程都与教学有着天然的联系。以时空属性为认识背景，可以深入挖掘微课程的教学意蕴。

（一）重构教学的认识论

可以说，自从人类有计划、有组织的教学活动产生以来，对教学的本体论追问，从来就没有停止过。由于微课程的教学时空相对独立，“教”与“学”的本质、功能、价值都发生了变化。基于传统课程与教学实践而来的教学认识论在解释这种新型课程与教学现象时，已表现出力不从心。置身于日新月异的技术时代，我们需要重构教学认识论。

关于教学的本质，中华人民共和国成立后，以凯洛夫《教育学》为借鉴，有“特殊认识说”“特殊交往说”“特殊实践说”几种说法，①逐渐形成了“教学是教师教、学生学的统一活动”“教学是教的人指导学的人进行的学习活动”“教学是以课程内容为中介的师生双方教和学的共同活动”等几种代表性观点。综观这些观点，其共同之处都强调“教学是‘教师教’与‘学生学’构成的双边活动，是教与学的统一”，都明确“教学内容、对象主要是书本知识或间接经验，在‘知识’的范围内界定教学”，教学目的、内容、过程、方法都“主要针对课堂教学而言，在‘课堂’的范围内讨论教学”。②以上述认识为基础，关于“教”

① 裴娣娜．现代教学论：第1卷［M］．北京：人民教育出版社，2005：63-66.
② 陈佑清．教学论新编［M］．北京：人民教育出版社，2011：4.

与“学”的关系，人们的基本看法是：二者是合为一体的，教与学的活动本质上属同一种活动，是同一活动过程的两个方面；二者之间是一种对立统一、相伴相生的关系，教与学相互依存，没有教就没有学，没有学就没有教。这种教学认识论固然有其理论上的自洽，但是一来“容易走极端，以一个方面否定另一个方面”，出现“教师主体论”或“学生主体论”等主张；二来往往“将教师教的行为与学生学的行为合在一起研究”，并据此建构“教学论”，缺乏“对教的专门研究”与“对学的专门研究”，缺乏“教论”与“学论”的建构。[①]这种偏颇的教学认识论既不利于教学理论的发展，也会干扰教学实践的创新。

微课程的时空存在从线性走向非线性，教师与学生这两个课程要素及其对应关系也相应发生变化，这有助于我们深入认识二者的本质与关系，重构教学认识论。首先，有助于我们清楚地认识“教”与“学”在本质上是两种不同的活动。尽管传统课程与教学也有这种认识，但是由于“教”与“学”都在学校这个特定时空中进行，以致这种认识难以深化。在微课程中，一方面，教师的重要任务在于依据课程标准要求、基于教材内容设计、制作、上传微视频，并提供其他配套资源，课程实施主要依赖学习者的自我定位、自我导向、自我实施；另一方面，对于学习者的这种自我导向学习，教师又需要通过线上适时交流、线下集中指导等方式适时介入，调适学习进程，引领学习走向。这就帮我们从认识论层面区分了“教师教”与“学生学”这两种异质性活动的内涵。其次，有助于我们认识在教与学的关系中，“学”是依据，“教”由“学”而生。尽管西方语言词汇中也存在偏于教师行为的teach、instruct等概念，但是teach、instruct的价值必须体现在学生

① 丁念金．学与教之关系的本体论分析［J］．教育学报，2006（1）：36-41.

learn 的过程中。在现代教学理念中，“教本于学，学主教辅”是基本认识，唯有“指导教学”才是“教学的本体，是教学本质的本质，是教育和教学不变的本质，是最高层次的本质”。①在微课程中，由于课程时空的相对独立，一来教师设计、制作、上传的微视频等课程资源如果脱离了学生的学习，则仅仅是一些资源的聚合，缺乏课程与教学意义，也就无所谓教师的“教”或者学生的“学”；二来互联网的重要思维之一是“用户至上”，主要依托网络时空传播的微课程当然要遵循这个基本法则，即所制作的微视频、所遴选的配套资源及其网络组合方式必须尊重学习者的使用习惯，必须考虑用户体验，否则就会影响微课程的实施效果。以此观之，微课程在一定程度上能纠正“重教轻学”的认知偏向，促使“从教到学”的认识转型。最后，有助于我们跳脱“知识中心”“课堂中心”的束缚，从更广阔的视角思考教学的本质。微课程的实践固然要基于知识，实现知识的传承、创新功能，但是这种知识传递的目的不再是知识本身，而是促进学习者的发展。微课程的实施同样借助特定时空，但是由于网络时空的介入，使得微课程的时空本质上变得有别于传统学校场域中的课堂时空。如此一来，我们就走出了“知识”与“课堂”的认识框架，得以重新思考教学的本质与功能。

（二）探索时空异步教学

学习从来都是个人的事，学习活动理应是最具个性化的活动形态。然而，顺应工业时代整齐划一的思维方式，导源于夸美纽斯班级授课模式，近代以来教学的重心从“学”转向了“教”，教学活动的价值追求

① 张立昌，郝文武. 教学哲学［M］. 北京：中国社会科学出版社，2009：35.

也从“丰富多样”转向了“整齐划一”。这种转向给当代教学实践造成了巨大的伤害：导致大多数学生被束缚、埋没或淘汰；只适合少数学生，忽略了多数学生，是课堂教学不公的根源；为所有学生设定同样的学习目标，适用同样的方式方法与学习进度，危害学生个性发展。①顺应基础教育课程改革深化的实践吁求，现代教育理念倡导教学重心的回归，主张探索新型教学实施。

隐匿于微课程背后的非线性时空及其开放、灵动的本质属性，为以时空异步教学为代表的新型教学实施提供了认识论基础。如前所述，微课程相对独立的时空存在有利于教学认识论“从教到学”的范式转变，这种本体论意义上的教学认知，在实践中的表现形态之一就是时空异步教学的实施。回溯“时空异步教学”的概念流变，在汉语语境中，它肇始于20世纪末期湖北大学黎世法的“异步教学”。这种异步教学，固然不同于顺应工业思维模式而来的“同步教学”，也区别于由“简单承认学生差异”派生出来的“差异教学”，它是指“学生在教师指导下主动地、富有个性地学习，让每个班中每个不同水平的学生都能按照自己的理解速度进行独立的学习，快速提高自学能力与创新才干”，其主要特征有：“学生是学习的主人，教师是学生学习的指导者”，教师“个别指导、分类指导、全体指导”与学生“独学、对学、群学、请教教师、全体学”等多种形式的有机统一。②然而，受当时客观条件限制，这种异步教学的实施场域仍旧局限于特定的学校与课堂，其背后的教学认识论仍旧停留在“教主学辅”或者“教学并举”的层次，制约了实施效果。

---

① 丁念金．基于个性化学习的课堂转变［J］．课程·教材·教法，2013（8）：42-46.

② 王海燕．高中语文课堂实施异步教学的问题与对策研究［D］．重庆：西南大学，2011：6-7.

在微课程中，教师的职责主要体现为依据课标要求，对教材内容进行二次开发，设计、制作、上传微课程，并以指导者的身份介入学生学习过程，调控学习进程；课程实施则主要依赖学生自我导向、自我定位、自主学习。在理想的状态下，每个学习者都能根据自己的需要在众多微课程资源中找到最适合自己的学习内容，都能根据自己的理解自主安排学习时间与学习进度，教师又能根据每个学习者的学习内容与进度，通过在线或面授等方式，有针对性地进行指导。这就将异步教学的理念向前推进了一步，从时空相对分离的角度保证了异步教学理念的真正实现，为探索新型教学实施方式提供了可能。

（三）推动教学文化嬗变

实际上，从传统教学“教主学辅”到微课程“学主教辅”，本身就标志着教学文化的重大转型。顺应这种转型，还可从以下两个方面解释微课程的教学文化嬗变。

首先，从“控制”走向“生成”。所谓控制性教学文化，是把教学设定为传递客观知识、成人社会价值观和成人社会规范；通过教学实现对既有社会秩序规范的维持和复制；使教学成为围绕教材设定的知识和预设标准的程序性操作，成为来自学生与教师主体外在强制的教学文化。①这种教学文化忽略了人的存在，将教学活动的实质窄化为单纯的知识授受，将“人”异化为“工具”。而生成性教学文化则“关注人的全面发展与主体性的发挥，倡导对师生生命的关怀与人格的培育”，辩证看待教学的预设与生成，强调教学是“师生生活的建构过程、课程创生的过程、师生自我价值实现的过程”，目标是帮助师生“生成知

---

① 程良宏，杨淑芹. 控制性教学文化及其转向［J］. 全球教育展望，2009（2）：17-21.

识、获得能力”，使师生“德性丰满、人格健康、生活幸福、精神愉悦”，教学内容“不再局限于既定的教材与教参”，教学方式注重“体验感悟、自我建构”。①基于微课程独特的时空属性，在实施过程中，学习者可以从众多微课程资源中自选学习内容，自定学习进程，同时还能得到来自教师的个性化指导，获得实质性发展。在此过程中，更多体现的不再是传统教学的那种“控制理性”，而是学习者主观意识的唤醒，从而推动教学文化从“控制”走向“生成”。

其次，从“为了知识而知识”走向“为了发展而知识”。在传统教学实践中，不管是基于接受的有意义学习，还是基于发现的探究性学习，教师都是以“主导”的身份出现，学生的学习都以教师的“在场”为保障，知识的建构是被动的，在某种程度上是“为了知识而知识”，尽管这种知识建构的结果最终也会指向学生的发展。在微课程的话语体系中，如果承认“微课程”“微课”“微型课程”“微视频”等概念实体的合理性的话，我们发现，“微”是微课程的重要属性。这种“微”不仅体现在课程目标单纯、课程内容集中，还体现在课程实施的随时与随机。正是基于微课程的内容体系，通过自我定位与自我导向，采取随机学习、泛在学习、混合学习等学习方式，学习者才得以习得知识、发展能力。在这种课程实践中，作为课程载体的微课程知识短小而不凌乱，细微而成系统，学习者针对课标要求与课程目标，基于自身兴趣选取教学内容，自定步调进行学习，最终形成序列化的知识体系，这种知识建构的取向是“为了发展”，而不再单纯“为了知识”。

---

① 龚孟伟，李如密．试论当代教学文化的形态与功能［J］．课程·教材·教法，2011（4）：23-28.

本章小结

作为顺应时代的新事物，微课程契合了未来社会人类需求与认知特点。直面微课程实践层面的快速发展，前瞻其未来广阔的发展空间，而今理论界的探讨刚刚起步。从时空观属性的角度慎思微课程的本真意涵，对于微课程本身的生长、课程与教学的理论研究与实践优化均显得十分必要且可行。同时，其中也蕴含着诸多尚待深入挖掘、系统研究的课题。

具体来说，与传统课程相比，由于微理念的指引、数字化技术的支撑以及网络时空的介入，微课程的时空属性呈现“从线性趋于非线性”“从封闭走向开放”“从微观趋向宏观”等特点。笔者认为，从时空属性的视角探寻微课程的教学意蕴，有助于重构教学认识论，探索时空异步教学实施，推进教学文化的转型。在信息技术与课程教学日益融合的当下与未来，我们希望，有更多的学界同人深入探究以微课程为代表的数字课程的时空属性，科学搭建数字课程的认识框架，不断开拓教学论的研究视界，着力推进课程与教学改革的进程。

第六章　微课程系统化设计

课程设计是衔接与贯通课程理论与课程实践的中介与桥梁，课程样态的时代变迁必然会引发课程理论的与时迁化，而新的课程理论必然会在课程设计中打下时代烙印。伴随数字时代的到来，作为在教育信息化变革过程中出现的一种新的课程范型，微课程一经出现便引起了教育界的广泛重视：在理论层面上激发了广大学者的探究兴趣，在实践层面上获得了日益广阔的发展空间。然而，检视既有的理论与实践探索，有关微课程设计的学术文献与应用成果尚不多见，少量的学术期刊论文与一线课堂实施虽然涉及了这一主题，但主要针对作为微课程核心要素的微视频设计，而对微课程设计的理论基础、属性分析、基本原则的探讨还较为薄弱，至于统合微课程选题、内容、媒体、应用等结构要素的系统化设计研究则更为鲜见。这既不利于微课程作为一种新的课程形态的理论建构，也有碍于微课程作为一种新的教学范式的实践创新。有鉴于此，本章围绕微课程设计的理论基础、基本属性、设计原则、构成要素展开分析，以期廓清微课程系统化设计的基本理路。

一、微课程设计的理论基础

诚如我们此前论述的那样，较之传统时代的“宏课程”，由于信息、媒体与数字技术的融入，数字时代的“微课程”撬动了过去线性、封闭、稳定的课程生态格局，激发了包括知识存在、教师教学、学生学习、课堂组织、教学实施、师生交互、课程评价等在内的要素重组与流程再造的课程想象。换句话说，课程生态的连锁式变革在给传统教育带来挑战的同时，也为数字时代的课程变革与教学创新擘画了新的路向。就微课程设计而言，人们不禁追问：微课程设计有着怎样的理论基础？这些新的理论观点能否引领日新月异的变革实践？针对上述问题，我们博采新近学习理论探索之精要，结合自身实践探索之体验，简要阐释微课程设计的理论基础。

（一）建构主义学习论

建构主义是我国基础教育新课程改革的思想基础，其核心观点为：知识由主客体相互作用而生成，意义并不独立于我们而存在；学习是学习者积极主动的意义建构和社会互动的过程，教学并不是教师把知识经验从外部灌装到学生的头脑之中，而是引导学生从原有经验出发，生成、建构起新的经验。换句话说，建构主义强调以学习者为中心，认为学习意义的获得是每个学习者以自己原有的知识经验为基础，对新信息重新认识和编码，建构自己对知识与意义的理解。以此观之，微课程的学习过程就是学习者通过获取数字化的资源、自主学习所需的课程，从而达到对知识的意义建构。学习者在利用微课程学习时，将学到的知识与以往的知识经验建立联结，通过内化，或者与其他学习者和指导教师进行交流互动，主动地完成知识的意义建构。①在此意义上，建构主义学习论为学习者统整系列微课程的知识点关联并建构系统化的知识体系提供了必要的思想资源。

---

① 刘亚娟. 基于微信公众平台的微课程设计研究［J］. 教育探索，2016（8）：133-135.

（二）混合式学习理论

虽然混合式学习并非一个新的概念，但目前对它的理解依然不够深入。经常有人把混合式学习界定为“传统课堂教学方式和网络教学方式的结合”，实际上此种理解仅仅是对其表面特征的描述。比如，有论者认为：“所谓混合式学习就是把传统学习方式的优势和网络化学习的优势结合起来，也就是说，既要发挥教师引导、启发、监控教学过程的主导作用，又要充分体现学生作为学习过程主体的主动性、积极性与创造性。”①也有论者认为：“混合式学习是在适当的时间，通过应用适当的学习技术与适当的学习风格相契合，对适当的学习者传递适当的能力，从而取得最优化的学习效果的学习方式。”②笔者认为，后一种观点更接近混合式学习的本质，它强调将“混合式学习视为一种基于网络环境发展起来的‘新兴’教学策略。这种教学策略通常以虚拟学习环境为基础，通过基于计算机的标准化学习系统为在线学习的内容传递提供支持，促进师生在线交流”③。但我们更倾向于接受美国学者迈克尔·霍恩（Michael Horn）与希瑟·斯特克（Heather Staker）的观点：“混合式学习指的是学生至少部分时间在家以外的受监督的实体场所学习，至少进行部分在线学习的任何正规的课程，其间学生可自主控制学习的时间、地点、路径或进度。学生在学习课程或科目时的各个模块结合起来，为学生提供一种整体的学习体验。在线学习因其固有的模块结构，适用于可负担的成本、提供个性化的、能力本位的学习，所以

---

① 黄荣怀，马丁，郑兰琴，张海森. 基于混合式学习的课程设计理论［J］. 电化教育研究，2009（1）：9.

② 王婷. 基于微信公众平台的微课程学习现状调查研究［D］. 上海：上海师范大学，2014：16.

③ 刘亚娟. 基于微信公众平台的微课程设计研究［J］. 教育探索，2016（8）：133-135.

这些术语通常会一起出现。”[①]而事实上，微课程的设计与应用即是基于网络学习环境、借助移动终端传输、帮助师生线上线下混合教学的一种新的教学方式，它旨在发掘学生自主学习的潜能，促进教师角色地位的转型，推动传统教学结构的变革。就这一点而言，微课程设计与混合式学习分享了类同的观念与主题。

（三）联通主义学习观

联通主义作为风靡数字时代的一种学习观，它代表了一种适应当前社会结构变化的学习模式。学习已不只是内化的个人活动，当新的学习工具被使用时，人们的学习方式与学习目的也在发生变化。然而，在认识到新的学习工具所带来的影响及学习意义的环境变化方面，目前教育领域似乎反应迟缓、建树不足。联通主义提供了一些学习者在数字时代成功学习所需的学习技能与学习任务的见解，它建基于这样一种理解之上：知识基础的迅速改变导致决策的改变，新的信息持续被获得，区分重要信息与非重要信息的能力至关重要。联通主义理论把学习情景视野放在了网络社会结构的变迁之中，认为学习是在知识网络结构中一种关系和节点的重构和建立，学习是一个联结的过程。[②]换句话说，联通主义学习理论认为，学习的起点是个人，个人的知识组成了一个网络，这种网络被编入各种组织与机构，反过来各种组织与机构的知识又被回馈给个人网络，以供个人继续学习。以此观之，微课程通过对系统化的知识进行片段化处理，遴选重难点、易错点、易混点和易考

---

① 迈克尔·霍恩，希瑟·斯特克. 混合式学习：用颠覆式创新推动教育革命［M］. 聂风华，徐铁英，译. 北京：机械工业出版社，2015：55.

② 西蒙斯. 关联主义：数字时代的一种学习理论［J］. 李萍，译. 全球教育展望，2005（8）：9-13.

点，并通过网络时空营造拟真的教学情境，无疑与联通主义所倡导的分布式知识交互及在社会网络关系中学习等理念具有相同的价值向度。

（四）第二代认知科学

20世纪80年代以前，第一代认知科学的影响虽逐渐式微，但依然处于主流地位。在那时，作为第二代认知科学的具身认知还只是一种哲学思潮，后来才逐渐走向实证领域，目前已转向自然情境下的认知研究。从世界范围来看，具身认知理论一经诞生，很快就颠覆了传统认知心理学的主流观点。在第一代认知科学看来，认知是人"颈部以上"的功能，它把认知比喻为计算机对抽象符号的加工与运算，是运行在人的大脑这一"硬件"上的"软件"或"程序"。[①]而具身认知理论则认为，认知是寓身的、情境的、发展的和动力学的；心智是嵌入大脑的，大脑是嵌入身体的，身体是嵌入环境的，环境是认知系统的一部分。因此，身体、认知和环境是三位一体的。也就是说，认知是被身体及其活动方式塑造的结果，它不是一个运行在身体"硬件"上的"心智程序软件"，而是与身体和环境共同构成了一个相互作用的统一体。[②]受这一理论的影响，当下的学术界已然认识到，认知活动并非纯然的信息加工过程，其表征和实操受身体影响并植根于实时的情境之中。笔者以为，微课程之所以备受青睐，除了其具有主题精微、短小精活、内容可视、易于更新等特点之外，从更深刻的意义上讲，还因为它所营造的学习环境符应了具身认知的理论旨趣，为学习者以身心一体、情景卷入的方式进行认知提供了理论支撑与实践空间。

---

① 叶浩生. 具身认知：认知心理学的新取向［J］. 心理科学进展，2010（5）：705-710.

② Shapiro，L. The Embodied Cognition Research Programme［J］. Philosophy Compass，2007，2（2）：338-346.

二、微课程设计的属性分析

从表征上看，微课程具备短、小、精、活等特点，但在属性上，它仍然是“课程”，具备一般课程的基本要素，遵循一般课程的运作规律。与此同时，由于时代的变迁与技术的融入，这种新的课程形态还有着传统课程不具备的技术属性。

（一）课程属性

毋庸置疑，微课程本质上仍属于课程，它具有一般课程的设计、开发、实施与评价等要素，因此课程属性是微课程的首要属性。有鉴于此，微课程的设计应当也必须围绕它的课程属性展开。就课程设计环节来说，依循首要教学原理的思路，微课程的设计可以划分为激活、展示、应用、整合四个步骤。①

第一步是激活，即创设情境、温故知新。激活的关键是教师要研判学习者的兴趣并唤醒他们先前的知识。因此，微课程设计的第一步是构思并创设情境。教师可以依据某一知识点在该门课程知识脉络中的地位、作用和难度，回溯这一知识点的背景性知识，向学习者渗透史实性、文化性、趣味性的内容，激发学习者的探究欲望与求知兴趣，培养他们发现问题的意识与提出问题的能力，此为激活的基础环节。换句话说，创设情境只完成了激活功能的一半，另一半则是在温习旧知的同时导入新知。在此环节，创设情境与新知教学之间应保持内在的逻辑性与契合度，以避免虽成功唤醒了先前的知识但此时的情境与导入新知的需要难以吻合这一现象的发生。因此，在时间简短、寥寥数语中顺利完

① 焦宝聪，苏古杉，陈楠. 微课程设计的三重属性和六大要素［J］. 现代远程教育研究，2015（6）：89-91.

成激活这一步骤，对教师的微课程设计能力提出更高的要求。

第二步是展示，即导而弗牵、聚焦新知。与传统课程相比，微课程不只是授受知识、锻炼技能、培育素养的新工具，更是培养思维的广延性、深刻性和灵活性的新方式。由于网络时空与信息技术的介入，微课程的情境创设因融入新的技术手段而变得更加便捷与逼真，这为启发学生转变思维方式、聚焦新知内容、开展深度学习提供了支架。因此，微课程的设计既要遵循学生的认知规律，启发诱导，还要捕捉适当的时机，导而弗牵，运用恰当的方法引导他们聚焦新知，深度思考。当前，随着数字技术的发展，微课程设计中可资利用的学科教学辅助资源日益增多。比如，数学学科使用的超级画板、几何画板等软件，借助信息化的手段使教学内容的呈现方式更加丰富，有力推动了信息技术与学科内容的深度融合。

第三步是应用，即巩固提升、学以致用。我们知道，人类学习的目的并不在于记住一堆僵化、枯燥、无趣的符码，其最为直接的也是至为重要的目的在于面向实践、转识成智、改变世界。对于学校教育来讲，知识学习的关键在于传扬文化、转识成智、提升技能，促进学生的全面发展。对此，首要教学原理有着独到的认识与理解。它认为“只有当学习者具体运用新的知识时，才能促进有效学习的发生”①。秉持此种学习观，微课程设计不只是注重新知识的传授与理解，更要注重深化对知识的应用与体验。比如，一节设计精良的微课程通常会附带一系列与其呈现的知识点相契合的微练习、微测评、微反馈和微评价，以此来改善传统上以纸笔测试为主、难以获得体验的知识应用方式，进而达到巩固知识、提升技能、学以致用的功效。

① 盛群力，马兰．“首要教学原理”新认识［J］．远程教育杂志，2005（8）：16-20．

第四步是整合，即拓展思维、整合方法。随着知识专业的分工日趋细密，每门学科的内容都可以由浅入深地分为知识点、思维方法和学科思想三个层次。具体来说，学科知识点是知识学习的浅层内容，而渗透在其背后的思维方法和学科思想才是这门学科的精髓所在。之所以如此，是因为学科的思维方法与学科思想更有利于学生对知识的系统理解与全面贯通。与传统的课程设计围绕知识的单元、模块、序列展开不同，微课程侧重于聚焦系统知识中的重难点、易错点、易混点、易考点来设计，这需要在全面把握学科知识谱系的基础上，沿着由体到面、由面到线、由线到点这一持续聚焦的思维路向前行，以此来强化对某一知识点的认识、理解与应用。与此同时，还要反过来循着由点到线、由线到面、由面到体的方向形成一个完整的思维回路，以此来定位这一知识点在整个知识脉络中的地位、作用和意义。在此过程中，教师的课程设计与学生的知识学习打破了既有的思维定式与方法依赖，从而有机会接受学科思维方法的训练与学科思想的洗礼。

需要特别指出的是，首要教学原理是一种结构开放、运用灵活的教学设计原理，普遍适用于多种课程设计理论与模式，当然也为微课程提供了适切的教学设计理路。我们之所以说它开放灵活，意在表明当教师运用这一理论进行微课程设计时，并不需要把这四个步骤明确体现在微课件、微视频、微练习、微评价等要素的设计之中，而是旨在强调将它的核心思想融入微课程的设计思路之中，并借助适切的现代技术加以实现。

（二）技术属性

进入 21 世纪以来，在计算机、互联网、智能终端、网络时空席卷裹挟之下成长起来的“数字土著”越来越多，较之出生并成年于前数字时代的"数字移民"，"数字土著"的思维方式、行为方式、学习方式业已发生显著变化："他们不再仅仅依赖纸质的书本、枯燥的文字，而更加偏爱超链接、富媒体、人机交互技术等为其提供的学习环境。"①置身于这种由技术营建的数字化环境，他们的信息处理方式、知识习得方式、人际交往方式、解决问题方式均烙上了技术印记，正在并将持续推动学校课程发生新的深刻变革。有鉴于此，我们认为，数字时代的微课程具有鲜明的技术属性。

第一，体量上的微型化。因应学习者"微"学习需求，微课程的设计通常仅遴选少量的知识点，微视频一般时长在10分钟以内，5—8分钟较为适宜，强调内容微小精当、时间简短集中。它遵循学习者的焦点注意规律，克服学习者的认知负荷超载，预防学习行为的边际递减效应。正是基于此种考量，微课程在创意设计、视听结合、师生交互、学习反馈等方面综合运用多媒体技术，其目的在于实现知识点学习的精深而高效。

第二，结构上的半开放。与传统的纸本课程一经裁定便难以更新的封闭式设计不同，微课程借助技术支持，在结构上采取半开放设计，无论教师，还是学生，甚至家长，都可以轻而易举地对同一节微课程进行二次设计与重新编辑，它鼓励施教者与学习者合作探究。这种半开放的资源结构形式能够集聚利益相关者的智慧，不断提高教学资源建设的多元化参与和个性化品质，进而推动数字时代课程资源的共建共享与及时更新。

第三，内容上的序列化。通常认为，微课程设计针对的是化整为零的知识点，这种内容上的精微固然有助于学习者利用闲散时间开展碎

① 顾小清，林仕丽，汪月．理解与应对：千禧年学习者的数字土著特征及其学习技术吁求[J]．现代远程教育研究，2012（1）：23-29.

片化学习，但单纯的碎片化学习也容易造成知识的割裂、零碎、不成体系。表面上看，单个的微课程学习确实如此，而事实上，内容上的序列化设计、课程间的耦合化设计、要素上的整全性设计，可以帮助学习者自主地、个性化地选取、组合、匹配所需的学习资源，以非线性与跳转的方式展开学习，既能有效防止知识的碎片化，也能整体把握知识的系统性。

第四，实施上的混合式。从应用上说，作为一种数字化的课程形态，微课程被广泛应用于时下方兴未艾的翻转课堂与混合学习的变革实践之中，它不再拘泥于传统物理时空中一对多、面对面的同步教学方式，转而支持网络时空中一对一、混合式的异步教学模式。借助于网络、媒介与信息等现代技术的融合发展，微课程的设计不仅关注线上的自主性学习，同时还关注线下的教与学互动，旨在通过翻转或者混合的方式，来消解班级授课制的弊端，创构数字时代混合式学习的图景。

第五，审美上的体验性。这是微课程在学习体验上的价值判断。设计精良的微课程一定是结构清晰、视觉美观、表现生动、运行流畅的。换句话说，较之传统静态的纸本课程，数字化的微课程能够在教与学的方式、效率、质量等方面给师生带来便利性与效能感，同时还能够给师生带来积极的甚至是审美的教与学体验。①而这一切皆赖于技术支持下的创意设计，只有创意设计的微课程才能第一时间调动学生的认知兴趣，并激发他们探究、批判、创新的学习动力。

---

① 王志刚，余宏亮. 基础教育数字教学资源体系架构研究［J］. 数字教育，2016（3）：1-7.

三、微课程设计的基本原则

微课程设计是一项系统工程，既包括宏观层面的总体设计，也包括微观层面的要素设计。笔者以为，微课程的系统化设计要全面考量内容脉络、知识选点、要素组合、结构匹配、教学实施、学习评价、技术选用等各个方面，并且每一方面的设计都不是孤立进行的，而应按照系统思考、整体规划、突出重点、协调推进的思路，以学科为纲，以课程为目，分类分层建设专题式的或系列化的微课程群。如此一来，具体的微课程设计也就是一个落实课标、挖掘教材、去粗取精、延伸拓展、创意涌现的过程。在此过程中，我们应遵循以下原则。

（一）主体性

主体性的核心是秉持“学为中心”的课程设计理念。与在传统课程中处于被动地位不同，学生在微课程的教与学活动中始终是学习的主体，他们可以自主安排学习进度，自主选择学习内容。这就要求，微课程的设计要围绕学生的学展开，而非如以往那样围绕教师的教进行。换句话说，微课程的设计要跳脱以往“如何教”的视角，转而朝着学生“如何学”上聚焦。尤其在制作微视频时，教师务必以问题为导向，精心创设认知冲突，以此来引领学习进程。唯有如此，才能扭转当下微课程设计“教为中心”、微课程讲解“照本宣科”的弊端，才能复归学生作为学习主体的权利。

（二）精微性

精微性是技术支撑下的微课程设计的鲜明特征。与传统课程设计不同，微课程的设计倡导删繁就简，致力于把完整、繁复的知识体系加以解构，然后聚焦具体的知识点开展精细化设计，以帮助学生随时随地随需开展个性化学习。针对这一要求，教师的微课程设计就应该秉持精微性原则，务求以最恰当的方式来呈现最核心的内容。具体来说，首先是体量要小，要精心遴选粒度小的知识点，同时在呈现的时间上要避免冗长，这样才有利于降低认知负荷，实现网络共享与自主学习；其次是目标要精，教学目标精是知识挖掘深的重要保证，因此微课程设计要果断舍弃那些弱相关的目标，深度挖掘某个知识点；最后是设计要新，微课程的界面风格、视听表达、内容组织要充分发挥技术优势，富含创意元素，让学生耳目一新、喜闻乐见。

（三）趣味性

没有兴趣就没有真正的学习。因此，增强微课程的趣味性是激发学生求知欲的重要抓手。但需要明确的是，微课程既不同于传统的课堂实录，也有别于当下的网络直播，内容的颗粒化、时空的网络化、呈现的可视化、设计的创意化等共同支撑了微课程的趣味性，持续地吸引学生的注意力是保障微课程学习效果的关键。正如赫伯特·西蒙（Herbert Simon）所说的那样，“在网络时代，无限的信息量与有限的注意力之间存在不可调和的矛盾”。①作为网络时代新的课程形态或教学资源，微课程的设计同样需要解决无限的信息量与有限的注意力之间的关系。所幸的是，微课程呈现的知识点信息量精微，完全可以通过增强趣味性来维持学习者的焦点注意。

① 李志昌. 信息资源和注意力资源的关系——信息社会中的一个重要问题［J］. 中国社会科学，1998（2）：106-116.

（四）整体性

从属性上讲，微课程本质上仍是课程。与之对应，微课程的设计既包括教学内容的组织、学习活动的设计，也包括师生双边的交互、教学效果的评价，还包括视频载体的制作、网络时空的营建。作为一种新兴的课程形态，微课程的核心是微视频，它与配套的导学案、测试题、微资源共同构成了一个完整的学习进程。其中，微视频以阐释某一知识点为核心，时间一般控制在 10 分钟以内，过程力求简洁、直观、形象；导学案是针对微视频设计的学习支架，其功能在于引导学生完成整个学习过程；测试题是围绕知识点设计的随机检测学习效果的习题，其数量与难度应保证学生在较短时间内完成；微资源则是匹配内容主题的辅助性学习资源，比如相关案例、背景资料、参考素材等。概而言之，微课程的系统化设计就是针对课程的全要素进行设计，这样才能确保微课程的高品质，彰显微课程的生命力。

四、微课程设计的要素分析

一般而言，微课程主要采用以“微视频”为主要载体、辅以配套资源的混合方式供学生开展自主学习。与传统的课程设计类似，微课程也需要从教学目标、学习对象、学习内容、教学技术、效果评估等方面加以系统化设计，此为微课程的设计与传统课程设计的共性方面。从个性方面来讲，导源于现代技术的融入、时空环境的转换以及教学方式的变革，微课程设计还拥有鲜明的时代特性：它以微视频的制作为核心要素，还包括研制导学案、撰写微视频脚本、预设随机测试题、进行非线性编辑、开展表现性评价等方面。

透视当下，微课程设计存在的问题主要集中在以下五个方面。其一，缺乏整体、系统的规划，导致资源重复建设、可用性低。其二，设计多为内容的讲解，缺乏针对微视频的富有创意的交互设计。其三，忽视技术在以微课程为载体传达教学内容过程中的特殊作用，比如视觉表达与教学交互方面。其四，知识传递的教学环境由班级授课转变为一对一的个性化教学，忽略了相应的教学设计和教学语言等也应随之变化。其五，只针对微视频进行设计，并未重视一节完整的微课程所包含的其他要素对学习者学习过程的监控和调度的重要性。①

基于对上述问题的反思，我们认识到，微课程的系统化设计是一个创意涌现过程，它不只是微视频设计，还包括课件设计、脚本设计、图文设计、交互设计等；不只是围绕某一知识点孤立地设计一节微课程，还包括一系列微课程的专题化、模块化、关联化、序列化设计。根据微课程的特点，针对实践中的问题，我们从整体设计、内容呈现、媒体技术与应用模式四个维度来探讨微课程的系统化设计。

（一）微课程的整体设计

通常来说，选题是微课程设计流程的起点，一个好的选题是一节微课程成功的一半。通常情况下，设计者倾向于最先思考选取什么知识点、预设知识点的学习目标等，往往对微课程系统化设计的整体思考较为忽视。比如，对是不是每个知识点都应做成微视频，在知识点的遴选上要不要有所取舍，选中的知识点在所处单元中居于什么地位与作用，此知识点与其前后知识点的关系是什么等前提性问题缺乏系统思考与整体规划。比如，个别数字化教学资源建设者甚至试图把我国基础教育

---

① 焦宝聪，苏古杉，陈楠．微课程设计的三重属性和六大要素［J］．现代远程教育研究，2015（6）：89-90.

学段所有学科教材包含的知识点都罗列出来、逐一设计，以便建构一个涵盖全学科、全学段、所有知识点的“微课程超市”供广大中小学教师选用。

而实际上，随着我国教育信息化的深入发展，微课程资源建设与实际教学应用日益脱节：一方面，围绕同一知识点设计制作的微课程数量不断攀升，造成了量的重复浪费；另一方面，一线教师普遍反映难以找到好用的微课程，造成了质的良莠不齐。诚如有论者所言，不容忽视的是，当下微课程发展遭遇到了“量高质低”的瓶颈。由于缺乏整体规划，很多地方微课程建设一哄而上，既没有考虑区域内部的配合，也没有考虑个体之间的特色。长此以往，“一哄而上”极有可能变成“一哄而散”。事实上，一节好的微课程可以同时供成百上千人甚至几万人一起学习，这样就可以产生规模效益，降低边际成本。理想情况下，对于任何知识点，我们只需要一个最优秀的微课程就足够了。所以，我们完全可以选择最合适的教师，有针对性地开发。①

我们认为，要消解上述问题，无论在国家层面，还是在区域层面，抑或在教师层面，加强微课程资源建设的系统规划与整体设计，建立健全微课程的专业化设计与选择性制作的工作机制，让最专业的人做最合适的事，把较关键的知识点做成较优质的微课程，并尽快搭建区域、学校、教师之间共建共享开放的管理平台，无疑是优化微课程资源配置、提升微课程制作品质、促进微课程常态应用的未来趋势。

（二）微课程的内容设计

在完成微课程的整体规划之后，针对某一年级、某一学科、某一教

① 曹培杰，马晓强. 微课程的核心理念及发展趋势［J］. 现代远距离教育，2015（4）：12-13.

材、某一单元、某一知识点的微课程设计也就成了后续制作微视频的基础环节。就某一知识点的微课程设计而言，它不应追求目标的广泛包容性与内容的系统化覆盖，而应根据“微目标”与“小粒度”原则，选择短小精悍且相对独立的知识点组块。换句话说，每一组块的微视频应能够独立承担单一、完整的知识内容，并且能够与其他临近的知识点松散组合。与此同时，一系列时间短、体量小的微视频内容也不应是碎片化、无序化的知识点拼盘，而应是围绕某一主题把教学内容合理切割、保留关联、便于整合的微课程群，这样才不至于破坏原有知识体系的完整性。

反观现实，由于对微课程内容关联性认识的偏差，目前诸多微课程设计者在选取知识点时倾向于选择课程标准、考试要求、学科教材等相关教学文本所标定的重难点、常考点、易错点、混淆点等，以致设计制作的微课程偏离或中断了知识点之间的逻辑脉络，成为点状的、碎化的、散乱的知识点孤岛，误导了学生只注重对若干知识点的定向掌握，不注重微课程之间的内在关联，最终造成了“只见树木不见森林”的断点式认知，这也是目前学术界与实践界担忧、质疑、诟病、拒斥微课程的重要原因之一。

实际上，已有研究表明，将学科专业知识拆解为不同粒度的知识点，使用“知识树”的结构将它们组织起来是比较适宜的知识组织和表现形式。①“知识树”是知识点及其关系的集合，具有对称性、良好图形、连续性等特点，直观展现了某一学科领域知识的所有相关知识点间复杂的层次关系（如辈分关系、依赖关系、参考关系、兄弟关系、游离

① 徐明发，聂承启．基于面向对象技术的知识表示模式［J］．江西师范大学学报（自然科学版），1997（2）：39-44.

关系等)。[①]因此，通过建构“知识树”的方式来呈现知识点之间的脉络关系，能够帮助学习者直观、理解、体验知识的完整性、连续性和条理性。有鉴于此，在微课程内容的设计过程中，有必要掌握系统论与分类学的思想方法，遵循不同学科的特性，理清知识点之间的层级关系，建立逻辑脉络完整、知识层次分明的微课程“知识树”。

进而言之，除了知识点的选择与组织之外，微课程内容设计还包括自主学习导学案研制、微视频脚本制作以及测试题预设等几个方面。其中，自主学习导学案是导引微课程一对一个性化学习的脚手架；微视频脚本制作包括课件设计及其解说词撰写，课件质量直接决定微课程的品质，脚本撰写质量直接影响微视频播放的视听效果；而测试题预设则是在人机交互过程中推动学习进阶、检测学习成效的重要手段，它们共同构成了微课程内容设计的核心要件，也有着各自不可忽视的设计要求。

首先，就自主学习导学案的研制而言，它是教师设计的以表单形式呈现的指导学生自主学习的方案，是学生高效自主学习的支架和载体。[②]通常来说，此种导学案包括学习指南、学习任务、困惑与建议三个板块。其中，学习指南可分为课程名称（适用年级+教材版本+学科名称+具体册次+知识点名）、达成目标（注意从学生学习的视角明确表述，如观看视频、阅读材料、使用学具完成某项学习任务）、学法建议（可根据需要给出具有针对性的学习方法）、课堂学习形式预告四个子项；学习任务通常把以往教学目标中的重点、难点等知识点转换为问题来表述，同时辅之以可观测的达标要求，呈现资源链接等提示信息，以

① 胡宁静，谢深泉. ICAI课件的领域知识库中知识点间联系的划分［J］. 计算技术与自动化，2000（1）：46-48.

② 金陵. 翻转课堂与微课程教学法［M］. 北京：北京师范大学出版社，2015：137-138.

便体现教师对知识点内在关联的驾驭、教与学目标的理解、教法与学法的匹配、教与学进阶的安排；困惑与建议则由学生自主学习结束后根据学习成效来决定是否填写，其功能在于沟通与反馈，培养学生发现问题、提出问题、批判反思、质疑创新的意识与能力。

其次，就微视频脚本的制作而言，嵌入微视频之中的课件是微课程内容的原型与载体，设计精良的课件是微课程内容富有科学性与吸引力的基础，它在内容上要具有科学性，在逻辑上要具有严密性，在形式上要具有简洁性，在交互上要具有趣味性，并且符合学习者的学习风格与认知规律。需要指出的是，许多设计者对作为微课程内容载体的课件与作为以往教学辅助工具的课件之间的区别缺乏认识，以致影响了微课程内容设计的总体质量。笔者认为，作为课堂教学辅助工具的课件与作为自主学习内容载体的课件有明显的不同。一方面，课件使用的环境发生了变化：传统的课件主要适用于物理时空中的课堂教学环境，而承载微课程内容的课件则主要适用于网络时空中一对一的自主学习环境；另一方面，导源于使用环境的变化，课件的功能也随之发生了改变：传统课件主要发挥教师课堂教学重点的展示、解释或提示等辅助功能，而微课程的课件还兼具呈现教学内容的结构、脉络与载体等主体功能。因此，较之通常使用的课件，微课程的课件应更加详细完整，以保证学习者在缺少教师现场指导的自主学习环境中能够顺利完成学习任务。此外，脚本的设计还有另外一个重要环节，即对应课件内容的解说词撰写。言其重要，是因为微课程的知识点粒度小、环节多、用时少，要想在有限的时间内全面、清晰、准确地阐释微视频画面的内容，需要切中要点、深入浅出、引人入胜。而要做到这一点，教师必须具备扎实的语言驾驭能力与深厚的学科教学素养。

再次，就测试题的预设而言，在微课程的内容设计环节，按照设计者想要达到的检测目标，可以根据知识点挖掘的深度预设进阶性与终结性两种类型的测试题，并将之内嵌到微视频之中。其中，进阶性测试题主要用于对知识点掌握情况的适时检测，在微课程教学的激活、展示、应用与整合阶段皆可根据实际需要灵活设置，题型可以是判断题，可以是单选题，也可以是多选题，还可以是填空题，题目的数量与难度应适中，以便于及时巩固刚学的知识，激发学生深度学习的意向与行为。而用于终结性评价的测试题则可以独立设计，此类题目应具有适当的开放度与挑战性，一般宜于在自主学习任务达标之后的课堂拓展活动中采用，这样可以激发学习者分组讨论与合作探究，促进该知识点的拓展应用以及与邻近知识点的整合贯通。需要特别指出的是，在课前自主学习阶段设置进阶性测试题，除了具有知识点学习效果的检测功能之外，还具有在网络时空中营造人机交互的数字化学习氛围之效果；而在课中深化拓展阶段设置的终结性测试题，除了具有促进合作探究与贯通知识体系的作用之外，还具有培养学生的求真批判意识与质疑创新能力之功用。

（三）微课程的媒体设计

由于信息技术与网络空间的介入，微课程的系统化设计具有鲜明的时代特征，这突出地表现为以微视频为核心的媒体设计。作为微课程的最终表现形式，微视频的媒体设计质量在一定程度上决定微课程的应用成效。从功能上来说，以微视频为核心的媒体设计，其目标是营造视听结合、图文并茂、生动有趣的数字化认知环境，以消解传统班级授课环境下知识教学的手段单调、方法固化、形式封闭等弊端。事实上，这种视听结合的认知方式检证了学习科学的新近观点：一方面，“人的‘视觉处理器’与‘听觉处理器’分别占用独立的信息加工通道。采用视听元素结合的形式能独立使用两种处理器，可以扩大工作记忆的信息处理容量并增强工作记忆效率”①，进而降低学习者超载的认知负荷；另一方面，“用不同的感觉通道传递相同信息，以用户可以调整的形式呈现信息，为语音配上字幕或语音识别功能，添加重音和韵律的视觉类比物、声效或声音警示的视觉等价物”②，能够激发和提高学习者的认知兴趣与学习效率，这也是学习通用设计理论所力倡的。作为一种适用信息技术的课程设计框架，学习通用设计理论强调“运用多种方法，使教学适合于不同情境中、不同背景、不同学习风格、不同学习能力、不同认知障碍学习者的需要，从而促进每位学生的发展”③。笔者以为，这也是微课程借助视听媒体来变革传统教学的愿景所在。

通常来说，微课程的媒体设计主要包括微视频的视觉设计、听觉设计与交互设计。关于视觉设计，主要是指微视频的画面拍摄、课件制作、鼠标移动、字幕配合，如果讲授者出镜的话，还包括教师的形象设计。分而言之，画面拍摄应遵循“稳”“准”“匀”“平”的原则，构图应突出主体、画面清晰、光线适宜；演示课件应当保持页面简洁、配色协调、视听同步，能够醒目标示重点信息，有效汰除冗余信息；在讲解的过程中，鼠标尺寸、点击效果与亮度设置均应适中，鼠标移动切忌速度过快、随意晃动、脱离界面；视频字幕的字体、字号、颜色应适配智能终端规格，同时做到精准、清晰、美观；教师出镜与否应根据课程需要与个人偏好而定，如果出镜则应注意个人仪表形象，肢体动作不宜夸张，走动范围与频次不宜过大，否则将会冲淡知识教学的主题、分散学

---

① 程志，周铁. 基于认知负荷理论的教学媒体设计［J］. 现代教育技术，2008（11）：50-52.

② 盛群力，董皑，王文智，王静文. 利用信息技术促进“三表”的原理与策略——CAST 通用学习设计指南［J］. 当代教师教育，2009（1）：11-19.

③ 周加仙. 为了每位学生的发展：基于脑与认知科学的通用教学设计［J］. 全球教育展望，2010（1）：15-20.

生的焦点注意。

关于听觉设计，主要包括对教师的知识点讲解、现场同期声和背景性音乐等方面的听觉呈现或音效调控。就教师的知识点讲解而言，主要体现在讲解的语言、语速与语调的表达效果上。根据微课程设计的主体性原则，学生是学习的主体，教师的讲解应针对屏幕前的学生、采用一对一的语言，即应采用第二人称的单数“你”，而不是班级授课制条件下的“你们”，也不是整体性的统称“同学们”，这样有利于营造一对一的学习辅导氛围。在语速方面，一般应比面对面谈话的速度稍快一些，每分钟 300 字左右比较容易吸引学生更多的注意力。与此同时，教师讲解的语调应配合教学情节演进与画面切换，做到富于变化、适度夸张、避免重复，确保起到提示、解释、强调、补充、概括画面的作用。除此之外，背景性音乐应遵循需要原则确定是否提供，根据知识点的性质与学习者的认知风格来加以选择，切忌喧宾夺主、干扰学习。

关于交互设计，这是微课程研发中亟待加强的薄弱环节，缺乏人机交互已成为微视频教学的应用短板。笔者认为，可以通过在微视频中内嵌交互操作的方式来弥补上述不足，以促进学习者深度卷入自主学习的过程。在具体操作上，可以内嵌带有暂停、测试、跳转功能的交互按钮，以便为讲解过程中的提问、建构、拓展、检测提供有效的技术支持。其一，设置暂停交互。既往的微视频教学，教师通常一讲到底、知识信息连贯呈现，这样固然可以保证内容讲授的效率，但并不能保证学生学习的效果。导致这一状况的原因在于，未给学习者留下思考、内化的时间。有鉴于此，课程设计者可以在微视频中设置供学习者点击或暂停播放的按钮，以调控视频播放的进程，引导学习者进行深度思考；也可以在讲解过程中插入适当的提问，留出适量的时间供学习者思考、应答，并在随后给出规范的解答思路。其二，内嵌测试交互。除了提问与留白之外，及时测试也是视频教学常用的交互方式，其目的在于随机检测并巩固自主学习的成效。课程设计者在微视频中添加测试交互，不但能够引导学习者适时调整自身学习的策略，进而营造一种闯关式的、进阶式的学习体验，而且能够有效避免自主学习过程中的迷航现象，进而保证知识体系建构的流畅性。需要注意的是，鉴于微视频的时长有限，测试题的数量与难度务必控制在适中的范围之内。其三，外链热点交互。热点交互通常在讲解过程中需要拓展或补充资源时使用，此时通过鼠标点击画面中的某个部分，即可跳转到微视频之外的本地文件、网页链接、视频资源等。如此一来，由于外部资源的导入，原本线性、封闭的微视频学习也就变成了非线性、开放性甚至是趣味性的学习，学习者与微视频的关联由此变得更加紧密、人机互动也因此更富成效。进而言之，此种热点交互方式并不局限于在单个的微视频教学中使用，我们还可以把不同的微课程借助网页跳转的功能链接在一起，进而建构个性化的学习路径与可统整的知识体系。

（四）微课程的应用设计

微课程是以微视频为核心，整合了自主学习导学案、知识点课件脚本、微视频学习测试题以及微反思、微评价、微反馈等内容的数字化教学资源包。由于网络时空的介入、数字技术的支撑以及智能终端的运用，微课程的勃兴与应用引发了传统课程生态的连锁式变革：在教学理念上，它推动了“教为中心”“以教定学”“教主学辅”向“学为中心”“以学定教”“学主教辅”的转变；在师生关系上，它将作为传统教学的主宰者、独白者与监控者的教师转换为而今学生自主学习的引领者、设计者和推动者，师生之间不再是上下级的、主从式的、授受型的关系，而变成了平等型的、对话型的、协作型的关系；在时空结构上，它超越了传统上单调的、封闭的、僵滞的物理时空，转变为现时代多维的、开放的、泛在的网络时空；在课程实施上，它激发了人们对知识与时间的碎片化、空间与情境的虚拟化、技术与资源的智能化等要素重组与流程再造的课程想象，一种信息环境下的历时异步教学范式正在解构并重建传统条件下的共时同步教学模式。毋庸置疑，上述连锁式变革构成了微课程应用设计的时代背景与实践依据。

放眼实践，基于微视频教学的慕课、私播课以及微课程的应用实验在世界范围内广泛展开并取得了阶段性成效，技术性教学、混合式学习、项目式学习、泛在学习、在线学习、翻转课堂等新的方式不断涌现并混合应用，共同形构着信息技术对人类学习与知识实践的革命性影响。从应用模式看，随着新技术的不断涌现与融合发展，有关微课程的创新应用日趋多元。比如，作为传播手段，用于商业营销与文化普及；作为研修形式，开展成人的网络教学与远程培训；作为课程载体，支撑学校的翻转教学与混合学习；作为内容资源，嵌入未来的电子书包与数字教材；等等。笔者认为，对学校的知识点教学来说，翻转课堂的应用模式对微课程的教学应用具有重要的借鉴价值，它有效整合了前述的诸多教与学方式，在时间、空间、内容、形式、方法、流程、技术等维度上呈现出全新的图景。

众所周知，翻转课堂概念由美国传入，在我国得到创新应用，其核心是将传统课堂教学的重要知识点制作成微视频，提供给学习者在课前自主学习，课堂上教师组织学生开展问题讨论和进阶辅导等活动。诚如有论者所指出的那样，“微课程‘针对具体问题、推崇自主学习’的教学理念和微结构化的视频资源为翻转课堂教学的开展提供了有力的资源支持”。[①]结合国内外翻转课堂教学活动的特点和国内微课程创新实践的经验，笔者认为，把传统的教学时间划分为课前自学与课堂活动两个阶段，系统设计微课程的选题、内容和媒介等结构要素，特别是科学研制导学案、微视频、测试题等配套资源，创新应用日益成熟的人机交互、即时反馈、表现性评价等方法手段，依托新兴技术的融合发展，推动传统教学的结构性变革，既是微课程系统化设计的内在要求与操作要点，也是建构基于微课程的翻转课堂模式的有效思路与价值诉求。关于这一点，我们将在下一章专题探讨。

本章小结

作为贯通理论与实践的中介，微课程设计的系统性、适切性和易用性决定微课程的常态化教学与普遍化应用。研究表明，作为信息时代的新型课程形态，微课程的系统化设计汲取了建构主义学习理论、混合式学习理论、联通主义学习观、具身认知理论的最新成果，具有坚实的理论基础。从属性上分析，微课程虽然具备短、小、精、活等外在表征，但在属性上它仍然是“课程”，遵循一般课程的运作规律，具有一般课程的设计、开发、实施与评价等要素。因此，课程属性是微课程的首要属性。基于课程属性，依托首要教学原理提供的分析框架，微课程的设计可以围绕：激活——创设情境、温故知新，展示——导而弗牵、聚焦新知，应用——巩固提升、学以致用，整合——拓展思维、整合方法这四个维度展开。与此同时，导源于现代技术的融入、时空环境的转换与

① 周加仙. 为了每位学生的发展：基于脑与认知科学的通用教学设计［J］. 全球教育展望，2010（1）：15-20.

教学方式的变革，微课程设计还有着传统课程设计通常不具备的技术属性：体量上的微型化、结构上的半开放、内容上的序列化、实施上的混合式以及审美上的体验性。有鉴于此，契合课程属性与技术属性的双重要求，微课程的设计应当充分发挥技术、媒介与网络的优势，充分彰显学生的主体性、内容的精微性、活动的趣味性、结构的整体性。概而言之，围绕对微课程理论基础、本质属性、设计原则的分析，基于对当前微课程设计有效经验、薄弱环节、改进方向的检视，笔者认为，微课程的系统化设计是一个创意不断涌现过程。它不只是微视频设计，还包括课件设计、脚本设计、图文设计、交互设计等；也不只是围绕某一知识点孤立地设计一节微课程，还包括一系列微课程的专题化、模块化、关联化、序列化设计。因此，只有从整体上思考：为什么设计微课程，从内容上考量聚焦哪些知识点，从技术上营造什么样的认知环境、从应用上建构什么样的教学模式，才能保证微课程设计的系统化与高品质，以及微课程教学的常态化与生命力。

第七章　微课程教学法建构

综观百年教育史，教学法可以说是一个边界模糊、常遭滥用的概念。有研究表明，在民国初期以前，“教授法”之称谓长期存在，1918年陶行知首倡将之改为“教学法”，嗣后这一更名被广泛接受并长期沿用。①凡依据实验而得之原理，以教儿童学习各种学科之方法，谓之“各科教学法”或“教学法各论”。而讨论教学上一般的原则，为各科教学所共通适用者，谓之“教学法概论”或“教学法通论”。②教学法亦称教学论，是阐述各学科通用的一般教学原理和方法。③有学者指出，更名为“教学法”事实上它仍是“教授法”，涉及的只是“教师如何‘教’的问题”；“教学法”之“法”指的是教学的“当然法则”，即“作为价值观念凝结用以指导实践的原则”，而不应将之误解为教学的“方法”；④如今广为流传的“教学法”，缺乏教学法本应自具的普适性，实为个人的特色经验或实践心得，这部分地造成了“现在的教学离教学法渐行渐远”之窘境。⑤有论者从比较教学论的视角，考辨了中外“教学法”与“教学论”关系的嬗变历程，⑥指出二者之所以在我国混为一谈，不只是这两个术语在语境和翻译上存在歧义，更主要的原因是

---

① 章小谦，李屏．改“教授法”为“教学法”考［J］．华东师范大学学报（教育科学版），2005（2）：87-95.

② 陈桂生．普通教育学纲要［M］．上海：华东师范大学出版社，2009：192.

③ 顾明远．教育大辞典（增订合编本）［M］．上海：上海教育出版社，1998：713.

④ 陈桂生．教学法的命运［J］．全球教育展望，2007（4）：18-21.

⑤ 陈桂生，胡惠闵，黄向阳．关于“教学法问题”的讨论［J］．上海教育科研，2014（6）：30-33.

⑥ 丁邦平．“教学论”与“教学法”的关系探析——（跨文化）比较教学论的视角［J］．教育学报，2015（5）：53-64.

在概念、话语与理论等方面存在差异。概而言之，不辨概念源头、话语体系杂糅、疏于本土建构是我国教学法命运多舛、日渐式微的重要肇因。

基于前述，笔者秉持立足实践、博采众长、和而不同、综合建构的方法论思想，把教学法理解为一种作为现代教育价值观念凝结用以指导教与学实践的原则，即认为教学法是联结与贯通教与学理论与实践的中介，它既是教与学理论解释与指导实践的规则体系，也是教与学实践证明或检视理论的行动过程，因而具有理论性、普适性、综合性、实践性和策略性。就本书讨论的主题而言，众所周知，迈入新世纪以来，伴随信息、媒介与数字等技术的狂飙突进，我国课程改革的广度与深度日益加强、策略与取向不断调整，信息技术与课程教学的关系由辅助、嵌入加速向整合、融合转变。特别是具有短小精活、主题突出，适切翻转教学、混合学习等特质的微课程①的异域袭来，在观念上激发了人们对时间与知识的碎片化、空间与情境的虚拟化、教学与学习的个性化、技术与资源的智能化等要素重组与结构再造的课程想象，在实践中引发了教育系统包括知识形态、课程载体、传播渠道、呈现方式与教学结构等在内的课程生态的连锁式变革。②笔者以为，基于翻转课堂的微课程教学法正是这一变革的突出成果，它根植于微课程应用与翻转课堂实验土壤，融生于翻转课堂与微课程的交汇合流与功能耦合，洞鉴了信息技术与课堂教学深度融合的序幕与前景。

---

① 笔者曾撰文指出，较之资源属性的微课、微视频，微课程最突出的特质是它具有课程属性，即在内容上既包括静态的教学资源，也包括动态的课程实施；在结构上既包括课前教师的知识阐释、自学指导环节，也包括课上学生的质疑论辩、意义建构过程。以此观之，时下广泛流行的微课或微视频只是微课程用以知识讲解的主要载体。具体可参阅：余宏亮. 微课程意涵三重判读［J］. 课程·教材·教法，2015（5）：35-42.

② 余宏亮. 微课程视界中知识样态的时代表征［J］. 教育学报，2016（1）：29-35.

一、微课程教学法的萌生背景：来自美国翻转课堂实验的启示

总体上讲，在世界范围内，信息技术与课程教学的融合具有“实践先行、理论滞后”的特点。当然，基于翻转课堂的微课程教学法亦不例外。回溯其源头，两个经典的范例可以佐证：一个是美国乔纳森·博格曼（Jonathan Bergmann）和亚伦·萨姆斯（Aaron Sams）的实验，一个是萨尔曼·可汗（Salman Khan）的实验。前者的动因源于长期的实践观察：学生在家完成作业时因教师不在身边而时常陷入困境，而课堂上教师传递的大部分知识学生通常经过自学亦能学会；后者的动力在于可汗远程辅导其表亲所产生的实验灵感：通过信息技术为学生在家自主学习提供个性化辅导，当学生课堂深化学习遇到困难时教师及时介入展开面对面辅导。透视范例，我们发现，两个实验的理念与做法异曲同工：录制供学生在家学习观看的教学视频，教师通过课堂巡查或软件平台发现“学困生”并及时进行一对一讲解。这即是我们所熟知的把“知识学习在课内，知识内化在课外”颠倒为“知识学习在课外，知识内化在课内”的翻转课堂的表征所在。

我们认为，对翻转课堂理解到此程度只能算是“知其然”，而挖掘其背后的“所以然”能够带来更为深刻的启示。其一，翻转课堂所翻转的是传统课堂的教学结构而不是教学流程。在翻转课堂上，教学仍旧遵循从知识学习到知识内化这一流程，翻转的只是二者实施的时空，因此依然符合人类的基本认知规律。其二，翻转课堂的典型做法是录制多样化的教学视频。伯格曼和萨姆斯采用 PPT 讲解的方法录制，而可汗则采用写字板边写边讲的方法。前者通过课堂巡查发现需要帮助的学生，而后者则让教师通过学习管理平台和课堂巡查发现需要帮助的学生。比较而言，可汗式讲解及其学习管理模式采用了大数据思维，更能充分

发挥信息技术的优势。其三，翻转课堂为提升学习效能提供了人性化学习依据。这包括两个方面：一是让学生按照自己的节奏与方式学习，在家观看视频时，不同学生学习的时间可以因人而异，这能够保证每个学生顺利进入各自的“最近发展区”；二是教师及时给予学生一对一个性化指导，通过清除他们在原有基础上继续学习并掌握新的学习内容时所遇到的障碍，这能够跳脱传统班级授课模式中优秀生“吃不饱”、学困生“吃不了”这一困局，并有效避免随着概念增多、问题累积、困惑叠加不断催生学业失败者这一难以逆转的情形。也正是在此意义上，比尔·盖茨（Bill Gates）认为，翻转课堂预见了教育的未来。①

二、微课程教学法的本土酝酿：基于国内翻转课堂实践的探索

通常认为，翻转课堂是 21 世纪初期创生于美国而后传播到我国并掀起实验热潮的。但透视国内，20 世纪 80 年代迄今，一些勇于创新的教改实验业已探索了“类翻转”“真翻转”和“半翻转”模式。正是基于这些鲜活的实践探索，同时汲取国外教学实验的精神要旨，本土化的微课程教学法才得以孕育与萌生。

（一）发轫于 20 世纪 80 年代江苏木渎高中“任务驱动、问题导向”的类翻转实验

该模式以“整体把握、细节分析”为基本思路，要求教师把教学的重点、难点及一般知识点转化为问题，在上一节课结束时布置给学生回

① 萨尔曼·可汗. 用视频再造教育［EB/OL］. http://v.163.com/movie/2011/7/C/6/M77ESEJF8M77ESRDC6.html.

家预习，同时精心设计课堂拓展的主题与活动；要求学生整体把握教学内容的主要结构，借助教师提供的学习支架展开“结构化思考”与“自主性学习”；进入课堂教学环节，教师根据学生预习情况配置“交流学习成果”任务，集中时间测评、培养学生分析与解决问题、自主与探究学习的能力。①不难看出，此种模式与翻转课堂“知识学习在课外，知识内化在课堂”颇为类似。笔者以为，如果说江苏省苏州市木渎高中创建的木渎模式因缺失时下以微课程为资源载体的技术介入，尚不能将之称为真正的翻转课堂的话，那么，它翻转了知识学习与知识内化的时空结构，至少可以算得上是“类翻转”。

（二）起步于21世纪初几乎与美国同步的重庆聚奎中学“四步五环”的真翻转实验

受美国翻转课堂实施成效的激励与启发，本着用现代技术帮助学生个性化学习的理念与设想，2011年重庆市聚奎中学新建视频与学习管理平台，为学生配备学习终端，随机选取高一年级两个实验班，对语数外等八门学科实施翻转实验，由此创生了“课前四步”与“课后五环”的翻转课堂模式。②其中，“课前四步”即教师集体研制下周所有学科的导学案，根据教与学的目标与差异来创制微课程，指导学生课前学习与自测并将待解问题上传平台，教师通过软件平台研判学情并据此调整教学策略四个步骤；“课堂五环”即具体实施翻转课堂的合作探究、释疑拓展、练习巩固、自主纠错及反思总结五个环节。实验结果表明，此种模式实现了从关注知识传授向关注学生发展、从怎样教教材向

① 金陵. 翻转课堂与微课程教学法［M］. 北京：北京师范大学出版社，2015：41-46.

② 重庆聚奎中学：翻转课堂突围记［EB/OL］. http://blog.sina.com.cn/s/blog_7f1799a20101j2nr.html.

怎样用教材教、从注重教向注重学、从传统式教学向新理念教学四个转变，突显了注重学习过程个性化指导、学生新思维方式培养、学生自主学习能力培养、学生合作探究精神培养等新的教学理念，同时整体提升了学校管理的信息化水平，有效砥砺了师生教学的信息化素养。不难看出，较之前述的“类翻转”，该模式引入了导学案、微课程与软件平台，把美国翻转课堂的精要与本校教改实践的需要熔于一炉。笔者以为，这可以称为具有本土特色、形神兼备的“真翻转”。

（三）开始于2008年山西省新绛中学实施的“问题解决式学案课堂”的半翻转实验

该模式由化解生源危机、变革课堂教学的内生动力所激发，在克服班级授课制弊端的创意中生成。①众所周知，传统班级授课制是在完成教师“教”的任务而非完成学生“学”的任务，在教师的控制性实现的同时，学生的主体性饱受压抑，学生主要是作为学习的“旁观者”，他们身陷分数至上与应试升学的泥淖之中，无暇也无意体验学习的乐趣；同时，由此引发的择校与生源竞争也使得校长与教师无法潜心思考教与学的意义。②针对这些弊端，山西省新绛中学创设了下午晚上“自主课”与次日上午“展示课”两种课型，并在此基础上创设了独具特色的“问题解决式学案课堂”。在“自主课”上，学生在教师研发的导学案指导下，带着问题开展有“法”可依的自学，撰写包括次日展示学习成果内容的学习报告，填写有待其他小组或任课教师帮助解决问题的互动卡；教师的主要任务是走下讲台巡视发现问题，及时给予小组或个人

① 金陵. 翻转课堂与微课程教学法［M］. 北京：北京师范大学出版社，2015：41-46.
② 宁致义. 山西省新绛中学半天授课制的不同［EB/OL］. http://edu.sina.com.cn/zxx/2011-10-17/1626315621.shtml.

适当的指导，定时验收学习报告与问题互动卡。“展示课”包括两个环节：一是解决互动卡上的问题，方式是让没有提出问题的小组或个人帮助解决其他小组或个人提出的问题；二是展示自主学习的成果，即要求学生展示解决问题的思路、观点、方法与过程，而不只是简单地呈现学习结果或者回答问题。在这一过程中，教师的任务是观察、倾听、记录、点评，引导学生把想要或难以说出的想法表达出来。除此之外，“问题解决式学案课堂”还辅以“反思课”和“训练课”两种课型，以作为“自主课”和“展示课”的延伸与补充。“反思课”要求学生每学完一个模块写一份总结反思、查缺补漏、得失感悟的报告，以便教师检查验收、进行个别指导并据此开展自我反思、优化教学策略。“训练课”是在学生学完一个内容模块时，安排一次训练以检测学生的学习效果，而后利用一课时对训练情况加以展示。案例分析表明，这种“问题解决式学案课堂”与翻转课堂的做法亦是殊途同归。它虽未冠以“翻转课堂”之名，也没有录制微课程作为学生自主学习的配套资源，但是它通过富有创意的四课型课堂，把学生半天的课前学习安排在有教师在场的校内，既在教学结构上与美国模式的翻转课堂基本一致，又因校制宜地创生了变式的“半翻转”课堂。

概而言之，国内翻转课堂的本土化探索，在形式上虽有“类翻转”“真翻转”“半翻转”之别，但实质上，它们无不是源于内部驱动、追求卓越的草根式创新，无不是围绕课堂教学结构翻转、课程实施流程再造的个性化创新，无不是尊重教师教的主导性、学生学的主体性的松绑式创新。自不待言，这些草根式、个性化和松绑式的创新，固然为实验学校带来了纵向的质量提升乃至横向的辐射效应，甚至为我国的课堂教学改革探寻了可能的创新路向。然而，在信息技术与课程教学深度融合的当下，一种富有时代性与生命力的教学法，必然包含着普适性的规则与结构、蕴藏着规律性的原理与方法，时代在呼唤一种能够普遍化应用的新的教学法范式。笔者以为，建构基于翻转课堂的微课程教学法肩负着这样的使命。

三、微课程教学法的实践创生：翻转课堂与微课程的功能耦合

基于翻转课堂的微课程教学法的构想与创生，并不是脱生于书斋式的理论思辨与坐而论道，而是源于中美翻转课堂实验的经验贯通与实践升华。

（一）源于中美翻转课堂教学实验比较分析的启示

对比分析中美翻转课堂教学实验，可以从教改动因、教学结构、教学方式、技术应用等方面，为我国微课程教学法的本土化建构提供有益的启示。其一，从教改动因上看，美国林地公园高中的动力来自“帮助学生解决在家作业时遇到的困难”，洛斯拉图斯学区的想法是“让学生按照自己的步骤学习”“教师对学生开展一对一指导”；国内江苏木渎高中旨在“改进学生学习能力，提升学校高考成绩”，重庆聚奎中学追求“培养学生核心竞争力，实现学校特色化办学”，山西新绛中学志在“改革课堂教学，改善生源状况”。本质上它们的实验动机均与提高教育教学质量相关。其二，从教学结构上看，五个样本实验有一个共同的也是根本的特征：课前先行开展知识学习、课堂随之进行知识内化。较之传统的课堂教学，这也就翻转了教与学的时空结构，所不同的只是在具体的形式上各富个性而已。比如，课前学习有的放在家里、有的放在校内，课堂互动有的分组合作、有的随机安排，等等。其三，从教学方

式上看，在中美翻转课堂实验中，教师把控的“教”均不再是课堂的核心环节，学生自主的“学”已成为教学的关键所在，学为中心、学主教辅已成为翻转课堂的新理念。需要指出的是，国内三所实验学校均结合自身实际，创造性地为学生的学提供了诸如导学案、任务单、互动卡之类的“脚手架”，其功能在于实现“任务驱动”与“问题导向”的自主学习。其四，从技术应用上看，五个实验样本之间的差异最大，美国洛斯拉图斯学区与重庆聚奎中学均采取在线观看微课程，且通过技术平台完成学习预测，特别是前者还借助了大数据分析与知识地图导航功能，学生在知识学习过程中体验到了人性化的技术与智能化的帮助。而美国林地高中虽也提供教学视频，但没有学习管理技术平台；山西新绛中学只是在教室里提供可用于在线检索资源的电脑终端而已；至于早期开展翻转课堂实验的江苏木渎中学，几乎没有借助信息化的技术。系统的考察与分析表明：翻转课堂实验的动力源自提高教学质量的内部驱动，核心在于翻转传统的教学结构，方式重在突出学生的自主合作，而是否借助现代化的教育技术，或者说融入信息技术的翻转课堂是否更有优势，新近的教研成果已给出肯定回答，当然这还有待系统的实验检测与深入的实践检证。

（二）基于翻转课堂的微课程教学法的突破性改进

透视我国历次教学改革，“乐观主义者”的阔步前行总是在解除“保守主义者”的焦虑羁绊之后而加快步伐的。不可否认，基于翻转课堂的微课程教学法的建构与推展亦是如此，其间也走过了克服怀疑观望、创新思维方式、逐个击破瓶颈等突破性改进的历程。在美国翻转课堂传入我国以后、国内翻转实验风声鹊起之时，广大教师随即陷入了强烈的尝试欲望与现实的担心焦虑的纠结之中：放手让学生课前自主学习行不行？教师会不会自主录制微课程？翻转后的课堂如何教？针对这些问题，理论界与实践界经过不懈探索，逐步找到了破解之道：一方面，引导教师把教学思维“从教的角度”转换到“从学的角度”，以“任务驱动”与“问题导向”为原则，在集体备课时设计自主学习“任务单”或“导学案”，为学生课前自主学习提供“脚手架”。另一方面，针对教师担心不会录制微课程，研究者一改过去动手示范操作的方式，变为现场指导新手教师独立录制微课程，有效消解了观摩教师的畏难情绪，点燃了他们尝试翻转的创新欲望。再一方面，针对翻转后的课堂如何教问题，江苏昆山朝阳小学、培本实验小学相继尝试“任务单”翻转、“任务单+微课程”组合翻转，安排学生在家学习知识，课上通过检测、练习、合作、展示等环节来实现知识内化与能力拓展，取得了“新授课如同复习课”般的效果，验证了学生借助“任务单”或“导学案”能够自主学习的预设。在此基础上，山东昌乐一中的常态翻转博采众长、集成创新，较为系统地呈现了基于翻转课堂的微课程教学法的原型或概貌。该校依托基于现代技术的云平台，翻转之前组织教师、学生、家长接受系列培训，晚间自修时间组织学生阅读材料、观看视频、协作自学，次日课堂上开展自学检测、进阶作业、分组展示、全班质疑、释疑解惑，从而生成了翻转课堂“自学—展示—质疑—阐释”的流程范式。

（三）成于翻转课堂与微课程功能耦合的结构再造

微课程教学法是翻转课堂的本土化实验与微课程的普遍化应用交汇融生的变革传统课堂教学结构的方法论体系。它借助现代的信息、媒体与网络技术，撬动了数百年来未曾打破的教育教学组织架构。作为一种现代教育价值观念凝结用以指导教与学实践的原则与方法，微课程教学法把“单位课时教学活动”划分为课前与课堂两个阶段，将教学要素重整为以“导学案”为代表形式的自主学习脚手架、以“微课程”为主要形态的配套学习资源包、以“导学共在”为关键表征的课堂组织新结构，从而生成了一种“两阶段三要素”教学图式（见图 7-1）。

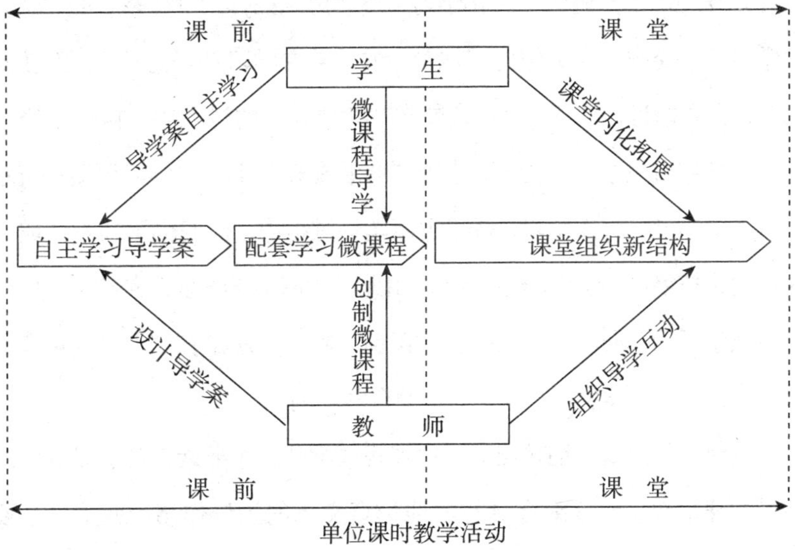

图 7-1 基于翻转课堂的微课程教学法“两阶段三要素”图式

这里，我们分别阐述“单位课时教学活动划分为课前与课堂两个阶段”与“基于翻转课堂的微课程教学法的三个要素”。

首先，把单位课时教学活动划分为课前与课堂两个阶段，对于学生的学与教师的教而言都具有重要的认识论意义。就学生来说，课前的自主学习最需要指导与帮助，而此时“导学案”与“微课程”恰好成了辅导自学的“脚手架”，能够帮助他们达到“精熟学习”（Mastery Learning）①

① 精熟学习，通常认为由美国教育心理学家本杰明·布卢姆（Benjamin Bloom）提出。经过长期的观察、实验与追踪，布卢姆及其团队成员发现，除极少数的超常儿童与低常儿童以外，绝大多数学生在智能与学力方面差异不大，只要给予适切的教学指导与足够的学习时间，几乎所有的学生对所有的内容都能达到精熟的程度。具体可参阅：孟祥增，等. 微课设计与制作的理论与实践［J］. 远程教育杂志，2014（6）：24-32.

程度，进而为课堂内化拓展提供基础与保障。需要指出的是，在这一过程中，原来班级授课制下作为“常量”的“课堂知识传授时间”，如今在翻转课堂模式中变成了“变量”，不同知识基础与学习能力的学生可以自主把握达到精熟学习所用的时间，选择以暂停、后退、快进、重播等方式开展自定步调的个性化学习，进而把以往作为“变量”的“课堂教学目标”变成了当下作为“常量”的“自主学习任务达标”。就教师而言，在课前设计“导学案”、制作“微课程”的过程中，自己不经意间成了学生自主学习的指导者与帮助者；在课堂上开展学习评测、布置进阶作业、组织协作学习、成果展示阐释过程中，他们也不知不觉成了知识内化拓展的设计者与引导者。由此，我们不难发现，在整个“单位课时教学活动”期间，无论是在“课前”阶段，还是在“课堂”环节，教师的“导”与学生的“学”都是融合共在的。

其次，分析基于翻转课堂的微课程教学法三个要素，对于促进信息技术与课堂教学深度融合具有实践论意义上的指导作用。就第一个要素而论，提供以“导学案”为代表形式的自主学习脚手架，无疑在整个“单位课时教学活动”中具有关键的统领作用，它直接决定课前自主学习的内容设置与方法选择，进而规定与自主学习相配套的微课程的设计思路与助学效能，最终影响课堂内化拓展活动的组织方式与调控策略。因此，“导学案”的设计应当遵循系统思考、精准定位、问题导向、任务驱动、结构清晰、便于操作的原则，既要明确自主学习的目标任务，也要提示适切内容的学法建议，既应预告课堂活动的基本流程，还应预设接收反馈的栏目空间，从而引导师生把教学目标转化为学习任务、把知识体系分解为问题模块、把教学活动转变为导学共在的翻转旅程。就第二个要素来说，配送以“微课程”为主要形态的配套学习资源包，无疑是支持学生课前开展个性化自主学习的重要抓手，它既承前匹配导学案所布置的学习重点与达标任务，又接续支撑课堂内化拓展的进阶学习与导学互动。因此，微课程的开发应契合视觉驻留规律、认知负荷理论与儿童学习风格，突出内容的针对性、讲解的趣味性、方法的易用性、思维的启发性与视频的精致性，努力营造一种类似于自然时空中师生一对一辅导的认知情境。就第三个要素来看，再造以“导学共在”为关键表征的课堂组织新结构，是继学生课前采取支架式自主学习取得实效之后，课堂上教师角色深入转向以“导”为主的必然要求。以此为契机，内化知识、拓展能力也就成了课堂教学活动的核心价值，而接下来在课堂导学活动中推展的学习检测、进阶作业、合作探究、展示释疑四环节恰是加强内化、实现拓展的有效方式，这有助于实现皮亚杰（Jean Piaget）意义上的“同化”与“顺应”。诚如皮亚杰所言：“同化是客体对主体的适应，而客体同时丧失自己的特征，相反，顺应是主体过去已经形成的反对客体的适应，并且向新的反应方式过渡”。[①]以此类比，通过学习检测、进阶作业，实现新知内化，达到精熟学习，也即是“同化”；通过合作探究、展示释疑，实现能力拓展，化育综合素养，此乃是“顺应”。

概而言之，基于翻转课堂的微课程教学法是在把“单位课时教学活动”划分为课前与课堂两个阶段的基础上，对课前自主学习的“导学案”、配套自主学习的“微课程”、课堂导学组织的“新结构”三大要素，按照学为中心的理念、精熟学习的理论、支架学习的方法加以系统化，旨在翻转教学结构、变革教学方式、重构教师角色、提升教学效能的课程实施系统。从本质上说，它刷新了传统教与学的理念，重组了传统教与学的要素，翻转了传统教与学的结构，生成了一种体现人性化精

① 奥布霍娃. 皮亚杰的概念：赞成与反对［M］. 史民德，译. 北京：商务印书馆，1988：33.

熟学习的新理论，展现了一种高技术支撑自主学习的新方式，提供了一种信息化助力深度学习的新路向。

四、微课程教学法的实践价值：借助技术翻转传统教学的省思

不可否认，基于翻转课堂的微课程教学法的生成，是当下信息、网络、媒体技术融合发展并挺进课程教学腹地的集成创新成果，是风靡全球的翻转课堂、微课程与学为中心教学理念汇聚耦合的实践创新成果。这种微课程与翻转课堂相结合的教学范式一经形成，很快受到了国内学者与教师的普遍青睐与创新应用。北京大学汪琼教授团队开发了“翻转课堂教学法”网络课程，深圳南山实验学校、上海谷美高中、温州第二中学、青岛实验中学等相继开展了各富特色的翻转实验。一时间，微课程教学法的应用呈现井喷之势。面对此景，有学者撰文指出，较之以往流行的信息技术手段，此种教学范式之所以广受热捧，是因为它技术易用、教学有用、教师想用。①有论者尝试归因，认为这是由信息技术改变了传统教学结构中教师、学生、内容与教学媒介等要素所致。②这里，笔者超越对“实用”的通俗理解、透过对“要素”的结构分析，认为本质原因在于：搭载了现代技术的微课程教学法革新的不只是教与学的结构与要素，从更广泛的意义上讲，它引发了恒久未易的教与学时空、关系与情境的连锁式变革。

---

① 祝智庭，雷云鹏．翻转课堂2.0：走向创造驱动的智慧学习［J］．电化教育研究，2016（3）：5-6.

② 何克抗．如何实现信息技术与教育的“深度融合”［J］．课程・教材・教法，2014（2）：58-63.

（一）教与学时空的分化与重组

时空既是人类自身存在的维度，又是人类认识世界的坐标。社会科学对时空观念的探讨更多关注主体的生存体验与生活方式，一般将之划分为物理时空、社会时空与虚拟时空。所谓物理时空，又可称作现实时空，是我们存身于此、可观可感的空间实体与时间流变。至于社会时空，它由社会时间与社会空间构成，前者又叫真实时间或历史时间，是“各个群体社会生活的节奏本身”，要求依据特定群体的社会生活对时间进行度量；而后者则是“基于人类生活经验所形成的心理空间”。故而，社会时空是基于人类经验建构的真实时间与心理空间的合而为一。而虚拟时空则是人类进入信息时代，基于网络、媒介与数字技术而创生的一种新型时空，它具有无边界、重体验、富个性等诸多特征。①笔者以为，就微课程教学法的运作时空而言，由于现代高技术的介入，原本作为不以人的意志为转移的客观存在的自然时空业已发生了分化与重组：课外学案导学、线上视频助学、课堂合作研学为我们展现了移步换景、情境联结、统合增效的时空谱系。

首先，就课外学案导学而言，学生所处的本质上是一种物理时空，他们环顾由自处其中、触手可及的周遭环境与自控节律、悄然绵延的自学时间构成的时空坐标发现，教师已抽身离去，知识学习成了孤独的攻坚克难之役，迎面而来的问题在过去通常会将他席卷裹挟其中，继而携载漂流到具有不确定性的未来；而如今学生有了以“导学案”为代表形式的自主学习脚手架，有了以“微课程”为主要形态的配套学习资源包，早前孤独无助、任意漂流的情形业已逆转，自主学习变成了有目标导引、问题驱动、重点讲解、方法点拨、技术支持，并且可以自设秩

---

① 石耀华，余宏亮．论微课程的时空属性及其教学意蕴［J］．远程教育杂志，2016（1）：49-55.

序、自选学科、自定步调、自我检测、自行纠错的乐学善思之旅。在此过程中，教师的“离身指导”并未因为他们的“身体缺席”而降低效能。

其次，就线上视频助学来说，学生所处的本质上是一种虚拟时空，在课前自主学习阶段，通常导学案所提供的针对单位课时教学活动中需要自学掌握的知识点，教师都会配套提供以视频为主要载体的微课程，以便学生通过网络在线观看。这种人机一对一的视频学习，本质上是学生置身于虚拟时空之中的新型认知，较之物理时空中教师离场的支架式学习，师生在此种时空中的相遇类似于真实场境中面对面的辅导，因此具有了“虚拟现实”的意味。尤为可贵的是，面对以视频为呈现形式的微课程，学生根据自身的知识基础、认知能力与理解水平，可以让教师暂停讲、退回讲、跳跃讲、反复讲，而不受现实中教师时间、精力与意愿之所限，从而使不同学生在课前具备大致相同的自学成效并增强积极参与后续学习的课堂自信。而这一切，皆拜技术所赐。

最后，就课堂合作研学来看，师生所处的本质上是一种社会时空，在传统的班级授课模式下，身处其中的学生的社会化进程在那里得以开启，而教师则是自上而下地传递官方知识并维系制度化课堂秩序的执行者。在这种法定化、齐一化的社会时空里，课时就是教的活动节奏本身，是依据既定教学目标切割的计时单位；课堂就是师传生受的空间实体，也是师生差序格局产生的心理空间。与之不同，在微课程教学法翻转之后的课堂这一社会时空里，教的节奏依据学的成效而定，甚至传统意义上的“教”已悄然隐退，取而代之的是生“学”师“导”；课堂充盈着尊重、包容、个性与民主，随之变成了即时诊断、质疑问难、答疑解惑、转识成智、化智为能的舞台，时常能够演绎未曾预约的精彩。而这一切，均源自时空重组。

（二）教与学关系的返璞与归真

长期以来，受苏联教育家凯洛夫所主编的《教育学》影响，关于教与学的本质与关系，国内学术界主要有“特殊认识说”“特殊交往说”“特殊实践说”等几种看法，代表性的观点包括“教学是教师教、学生学的统一活动”“教学是教的人指导学的人进行的学习活动”“教学是以课程内容为中介的师生双方教和学的共同活动”等。①这些观点都强调“教学是‘教师教’与‘学生学’构成的双边活动，是教与学的统一”，也都是“在‘课堂’的范围内讨论教学”。②这一方面启发我们，教与学是同一活动的两个方面，二者是相伴相生或相对而成的关系；另一方面也潜隐着“以一个方面否定另一方面”或“把两个方面合而为一”来加以研究的不良倾向。回首检视，理论界绵延已久的“教师主体论”“双主体论”“主导主体论”之间的聚讼纷争皆导源于此。然而，转到喧嚣的背后，我们发现，无论在上述哪一种“论”中，教师始终都是教与学活动的操控者，学生所谓的“主体性”只不过是研究者或教授者单方面的抒情或臆想，现实中鲜有可靠的机制、模式、技术与方法来加以保障，因而他们旺盛的“主动性”只能长期封装在“制度化”的时空与“驯顺性”的身体里。有鉴于此，笔者认为，时代需要新的论述与契机来解放学生的“主体性”。

事实上，基于翻转课堂的微课程教学法不负众望。作为一种现代技术挺进学校教育核心地带的教学范式，它分化并重组了班级授课制格局中教与学的时空，为我们洞察技术融贯其中的教与学关系提供了新的思考方式与观察视角。就此种教学法创设的三个时空而言，教师的“教”已悄然隐退，取而代之的是因“学”利“导”、循循善诱；学生

---

① 裴娣娜. 现代教学论：第1卷［M］. 北京：人民教育出版社，2005：63-66.

② 陈佑清. 教学论新编［M］. 北京：人民教育出版社，2011：4.

的“学”已自信走向前台，可观可感的是“导”“学”共在、合作探究。而就在此境，传统教学认识论所抱持的“教为中心”“以教定学”“教主学辅”“以教评学”等观念发生了逆转，“学为中心”“因学设导”“导学共在”“以学论教”等事实催生了新的教学翻转观。伴随这种理念与行动的翻转，教与学的关系也走上了返璞归真的道路。众所周知，从词源学上讲，英文中的“education”由动词形式的拉丁文“educĕre”转换而来，其前缀“e”有“出”的意思，词根“educĕre”意为“引导”，故而“education”的本义即为“引出”“导引”。①回到基于翻转课堂的微课程教学法的视界，我们不难发现，无论是学生根据导学案开展的支架式学习，抑或是他们在线观看作为配套资源的微课程，还是师生相约课堂的内化拓展活动，学生均是自主学习、协作学习、探究学习的主体，而教师则转型为学习活动的设计者、组织者、指导者、帮助者与促进者。至此，传统意义上的“教师”“讲师”“演员”，变成了当下的“导师”“教练”“导演”。或许，古希腊先贤苏格拉底（Socrates）躬身践行的“助产术”与我国至圣先师孔子率先垂范的“善诱法”之精髓就在这里。因此，我们有理由相信：“教育与学习本质上是认识和实践统一的活动，教育是教育实践者指导学习者的一种指导学习活动”②，“教育的本质是指导学习，指导即教，学习即学，指导学习就是教学”③。

（三）教与学情境的创设与整合

近百年来，针对传统教育注重单向传递、片面强调概念性知识，教

① 王美君. 中西方教育的差异——从词源学视角进行的分析［J］. 中国石油大学胜利学院学报，2012（2）：65.

② 郝文武. 教育：主体间的指导学习——学习化社会的教育本质新概念［J］. 教育研究，2002（3）：14-18.

③ 张立昌，郝文武. 教学哲学［M］. 北京：中国社会科学出版社，2009：34.

学过程去生活化、去情境化、知行分离所造成的低速低效、知识惰化、技能薄弱与学业失败等问题，哲学、社会学、心理学、人类学、脑科学、生态学等众多学科的研究者，聚焦“人类如何学习”这一命题展开了长时期、多视角与跨学科的探讨，相继提出了“学习即个体获得”“学习即情境参与”“学习即知识创造”等学习隐喻，深刻揭示了人类知识、认知、学习的建构性、情境性与创造性本质，进而形成了各具特色的理论学说。①其中，情境学习理论的观点最具包容性与整合性，它在持守“学习的实质是个人参与情境，与他人、环境等相互作用的过程，是形成参与实践活动的能力、提高社会化水平的过程”②这一主张的同时，并不排斥实践人类学派的立场：学习是一个参与情境的过程，是一个基于情境展开的过程，③也欣然接纳认知心理学的观点：学习的实质是获得符号性的表征或结构，并应用这些表征与结构的过程。④进入 21 世纪以来，该理论兼收并蓄了信息技术、脑科学、建构主义新近成果，被广泛用来指导数字化学习设计，力图为学习者搭建合作学习、探索研究、课堂交谈、课后交流的理想平台，让每个学习者建立起知识实践者的积极身份，使学习者不仅学习知识内容，还能正确理解、参与所在团体的实践活动，更多地感受、理解来自不同水平层次成员的思想与情感。开展支架式教学、基于问题的学习、构建学习共同体等都是其经常采用的教学策略。⑤这为我们分析基于翻转课堂的微课程教学法实操过程中教与学的情境创设与整合提供了适切的视角。

---

① 高文. 情境学习与情境认知 [J]. 教育发展研究，2001（8）：30-35.

② Lave, J. & Wenger, E. Situated Learning: Legitimate Peripheral Participation [M]. Cambridge: Cambridge University Press, 1991.

③ 崔允漷，王中男. 学习如何发生：情境学习理论的诠释 [J]. 教育科学研究，2012（7）：31.

④ Gardner, H. The Mind's New Science [M]. NY: Basic Books, 1985.

⑤ 周媛，吴文春. 情境学习观点对数字化学习的启示 [J]. 电化教育研究，2008（8）：75.

首先，教师课前为学生提供包括学习目标、学法建议、课堂预告、问题征询等在内的自主学习“导学案”这一行为，本质上即是情境学习理论所谓的“支架式教学”策略。情境学习理论倡导：“在学习的关键时刻应为学习者提供必要的指导与搭建‘脚手架’”。①显然，基于翻转课堂的微课程教学法深谙此道，它针对学生自主学习缺乏辅导、目标弥散、方法低效等困难，以教师集体备课、协同教研的方式精心设计“导学案”，通过精准的语言、表单的形式，把教学目标转化为学习目标，把知识体系梳理成知识地图，把重点难点提炼为自学任务，把学习方法转化为思维导图，从而营造出脉络清晰、容易领悟、便于自学的“语言情境”。在此情境中，学生的“学”有了导向、线索与支架，教师的“导”也有了进路、抓手与章法。

其次，教师课前以问题导向、任务驱动为原则为学生录制作为单位课时教学活动配套学习资源的“微课程”这一做法，本质上即是情境学习理论所倡导的“基于问题的学习”。情境认知理论主张：要给学生提供各种机会去建构理解和问题解决的能力。②比如，“利用各种直观的、可操作的具体材料或教具来帮助学生理解概念；或者利用计算机给学生提供具有交互功能的物理环境或模拟情境，使学生对概念、原理等有深层次的理解。”③对此，基于翻转课堂的微课程教学法卓有建树，它借助网络、媒介与信息等现代技术，把图表、画图、挂图、幻灯、图像、动画、音频、视频、链接等配套学习资源熔于一炉，录制旨在帮助

---

① 高文. 情境学习与情境认知［J］. 教育发展研究，2001（8）：34.

② White，B.Y.Thinker Tools：Causal models，Conceptual Change，and Science Education［J］. Cognition and Instruction，1993（10）：1-100.

③ Linn，M.C.The Computer as Learning Partner：Can Computer Tools Teach Science? K. Sheingold，L.G.Roberts，S.M.Malcolm.This Year in School Science 1991：Technology for Teaching and Learning［M］. Washington DC：American As Sociation for the Advancement of Science，1992：23-59.

学生突破重点、难点、考点、疑点、痛点问题的微课程，营造了一种视觉听觉同步、多种感官互动、浸入问题情境的“媒体环境”；同时，它还依托数字化教学管理平台，利用行为分析技术与即时反馈功能，为师生远程交互、学情研判、问题诊断、导学一体提供了高效、精准、新颖的解决方案。

最后，师生回到课堂组织的以自学检测、进阶作业、合作探究、展示释疑为主要环节的内化知识与拓展能力系列活动，本质上即是情境学习理论倡导的“构建学习共同体”行动。情境学习理论强调：“学习共同体是一群追求共同目标，一起从事着通过协商的实践活动，分享着共同的信念和理解的个体的集合。”①无疑，基于翻转课堂的微课程教学法据此前行，它基于学生课前自主学习有效、投身课堂内化拓展充满自信这一事实，创新课堂组织，设置进阶任务，鼓励展示成果，组织质疑问难，引导释疑解惑，实际上是在构建共同参与知识探究、分享转识成智信念、追求迁化成能目标的学习共同体，是在营造“主动行动者与世界、活动、意义、认知、学习和知识之间相互依赖关系”的“实践情境”。②在此情境中，学生的身份不断晋升，他们沿着知识旁观者、参与者、示范者、创造者的轨迹前行，从“合法的边缘性参与者”渐次转变为“学习共同体的核心成员”。

概而言之，此种教学法通过创设与整合“语言情境”“媒体情境”“实践情境”，创造性地践履了情境学习理论的实践旨趣，为开启信息时代的翻转教学、混合学习、情境认知提供了新的路向。

至此，基于翻转课堂的微课程教学法的实践价值已渐趋清晰。正如

---

① Beverly Abbey. 网络教育——教学与认知发展新视角［M］. 丁兴富，等，译. 北京：中国轻工业出版社，2003：273-279.

② J. 莱夫，E. 温格. 情景学习：合法的边缘性参与［M］. 王文静，译. 上海：华东师范大学出版社，2004：15.

我们前述且体验到的那样，它引发了传统意义上教与学时空的分化与重组、教与学关系的返璞与归真、教与学情境的创设与整合。也正如笔者曾撰文预判的那样：对任何事物而言，时间与空间、关系与情境都是两对强耦合的存在，但凡导源于时空结构的变化而引发的关系与情境的变化，往往都是较为深刻且难以逆转的变化。回溯历史，自工业革命以来，人类正式的教与学一直被安置在由教室这一封闭的空间与通常以 45 分钟为单元的这一定量的时间构成的时空架构之中进行，教师的教与学生的学二者之间一直处于线性的“上下级”关系状态与生产取向的“一对多”情境之中。在这种教与学“同步互动”的时空架构、师对生“广种薄收”的关系情境没有改变之前，传统的技术未曾也无法彻底撼动既有的教育教学体系与知识授受格局。①而如今，基于翻转课堂的微课程教学法改变了传统的课程知识在物理时空中“共时同步”的教与学范式，正在创生一种在虚拟时空中“历时异步”的翻转模式；同时，由网络时空所营造的“一对一”“情境化”“协商式”的教与学关系也已初露端倪。可以预见，借助现代信息技术的变革，以知识与时间碎片化、空间与情境虚拟化、教学与学习翻转化、技术与资源智能化为特征的微课程教学法的勃兴与应用，必然会在未来的课程教学领域掀起一系列更为深刻的变革。

本章小结

微课程教学法的建构导源于翻转课堂的异域实验与本土创新，它

① 余宏亮. 微课程知识观：背景、表征与动因［J］. 中国教育科学，2016（1）：131-132.

发轫于20世纪80年代江苏木渎高中“任务驱动，问题导向”的类翻转实验，起步于21世纪初期重庆聚奎中学“四步五环”的真翻转实验，开始于2008年山西新绛中学实施的“问题解决式学案课堂”的半翻转实验。在国内，微课程教学法的实践创生，源于中美翻转课堂教学实验比较分析的启示，基于翻转课堂的微课程教学法的突破性改进，成于翻转课堂与微课程功能耦合的结构再造。作为现代教育价值观念凝结用以指导教与学实践的原则与方法，基于翻转课堂的微课程教学法将单位课时教学活动划分为课前学案导学与课堂内化拓展两个阶段，导学方式的一体化、配套资源的视频化、教学结构的翻转化是其实践表征。根据对信息时代知识形态演化、学习理念变革、教学本质新探的深刻把握，基于翻转课堂的微课程教学法彰显了技术变革教学的时代价值：引发了传统教与学时空的分化与重组、教与学关系的返璞与归真、教与学情境的创设与整合。建构并推展基于翻转课堂的微课程教学法，既有益于为信息技术与课程教学深度融合拓展必要的认识论视域，也有益于为微课程的常态化教学提供适切的方法论指导。

第八章　微课程评价的理路

顺应信息技术与课程教学深度融合的时代趋势，微课程在未来课程学习领域中必将有着广泛的生存空间。从理论上来讲，任何形态的课程和学习实践，都必然落实为学习者学习效率的提高、学习效果的优化和学习效益的提升。而如何衡量学习者学习效率的提高、学习效果的优化与学习效益的提升，自然也就涉及课程与学习的评价问题。微课程评价主要包括两个方面：一是对微课程本身的评价，二是基于微课程的学习评价。围绕这两个方面，本章将在分析信息时代课程与学习评价走向的基础上，建构促进学习的微课程评价体系，并探索基于微课程的学习评价路径。

一、信息时代课程与学习的评价走向

从总体上讲，任何形态的课程与学习均应有与之匹配的学习评价。自制度化的学校教育产生以来，可以说凡有学习必有评价，评价本身就是课程与学习系统的有机组成部分。当下，信息技术与课程教学的融合日益走向深入，基于微课程的学习评价业已出现新的动向、正在形成新的范式。

（一）传统课程与学习评价的取向偏差

在前信息时代，主流形态的课程与学习评价理念与评价实践基于工业时代乃至农业时代的社会认知，逐渐形成了标准取向、结果取向和间接取向三种主要评价范式。然而，随着现代技术的发展与教育实践的变革，这些评价范式的针对性与解释力日益衰减，逐渐成了制约课程与学习创新的障碍，同时也从不同层面约束了评价理论与实践的创新。

1. 标准取向

客观地说，评价是基于证据的推理，证据的搜集与推理的展开会不可避免地掺杂主观判断。因此，评价意味着“对事物价值的判断，这类判断有时只依据由测验提供的测量值，更多是综合各种测量、关键性事件、主观印象和其他各种证据”①，它是一个“包含一系列步骤和方法的连续性的系统过程”。在这种语境中，教育评价就是“根据一定的教育价值观或教育目标，运用可行的科学手段，通过系统地搜集信息、分析解释，对教育现象进行价值判断，从而为不断优化教育和教育决策提供依据的过程”②；教学评价是“以教学目标为依据，制定科学的标准，运用一切有效的技术手段，对教学活动的过程及其结果进行测定、衡量，并给以价值判断的过程”；③至于学习评价，顾名思义，它关注的重点是学生的学习，是“以绩效评估为主体、与传统教学评价的有效整合”④，更加注重发挥学生的主体作用，尤为关注学习过程。近代以来，伴随科学主义思潮的裹挟，尤其是 20 世纪前期行为主义心理学的推介，教育教学领域的评价不可避免地陷进了“标准化”的窠臼：“推理过程标准化，强调发展评估过程与技术，严格控制误差，以提高评估

---

① 顾明远. 教育大辞典（增订合编本）[M]. 上海：上海教育出版社，1998：1188.

② 胡中锋. 教育评价学 [M]. 北京：中国人民大学出版社，2016：5.

③ 闫寒冰. 学习过程设计——信息技术与课程整合的视角 [M]. 北京：教育科学出版社，2005：87-88.

④ 祝新华. 促进学习的语文评估：基本理念与策略 [M]. 北京：人民教育出版社，2014：4.

的客观性，在方法上重视事实判断和科学测量”[①]。具体来说，标准取向的标志包括两个方面：一是追求“标准”，即以既定的“尺子”衡量鲜活灵动、千姿百态的学习者及其学习实践；二是追求“量化”，秉承“凡存在即可测量，凡测量即得数据”的原则，将一切评价结果数据化。笔者认为，作为一种评价方式，“标准化”本身无所谓对错，但当我们面对充满个性与灵性的学习者及其动态、鲜活的学习实践时，“标准化”也就暴露了它不可逾越的价值限度。

2. 结果取向

究其实质，学习是一种个性化行为，其过程是内隐的、不可见的，但基于学习活动而产生的主体变化与生长，即通常所谓的“学习结果”，一定程度上则是可观测、可测量的。从宏观上说，评价有两大基本功能：一是发展，二是甄别。但在“考试理性”规约下，评价的“甄别功能”被非理性放大，进而导致“发展功能”被无限度压缩。如此一来，源自既有认知的思维惯习，加上传统评测手段的局限，当前主流形态的课程与学习评价不可避免地专注学习结果，即“关注某一教育教学活动项目告一段落或完成以后，学习者的实际收获，评价目的是了解这项活动达到预期目标的情况以及它的最终效果或效益”[②]，此其一。其二，众所周知，学习者的学习过程不仅仅局限于“认知”，伴随认知过程的还有丰富的情感体验以及人生观、价值观、世界观的养成，而“结果取向”的学习评价往往只关注“认知”，即“学习者学会了何种知识”，至于知识习得过程中的情绪、情感等非认知性因素，则鲜有涉及。然而，在倡导个性化、真实性学习的网络时代，此种评价范式的价

---

① 闫寒冰. 学习过程设计——信息技术与课程整合的视角［M］. 北京：教育科学出版社，2005：87-88.

② 胡中锋. 教育评价学［M］. 北京：中国人民大学出版社，2016：10.

值与功能的负面效应逐渐凸显。

3. 间接取向

从评价形式与评价内容之间的关联程度来看，为了取得“标准取向”与“结果取向”的内在一致，实践中就不得不采取“间接”手段折中处理。换句话说，当前主流形态的评价设计与评价实践均难以直接测查学习者的真实学习结果，只得转而采取纸笔测验，尤其是采取诸如填空与选择等客观题型的“间接”手段，来“推论”学习者的知识掌握与技能习得状况。固然，这种评价方式一定程度上能够探知学习者的学习结果，在课程与学习评价领域以及人才选拔领域所彰显的价值亦不可否认。但是，学习的目的不仅仅在于“记住”某个概念或命题，而在于运用所学知识解决真实情境中的问题。当下，随着新课程改革的深入推进及其对“过程”“方法”“情感”等非知识性因素的强调与重视，尤其是置身于“核心素养”话语背景之中，“学习”的范畴与形式已被大大拓展，以“间接”方式判别、推论学习结果的评价范式将越来越难以适应课程与学习的评价需要。

（二）信息时代课程与学习评价的超越

教育教学系统的演化总是同社会存在的进化相伴相生的，课程与学习评价亦然。随着知识观、教学观、学习观的嬗变更新，课程与学习评价的理论建设必将拓展新领域，实践探索必将增添新内容，这就要求我们积极探求信息时代课程与学习评价的超越之道。笔者认为，这种超越主要表现为以下三个方面。

1. 指向高阶思维，创生理解性评价

在阐释学视界中，人的认识过程实际上是基于主体视域与对象视域融合基础上的意义建构与创生，这个过程即是理解的生发与生成。这里，“生发”指向理解的过程，“生成”指向理解的结果。以此观之，学习不是知识与技能的简单复制，而是基于作为学习主体的学生与作为学习对象的知识二者视域融合之上的意义建构，即理解的发生。作为一种精神能力，抑或作为一种思维活动，理解有不同层次。美国课程专家格兰特·威金斯（Grant Wiggins）和杰伊·麦克泰（Jay McTighe）在《通过设计促进理解》（*Understanding by Design*）一书中把理解分为解释、释义、应用、洞察、移情和自知六个维度，并自浅而深地对不同层次的理解进行了深入细致的阐述。①从层次上看，学习有深浅之分：浅层学习“是一种机械式学习，学习者为了完成任务被动地接受学习内容，信息被看作孤立的、不相关的事实来接受，容易导致表面的、短时的记忆，难以促进对知识与信息的理解和持久保持”②；而深层学习则是“在理解基础上的学习，学习者能够批判地学习新的思想和事实，并将它们融入原有认知结构中，能够在众多思想间进行联系，并能够将已有的知识迁移到新的情境中”③。由此可知，浅层学习指向表层理解，聚焦记忆、复述、解释等低阶思维的训练；与之不同，深层学习指向深层理解，注重推理、判断、分析、综合、评价、创造等高阶思维的锻炼。我们知道，未来的学习强调对学习者深层理解的触发，注重高阶思维的训练与发展。相应地，与之匹配的评价理论与评价实践也要基于学习者学习过程中的意义建构，并能导引这种建构走向深入，即通常所谓的“围绕理解进行评价”“指向高阶思维而评价”。唯有如此，方能挖掘评价之于学习的应然价值，彰显学习之于发展的应有功能。

---

① 何晔，盛群力. 理解的六种维度观——知识理解的新视角［J］. 全球教育展望，2006（7）：27-31.

② 叶晓芸，秦鉴. 论浅层学习与深层学习［J］. 软件导刊，2006（2）：19-21.

③ 何玲，黎加厚. 促进学生深度学习［J］. 计算机教与学，2005（5）：29-30.

2. 立足学习过程，推展个性化评价

不可否认，在制度化的课程与学习设计中，学校场域中的学习本质上是一种目的性行为，学习者的特定学习要指向特定结果——特定知识的习得或特定技能的掌握。于是，课程与学习评价基于教学目标进行，这是长期以来未予深究的问题。比如，“目标取向”的课程与学习评价，其理论基础便在于此。然而，人们逐渐淡忘了另外一个常识——人类学习的天然禀赋具有丰富性与复杂性，基于特定目标的学习设计与学习进程，往往并不必然指向特定结果，即便相同的目标与内容设计，在不同个体的学习实践中所发生的“学习”也是千差万别的，但这并不折损学习对于个体而言的应有价值。比如，几十年来持续风靡的多元智能理论，其解释限度便在于此。概而言之，在忽视过程、悖于常识的评价思维规限之下，“目标取向”的评价设计在实践中也只能陷入成效不彰的境地。作为一种矫正，美国教育家斯克里文（M. Scriven）的“目标游离”评价可视为对“目标取向”评价的纠偏，它“强调学习过程本身的价值，采用量化与质性结合的多样评估方法，对所有重要的学习活动都进行发展性评估，体现评估者与学习者之间的相互交流和理解”①。我们必须承认，不论知识的获得、技能的训练或者情感的养成，其最终目的都在于促进学习者人性的完善、知能的提升与个性的彰显。这种完善、提升和彰显必然要体现为学习结果，即关切“学会了什么”。进而言之，学习的结果也并不是静态的、外显的、可视的实体性存在，它发生于、生成于、弥散于学习的过程之中，故而有效的课程与学习评价必然要回溯学习的过程，即追问“怎么学会的”。有鉴于此，未来取向的学习评价，必然立足于学习过程，重点推展个性化评价。

① 祝新华. 促进学习的语文评估：基本理念与策略［M］. 北京：人民教育出版社，2014：4.

3. 浸入问题情境，迈向表现性评价

就学习的本质而言，学习的终极目的绝不仅是满足于单向度的知识习得，而是在于帮助学习者解决生产生活中的现实问题，其核心是把知识转化为能力。与其说知识与能力是用以表征学习结果的两个静态的侧面，倒不如说知识与能力是真实情境中解决问题的一个连续的整体，二者并不是泾渭分明、单独存在的，而是彼此共生、双向强化的。反观当前，教育系统中的教学实践大多因循工业时代的社会逻辑，采取"圈养"的方式进行批量化的知识生产与传授，以这种实践为基础构筑的评价体系，也就不可避免地背离生产生活的固有逻辑，采取间接方式测查学习结果，由此反推学习者的知识水平与能力倾向，这种评价方式远远不能适应未来社会的需要。在众多关于"能力"的界定中，我们倾向于比利时教育家易克萨维耶·罗日叶的观点：能力是指为了解决某一类问题情境，以内化的方式调动已被整合的一整套资源的可能性。①理想的状态应当是，能力绝非抽象的存在，它必定同具体情境关联，指向真实的问题解决。如此一来，能力指向的学习评价势必走向真实性评价，这就要求改变传统的剥离情境的评价设计。而迈向表现性评价，无疑需要突破纸笔测验等间接推论学习结果的评价倾向，聚焦具体情境中的问题解决。我们认为，浸入问题情境，迈向表现性评价，能够较好地体现评价之于课程学习的应有价值，应当成为未来课程与学习评价的发展方向。

（三）技术之于课程与学习评价的功能

前瞻未来，技术深度融入课程与学习的趋势已不可逆转，作为学习

---

① 易克萨维耶·罗日叶. 整合教学法：教学中的能力和学业获得的整合［M］. 汪凌，译. 上海：华东师范大学出版社，2010：51-57.

系统有机组成部分的评价，也必定多方受惠于技术的迭代更新。梳理既有的成果，结合我们的研究，在未来课程与学习评价的体系建构中，技术的价值至少体现在如下三个方面。

1. 数据记录学习轨迹，支撑学习过程实现可视化

长期以来，学习行为受限于天然禀赋的个性化特质，学习过程这个内隐性“暗箱”对我们来说一直是个未解之谜，这在一定程度上制约了评价的“过程取向”，阻滞了评价“助学功能”的实现。时至当下，以计算机、互联网、大数据为核心的信息技术的引入，不仅颠覆了传统学习的时空存在，而且实现了对学习过程的精准记录，这在一定程度上提供了打开学习过程这个暗箱的钥匙。近些年来，在以精品资源共享课、慕课、私播课、微课程为代表的数字化课程建设过程中，课程建设者逐步尝试从“资源点击量”“登录时长”“点播频率”“讨论话题”等方面捕捉、记录、分析学习者的行为轨迹，努力将大量的行为数据经由量化处理转化为重要的前瞻性信号，并以此信号释放出的教育信息为依据规划课程资源的开发与设计，指导后续的加工与完善。①以这种课程设计为基础开展的学习实践能够精确“量化”。在这种学习形态中，评价者能够面向学习者的学习活动和成长过程，采用适当的策略与方法，获得学习者外显和内隐的行为特征数据，通过分析、干预和学习服务的提供来满足学习者的个性化需求，助力人的全面发展。在技术的深度参与和协同作用下，学习者能够“沉浸式地进入学习过程”，开展“全空间”“多场景”的学习实践，构筑全新的学习方式。②一言以蔽之，借助信息技术的强力支撑，以“数据”为突破口，对学习过程进行量化处理，实

---

① 赵婧. 基于大数据的课程资源建设：趋势、价值及路向［J］. 课程·教材·教法，2015（4）：18-23.

② 刘三女牙，李卿，孙建文，刘智. 量化学习：数字化学习发展前瞻［J］. 教育研究，2016（7）：119-126.

现学习过程的“可视化”，为学习评价的科学化、客观化提供了新的可能。

2. 基于数据精准分析，牵导学习评价走向个性化

我们知道，采集数据不是目的，数据本身是一堆信息的集合，其价值的实现要依赖整合、挖掘等技术进行精准的学习分析，进而为学习者的学习提供及时的反馈与有效的帮扶。关于学习分析，美国高等教育信息化协会将其界定为：使用数据和模型预测学生收获和行为具备处理这些信息的能力。2011 年首届学习分析与知识国际会议认为，它是测量、收集、分析和报告关于学习者及其学习情境的数据，以期了解和优化学习和学习发生的情境。新媒体联盟也认为，学习分析是利用松散耦合的数据收集工具和分析加工工具，研究分析学习者学习参与、学习表现和学习过程的相关数据，进而对课程教学和评价进行实时修正。①在此基础上，有论者指出，学习分析要基于学习数据进行，学习数据从纵向上有“个体层”“课程层”“学校层”“区域层”“国家层”等不同类别；②从横向上有存储基础性教育信息的“基础层”、存储各种教育因素运行信息的“状态层”、存储各种教育教学资源信息的“资源层”、存储用户行为信息的“行为层”等不同类型。③我们可以视具体需要采取聚类、分类、关联、预测、回归模型、因子分析等方法，针对不同类型的学习数据进行深度挖掘，精准定位学习起点，有效推进学习进程。从原则上讲，鉴于学习行为具有个性化特质，评价也应当体现这一特征，实施个性化的、有区别的学习评价，以实现评价的“助学功能”。但是，在传统的学习形态中，由于特定个体特定学习数据的缺失，个性

① 王良周，于卫红. 大数据视角下的学习分析综述 [J]. 中国远程教育，2015 (3)：31-37.
② 杨现民，王榴卉，唐斯斯. 教育大数据的应用模式与政策建议 [J]. 电化教育研究，2015 (9)：54-61.
③ 李馨. 高等教育大数据分析：机遇与挑战 [J]. 开放教育研究，2016 (4)：50-56.

化评价理念很难实施。而今，在技术驱动的学习实践中，我们则可以借助信息技术获取数据记录以打开学习过程这个“暗箱”，既为学习者的个性化学习提供有针对性的帮助，也为深入开展个性化学习评价提供可预见的未来。

3. 发掘即时反馈功能，践行“为学习而评价”理念

反馈对于学习评价的实施不可或缺。反馈概念来自控制论，它是把系统输出量的全部或一部分，经过一定的转换，再送回输入端，从而对系统的输入和再输出施加影响的过程。循此理路，课程教学中的反馈是指在教与学过程中“师生之间、生生之间或师生各自对教学活动的反映”，它是一种“互动性行为”，既包括“教师的行为”，又包括“学生的行为”，学习过程中的信息交流一旦发生，其中任何一次交流都可以看作一次反馈。①在课程教学系统中，教师既是教学信息的传递者，又是反馈信息的接收者，他要依据反馈信息分析、研判教学活动的状态并据此做出必要的修正或调适；学生不是单纯的信息接收者，他要依据教师的反馈信息判断、调适自己的学习状态，同时为教师的教学提供信息，以优化教学生态。在此过程中，“教与学的双方利用相应的教学反馈信息，不断调整各自的行为与方式，有效完成教学任务，达成教学目标”②。而技术支撑的课程与学习更加需要迅捷、有效的学习反馈，评价在此过程中则扮演了非常重要的角色。较之传统课程与教学实践，在融合技术的课程学习体系中，评价与学习过程的结合程度更高（见图 8-1、图 8-2）。③

---

① 郑君. 课堂教学反馈行为类型及其实施原则 [J]. 当代教育科学，2010（6）：40-41.

② 彭豪祥. 有效教学反馈的主要特征 [J]. 中国教育学刊，2009（4）：54-57.

③ 闫寒冰. 学习过程设计——信息技术与课程整合的视角 [M]. 北京：教育科学出版社，2005：87-89.

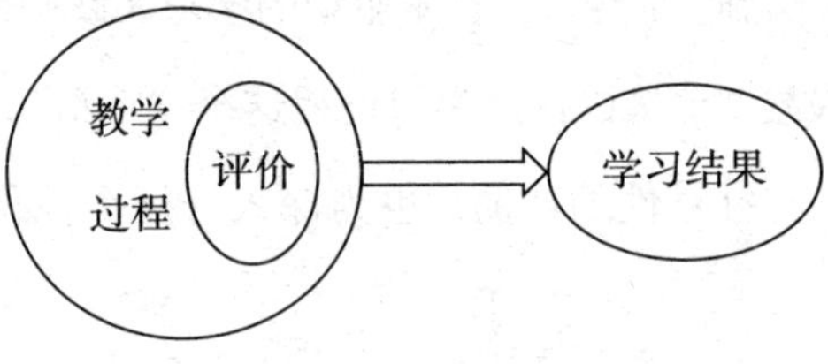

图 8-1　评价在传统教学中的位置

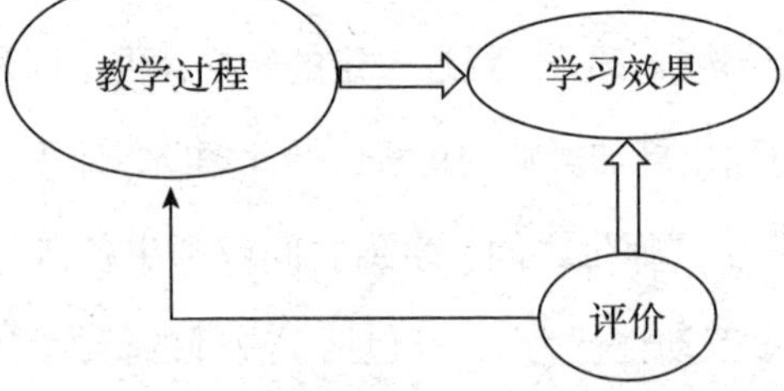

图 8-2　评价在信息化教学中的位置

在这样的环境中，借助技术的数据记录与数据分析，学习者能够从学习系统中得到迅捷、有效的学习反馈，并据此及时调适自己的学习进程与学习状态，使得评价的功能真切地转向学习过程，进而彰显“为学习而评价”这一理念的重要价值。

二、促进学习的微课程评价体系建构

在廓清信息时代课程与学习评价走向的基础上，接下来聚焦“对微课程本身的评价”问题，探讨“好的微课程应该符合哪些标准”，并尝试建构促进学习的微课程评价体系。检视微课程的发展脉络，应该说勃兴于 2010 年前后的微课程，总体上是沿着一线教师自发制作、自行使用的自下而上的“草根模式”以及教育行政管理部门、教育行业企业自上而下的“赛事推动”两种路径而广为人知并普遍应用的。其中，关于微课程本身的评价问题，更多体现为各类赛事的评审标准。综观这些竞赛模式中的微课程评价，虽然操作细则上略有差异，但大体上围绕“教学内容”“教学设计”“课程制作”“教学效果”这些维度进行，基本上遵循“指标提炼—加权赋分—评价实施”这一路径展开。笔者认为，这种路径本身没有什么问题，但对微课程的评价而言，从学理上分析，评价点的提炼、评价方式的选取以及二者的匹配等问题背后的内在机制和规律有待揭示。结合我们的研究，这里尝试从以下几个方面入手建构微课程的评价体系。

（一）技术促进学习：微课程评价的应然定位

审视人类的教育教学活动，从“过程”角度来说，它不仅是师生双方共同完成的特殊实践，而且是以促进人的文化生成为根本目的的师生特殊交往。这一过程涉及人的多种活动，包括教师和学生两类主体的互动与协作，既是以交往为目的的实践，也是以实践为目的的交往。从“功能”角度来看，教育教学是一个“以身体之，以心验之”的真实的生命体验过程，而非工具理性所支配的单纯的经验过程。教育教学的终极追求是“人的生命发展”，人的生命延续与发展需要教育教学，而教育教学是生命存在的形式、生命内在品性、生命自身的需要。从“关系”角度审视，教育教学的本质在“理解”，即“作为理解主体的师生在与理解对象对话过程中，情感、认知和行为方面不断筹划并实现自己生命可能性的过程”①。在这种话语环境中，学习的价值无疑指向“发展”，即“个体凭借经验产生的、按照教育目标要求发生的、比较持久的能力或倾向的变化”。②理论研究表明，学生学习的过程是自主建构

① 张立昌，郝文武．教学哲学［M］．北京：中国社会科学出版社，2011：213-218.
② 皮连生．教育心理学（第三版）［M］．上海：上海教育出版社，2005：31.

的过程，这个过程本身具有创造、发现的特质，体验在学生的学习与发展中起着关键性的作用，这个能动活动的过程本身就包括学生“自主建构”“能动创造”与“生成体验”的成分。①通俗地说，学习指向人的发展，发展意味着意义建构，而不是简单的知识复制与粘贴。

评价不是对立于学习而存在的外在参照，它本身就是学习系统的有机构成，是源于学习、立于学习、指向学习的客观实在。基于这种评价观，倡导“促进学习的评价”的呼声越来越高。“促进学习的评价”区别于“学习的评价”：后者是指通过评等、计分、排名指明学生学习的成绩，或学生之间的相对水平，这种评价“有固定的程序，强调客观、准确，避免在编制试题与评分环节出现主观随意性，把主观因素和随机的干扰降到最低水平”；而前者则是“在教学过程中通过测试、提问、调查，或要求学生建立学习进程档案、参与评估活动等多种评核方式，收集学生学习表现的信息，对教与学提供适当的反馈，促使教师与学生调整教与学的活动，引导学生达到预期的学习目标”，其关键点在于“使用所获得的信息促进学生的学习，寻求可为教师和学生运用的证据并加以解释，从而鉴定学生在学习过程中所处的水平，设计要达到的目标和怎样有效地达到目标的方法”。②也就是说，“促进学习的评价”的关注点不仅在于通过评价设计与证据收集推论、判断学习者“学会了什么”“学得怎么样”，还更加关注通过评价促使学习者“学得更好”。

如前所述，在融合技术的课程学习实践中诞生的微课程首先是“课程”，其设计与实施必然遵循课程学习的一般规律，以“促进学习”为价值追求。技术不是抽象的存在，其本质是“人的延伸”。诚如媒介环境学派大师麦克卢汉所言：“任何媒介施加的最强大的影响，就是改变

---

① 陈佑清. 教学论新编［M］. 北京：人民教育出版社，2011：93.

② 祝新华. 促进学习的语文评估：基本理念与策略［M］. 北京：人民教育出版社，2014：5.

人的关系与活动，使其形态、规模和速度发生变化。”①技术介入课程与学习，实际上改变的是传统教学由教室构成的“封闭空间”与以45分钟为一节课所构筑的“定量时间”组合而成的既有体系。在媒体技术与数字技术介入所营构的微课程的逻辑体系中，“课程内容借助信息网络传播、以富媒体形式呈现、通过智能终端接收，业已改变了传统的课程知识在物理空间中‘共时同步’的教学范式，正在形成一种在虚拟时空中‘历时同步’的传播模式。”②在此体系中，通过信息技术优化资源构成，通过数据分析进行学习定位，最终有效地提升学习的效果，是微课程的应有之义。顺应此种逻辑，对微课程的评价也应当遵循基于学习、促进学习、改善学习的理念而展开。

（二）功能目标指向：微课程评价的三种样态

在体系化的课程学习系统中，目标既是学习的起点，也是学习的归宿，学习活动的开展要针对目标推进，学习结果的测评也要基于目标进行。与此同理，在微课程的评价体系中，目标同样是评价设计与评价实施的起点与归宿。这里，我们首先讨论微课程的功能目标。所谓功能目标，即是宏观层面的课程目标，即“微课程可以实现什么”。在我们看来，从体系建构、指标提炼、加权赋分等方面进行微课程的评价设计与实施，首先必须围绕这个功能目标展开。反观现实，尽管微课程设计的最终目标是指向学习者的学习，但是微课程的评价实践却存在以下三种功能取向。

---

① 马歇尔·麦克卢汉. 理解媒介：论人的延伸［M］. 何道宽，译. 南京：译林出版社，2011：4-5.

② 余宏亮. 微课程知识观：背景、表征与动因［J］. 中国教育科学，2016（1）：127-149.

1. 竞赛取向

应当承认，微课程的勃兴以及对其进行评价，各式各样冠以“微课”“微课程”的竞赛起到了重要推动作用。比如，2014 年 7 月，教育部发文倡导在全国实行“一师一优课、一课一名师”活动，活动方案要求在 2014—2015 年度组织 200 万名名师在国家教育资源公共服务平台“晒课”。统计资料显示，截至 2015 年 10 月，全国共晒出3 022 689 堂课。①其后，《2015 年度教育部信息化工作要点》又对 2015—2016 年度“晒课”做出部署和安排：“‘一师一优课、一课一名师’活动要新增参与教师 200 万名、‘优课’ 3 万堂，使参与教师达到 400 万名、‘优课’达 5 万堂。”在政府部门的引导之下，自 2010 年以来，各级各类微课程评比活动轮番登场，为之服务的评价指标亦是层出不穷。实际上，晒课也好，评比也罢，其本质都是“竞赛”。从词源学上讲，中文语境中的“竞赛”可以指“运动员与运动员之间、艺术家与艺术家之间乃至政党派别之间、国家之间”的竞争和对决。竞赛源于人类“争取胜利、出人头地”的原始欲望，是一种无法克服的人类本性特征，它“比所有对平等的尊重和在平等中获得的快乐更古老、更原始”，但是竞赛必须有自己的“尺度和规则”，这是对人的自然本性的约束、稳定、定型和赋形。②以此观之，当下如火如荼的微课程竞赛，从其内容选择、教学设计、课程制作等方面来说，它虽然以展现并增强“教学性”为初衷，实际上倡导并收获的却是“表演性”，其旨趣在于遵循“优胜劣汰”的竞赛规则，实现“择优激励”的活动目标，尚不能反映或代表教师的日常教学与学生的自主学习。

---

① 陆薇，陈琳. “晒课”促进教师智慧成长研究［J］. 中国电化教育，2015（12）：132-136.

② 朱彦明. 尼采对竞赛的思考及其对体育运动的启示［J］. 体育科学，2014（7）：92-96.

2. 教学取向

如前所述，微课程生命力的绽放必须根植于日常的课堂教学土壤，实际情况也的确如此。在行政引导与赛事推动之下，微课程以其短小精悍的技术特性很快赢得了一线教师的青睐，并逐渐进入一些教师的日常课堂教学。对此，我们称之为“教学取向”的微课程，“教学性”是其最为鲜明的特征。然而，客观地说，此种用途的微课程更多地还是作为主流教学的补充，因此在进行包括目标设定、内容选取、视频制作、人机交互等在内的微课程设计时，秉持的依然是传统的“教为中心”“以教定学”“教主学辅”理念。与此对应，教学取向的微课程评价也就是一种旨在用传统的“以教为主”思维来考量教的效果的评价方式。而实际上，较之传统课程评价秉持的“促进学习的课堂评价=熟练地收集准确的信息+有效地运用信息和程序”①理念，应然的微课程评价则更加关注“学习者中心”“技术表现力”“微目标达成”的落实与成效。因此，其内容设计、媒体呈现、环境营造以及学习效果的改进与提升都应成为评价的主要维度。当前的微课程评价②③尽管朝此方向做了探索，但其秉持的理念依然有悖于微课程应然的价值：其一，用“以教师的教为主”的评价思维遮蔽了“以学生的学为主”的应然追求；其二，对“信息化技术”功能的理解不深，忽视了对人机交互、人知交互与人际交互功能的关注与应用，几乎没有涉及对学习过程的状态诊断与跟踪指导；其三，对“数字化学习”方式的引导缺失，无法回应因技术介入而带来的教学时空、师生关系、学习方式、认知环境的变革，既未彰显

---

① Stiggins, R., Arter, J., Chappuis, J., Chappuis, S. Classroom Assessment for Student Learning: Doing It Right-Using It Well [M]. Portland, OR: ETS Assessment Training Institute. 2006: 27.

② 王岚，张一春. 微课的评价指标体系研究 [J]. 教育现代化，2015 (5): 88.

③ 章青. 对中学生物微课评价的思考与建议 [J]. 中学生物学，2015 (11): 54.

微课程的变革力量，也未切中微课程评价的核心要素。

3. 学习取向

无论是“竞赛取向”，抑或是“教学取向”，微课程设计、应用与评价的应然指向当然是学习者的学习。这里的“学习取向”，更多是指从学习者的学习体验出发，微课程由课程专家、辅导教师乃至学习者自行制作，供学习者自由选择、自定步调、自主学习。目前，此种取向的微课程设计与实施，在成人学习以及企业培训中积累了一些成功的经验。例如，以“微视频”“微课程”为重要载体的电子化学习与慕课，考虑到“培训成本”“培训覆盖率”“个性化学习需求”等方面因素，我国企业很早便开始相关领域的探索。调查数据表明，2008—2012 年，企业电子化学习人次增长 65%，在线学习时长增长 27%。也有研究预测，未来企业电子化学习承担的培训量将占到企业培训总量的 70%。华为公司从 2013 年开始准备实施企业慕课，2014 年 IT 部门自主开发完成慕课平台，截至 2015 年已经开发涵盖客户拜访与沟通、合同管理、前沿技术培训等七门慕课。①对于这种取向的微课程进行评价，重点考虑的应当是学习者使用过程中的“用户体验”，教学内容、教学设计乃至课程制作应当以互联网“用户至上”理念为原则，便于学习者开展自主学习。几乎同时，学习取向的微课程开发与实施在基础教育领域中的探索也逐渐走向深入。近年来，随着“十二五”期间我国“三通两平台”（宽带网络校校通、优质资源班班通、网络学习空间人人通，建设教育资源公共服务平台和教育管理公共服务平台）任务的完成，2014 年教育部等五部门发文提出，要建构利用信息化手段扩大优质教育资源覆盖面的有效机制，以促进教育公平、提高教育质量。在此背景下，信息

① 吴峰，李杰. “互联网+”时代中国成人学习变革［J］. 开放教育研究，2015（5）：112-120.

技术与学科教学的深度融合在基础教育领域快速推进，其中微课程的创新应用便是典型的代表。反观实践，伴随技术的融合发展与教师的理念更新，基于微课程的翻转课堂教学模式日益推广开来，基础教育领域诸如学为中心、混合学习、深度学习、合作学习等学习取向的微课程设计、开发、实施、评价等新理念逐渐为广大师生所关注，虽然这些新理念、新方法、新路径、新范式的成效还有待检验与提升，但毕竟向着值得期待的图景迈出了关键步伐。

（三）聚焦知识内容：微课程评价的核心环节

课程的核心是知识，它要担负起知识的传承与创新等多重功能。在此意义上，课程设计的主要任务实际上就是知识的遴选与整合。换句话说，作为一种新的课程与学习形态，微课程面临的首要任务仍旧是知识加工。如此一来，围绕课程知识与学习内容进行评价设计并予实施，也就成了微课程评价的核心环节。笔者认为，微课程的知识包含两方面内涵：一是核心知识，二是拓展资源。与此对应，评价微课程的知识与学习，就要围绕这两个维度来展开。

1. 核心知识的凝练与整合

在体系化的课程学习实践中，“从形式上看，课程表现为一种知识体系，课程研制的核心内容也就主要表现为对知识的选择与组织，因而，知识是课程的最直接的一级制约因素，而其他因素诸如社会或学生是通过赋予知识以某种价值取向及方法的方式来影响、制约课程的，是以知识为中介的二级制约因素，抛脱了知识，课程就成了无源之水、无本之木”①。当然，这里的“知识”首先是指“核心知识”。一门课教什

① 郝德永. 课程研制方法论［M］. 北京：教育科学出版社，2000：75-76.

么、学什么、目标如何实现、能否实现，最终都要落到核心知识上。在知识的选择与整合中，以往的教育理论更多关注“教学过程中知识的组织问题”，即如何向学生传递择定的知识，而实际的情况是“不同性质的知识必然会导致不同的记忆、欣赏、理解、判断、批判和创造行为，从而影响到个体身心素质，影响到教育社会目的的实现”。因此，现代教育改革的核心问题之一便是“选择什么样的课程知识”。虽然影响知识选择的因素很多，诸如政治因素、经济因素、文化因素、学生身心发展特征等，但是“知识性质”是不可忽视的重要因素。①而今，在信息时代的全球化语境中，知识与学习已被重新定义。联合国教科文组织最新推出的《反思教育：面向“全球共同利益”的理念转变？》研究报告指出，知识可以更广泛地理解为通过学习获得的信息、认识、技能、价值观和态度，它与创造及复制知识的文化、社会、环境和体制背景密不可分。能力是在特定情境中运用这些知识的可能性，而学习就是获得这种知识和能力的过程，可以说，它既是过程，也是这个过程的结果；既是手段，也是目的；既是个人行为，也是集体努力，是由环境决定的多方面存在。从本质上讲，获取何种知识以及为什么、在何时、在何地、如何使用这些知识是个人成长和社会发展的基本问题。②秉持此种知识观与学习观，对微课程核心知识的评价应重点考量以下两个层面的问题。

一方面，在知识性质的厘定与知识目标的预设层面，从目前来看，在认知领域，对知识性质与知识目标的研究，解释力最强的当属修订版的布卢姆的教育目标分类框架（见表 8-1）。该框架吸收了 20 世纪中后

---

① 石中英. 知识转型与教育改革［M］. 北京：教育科学出版社，2001：126-127.

② 联合国教科文组织. 反思教育：面向“全球共同利益”的理念转变？［M］. 联合国教科文组织总部中文科，译.北京：教育科学出版社，2017：8-9.

期以来认知心理学的发展成果，尤其吸收了“陈述性知识”“程序性知识”以及“元认知知识”的分类思想，对微课程的设计开发以及基于微课程的学习与评价有着重要的参考价值。

表 8-1　修订版布卢姆认知目标分类框架①

知识维度	认知过程维度					
	记忆	理解	应用	分析	评价	创造
事实性知识						
概念性知识						
程序性知识						
元认知知识						

参照表 8-1，笔者认为，从原理上说，作为一种新型的课程学习范式，在“知识类型”维度上，微课程有助于事实性知识、概念性知识、程序性知识、元认知知识等不同知识类型的习得与掌握；在“认知过程”维度上，不论是记忆、理解、应用，还是分析、评价、创造，只要设计合理、使用得当，它们同样能够在不同层面促发学习者的学习。其中的关键因素是，在课程设计者整合核心知识并据此开发微课程时，需要准确界定“这种知识属于哪种性质的知识”“学习者需要‘学’到何种程度”等问题。唯其如此，微课程的制作才能纲举目张，对微课程的评价才能有据可依、有章可循。

另一方面，在课程载体整合与知识范畴界定层面上，就微课程的核心构成“微视频”的技术选择来说，目前主要依托屏幕录制软件、摄影摄像并后期制作以及 PowerPoint 软件等不同技术进行开发，涵盖课件演示、教师讲解等不同内容，形式上有文字、图画、视频、音频、动漫

① 洛林·W. 安德森，等. 布卢姆教育目标分类学［M］. 蒋小平，等，译. 北京：外语教学与研究出版社，2009：25.

等多种类型。依据不同技术制作的微视频有不同参数要求，但都以“便于学习”为根本原则。微课程的核心知识就呈现于这些微视频以及与之配套的交互测验、拓展训练以及资源链接之中。因此，针对微课程的知识评价，要系统思考内容、媒体与应用等环节在设计上的衔接性与一致性，特别是应将依托技术融合的课程载体整合与基于网络链接的知识组织方式纳入其中。

2. 拓展资源的遴选与推介

在课程设计过程中，除核心知识外，往往还要对拓展资源加以遴选与推介。从人类知识体系的演化来看，知识不是孤立的存在，它们总是彼此关联，所谓核心知识只是相对而言的，通常是针对特定学习目标做出的界定。在微课程的逻辑体系中，由于借用互联网特有的“链接”机制实现知识的创生、传播与建构，在拓展资源的选取与推送方面尤为便捷。但是，服务于学习活动的特有机制，在微课程中遴选、推送拓展资源时，要基于特定课程学习目标进行，不能无原则地率意而为。

一方面，要坚持必要原则，服务课程学习的核心目标。从当前不同取向的微课程评价来看，大都将“拓展资源”作为重要指标，着意解决“有没有”的问题。宏观地看，不管哪种取向的微课程，其设计与开发总是针对核心知识而言，总有核心地位的学习目标，与此相对的拓展资源要有益于核心知识的精熟掌握，有助于学习目标的有效达成，而不能滥用微课程强大的资源链接优势，过量选取并随意推送拓展资源。因此，关于微课程拓展资源的评价重心应当从“有没有”转向“是否必要”，重点考察它与课程核心知识的关联程度。

另一方面，要坚持精当原则，契合人类学习的认知规律。从原理上说，拓展资源的确大大扩展了学习内容的体量，有益于背景知识的丰富与学习效果的提高。但是，从人类的学习规律来看，过多的信息是学习的灾难。20 世纪 80 年代以来，认知心理学提出的“认知负荷理论”逐渐进入人们的视野。该理论认为，个体从事复杂的知识任务时，由于需要在工作记忆中同时加工多个信息元素，这可能使得容量有限的工作记忆出现超负荷，无法进行有效的信息加工；如果降低每个信息单元所占用的认知资源，就可能使得工作记忆释放出足够的容量来完成认知加工。①有研究表明，对于学习者个体来说，认知负荷主要来自三个方面：一是学习材料的不同性质，二是学习材料的不同呈现方式，三是学习者的已有经验。以此为基础，斯韦尔勒（Sweller）等人将认知负荷分为三类：内在认知负荷，决定于学习材料的难度和个体先验知识，这是无法改变的；外在认知负荷，是学习过程中对学习没有贡献的心理活动引起的，这种负荷对学习者的学习会产生实质意义上的阻碍；关联认知负荷，是指帮助建构图式和图式自动化的符号，这是促进学习者学习的有效认知负荷。②在微课程的设计过程中，拓展资源的选取与推送会触发学习者额外的心理活动，如果处理不当，极易带给学习者额外的认知负担，阻碍核心知识的习得与掌握。这在微课程的知识评价中，同样是不得不予以考虑的重要因素。

（四）研制评价方案：微课程评价的行动指南

客观地说，微课程评价体系建构的关键是评价方案的制定，核心是评价指标的提炼与评价权重的配置。关于微课程的评价指标，有人分析了 2012 年教育部教育信息管理中心主办的首届微课大赛的评价方案，

---

① 庞维国. 认知负荷理论及其教学涵义［J］. 当代教育科学，2011（12）：23-28.

② 宋艳玲，孟昭鹏，闫雅娟. 从认知负荷视角探究翻转课堂——兼及翻转课堂的典型模式分析［J］. 远程教育杂志，2014（1）：105-112.

将其一级指标总结为“内容选题”“教学设计”“交互设计”“辅助资源”“技术应用”“课件艺术”“课件实用”“教学效果”八个方面，并据此细分出 27 个二级指标，其中每个指标又分别从优、良、中、差四个权重予以赋分（见表 8-2）。①在 2014 年第二届微课大赛的评价方案中，继而强调“教学选题”“教学内容”“视频规范”“教学活动”“网络评价”五个一级指标，并依次细分出“选题明确”“规范”等 11 个二级指标。同年，第十八届全国教育教学信息化大奖赛增设了“微课”项目，其一级指标包括“教学设计”“教学行为”“教学效果”“创新与实用”四个方面，各项指标之间的评价权重采取平均分配的原则；2015 年，浙江省基础教育微课程竞赛的评价方案包括“课程设计”“学习内容”“作品规范”“学习效果”等四个一级指标，下设 12 个二级指标。据此，我们不难发现，虽然不同方案中的指标拟定各不相同，但大体围绕“课程内容”“教学设计”“课程制作”“实施效果”几个方面展开，大致反映了当前关于微课程的基本认识。

透视现有的微课程评价方案，笔者认为：第一，上述方案基本针对“竞赛取向”的微课程进行评价，更多依赖课程制作者或者学习者的主观经验进行判断，至于“教学取向”“学习取向”的微课程评价则鲜有涉及；第二，对于评价方案中的指标提炼以及指标之间权重分配缺少严谨的学理分析，随意性与跳跃性较大，这在很大程度上导源于对微课程“功能目标”“学习目标”方面的模糊认知；第三，秉持这种认知倾向，微课程的评价主体多以课程专家、教学设计专家组成的评委为主，自外而内实施微课程评价，忽略了教师、学生在微课程中的评价主体地位。这在很大程度上限制了微课程评价的助学功能，制约了对微课程价值

① 尹合栋．微课程的设计、开发与评价［J］．现代教育技术，2015（1）：47-52.

最大化的开掘。

表 8-2　首届微课程评价指标体系

一级指标	二级指标	评价内容
内容选题（5 分）	难易性	知识点不宽泛，选题难易适当，具有启发性
	实用趣味	选题具有较强的现实意义、新颖性和趣味性
	设计合理	围绕教学中的常见、典型问题进行针对性设计
教学设计（40 分）	教学目标	有明确的三维教学目标
	重难点	教学重难点突出，讲解难点巧妙
	教学内容	具有层次感、逻辑性，编排符合学生的认知规律
	教学方法	有别于传统课堂教学，教法别具一格，有新意
	教学过程	导入快、新颖，讲解逻辑性强，语言表达准确、言简意赅
	教学评价	方式灵活，启发性思考题，教学总结和归纳
交互设计（5 分）	师生互动	同步、异步讨论、协作学习、在线提问、反馈问题
	人机互动	学生追踪学习记录过程，平台推送相关资源
辅助资源（4 分）	微题库	习题有针对性和层次感，有难度等级的主观题和客观题
	微反思	客观真实，有理有据，有启发性
技术应用（20 分）	课件完整	完整性，6—8 分钟，有头有尾，有学科、专业、字幕提示
	播放流畅	视频播放流畅、自然
	画面声音	画面清晰、无杂音
	画面清晰	视频画面清晰，能看清所录制的视频字幕文字
	平台兼容	可以通过多种载体访问
	可检索性	通过关键词（标签或索引）检索到相关学习内容
课件艺术（5 分）	整体美观	整体美观大方，符合学习者心理
	视频布局	画面风格统一，视频布局合理
	色彩搭配	演示课件内容色彩搭配科学、合理

续表

一级指标	二级指标	评价内容
课件实用（6分）	性价比	制作容易、成本较低
	使用方便	操作方便
	资源共享	可以实现网络资源共享
教学效果（15分）	目标实现	完成三维教学目标，解决教学问题，促进学生思维提升、能力提高
	推广应用	点击率高，分享次数多，评价好，推广价值高
总分	100分	

结合前文所述微课程评价的“技术促进学习”“功能目标指向”“聚焦知识内容”等方面分析，这里我们尝试提出关于微课程评价的建议方案（见表8-3），以期对微课程评价的改进有所助益。

表8-3 微课程的评价方案

1. 功能目标定位：功能定位是否明确？对“为什么制作微课程”的认识是否清晰？
2. 核心知识的学习内容与学习目标：核心知识点是否清晰？是否符合微课程的设计规律？
3. 拓展资源的遴选与推介：拓展资源的选取与推介是否符合核心知识的学习要求？是否符合学习者的学习规律？
4. 课程知识的整合与呈现：课程知识的整合与呈现方式是否符合学习者的自主学习要求？
5. 课程制作：微课程制作是否符合课程知识的呈现规律？是否考虑了学习者的学习体验？
6. 用户体验与施教效果：学习体验是否愉悦？视听效果如何？

笔者认为，就当前关于微课程的认识而言，表8-3基本能够涵盖微课程的评价范畴，此处再做两点说明：第一，该表适合“竞赛”“教学”“学习”等不同取向的微课程评价设计与实施，同样适用专家、教师、学生等不同评价主体的评价实践；第二，表中列出的六项指标应是微课

程评价的核心指标，至于下位指标的细分与评价权重的赋予，诚如前述，尽管微课程的制作最终指向学习者的学习，但针对不同取向的微课程应有不同侧重的评价设计，因此在具体操作过程中，可针对课程的“功能定位”采取专家咨询、因素分析等量化、质性手段对待，从而设计不同特质的微课程评价方案。

三、基于微课程的学习评价路径探索

当前，以微课程、微视频为重要载体的融合信息技术的课程学习形态大量涌现并广受欢迎。《新媒体联盟地平线报告（2014 高等教育版）》指出：加速高等教育信息化，近期趋势是“整合在线学习、混合学习和协作学习”等不同学习形态，教育范式正在朝向“包含更多的在线学习、混合学习和协作学习”的方向转移。①该机构 2015 年度报告继而指出：美国有 710 万名学生参与了某种形式的在线学习，高等教育机构正在开发更多的在线课程，以更换和补充现有课程；佛罗里达中央大学研究显示，混合模式最能成功地“拆分”课堂：当教师把学习资料和讨论放在网上，学生会觉得和教师更亲近，在虚拟学习环境中进行的沟通也更持久，因此应以清晰、真实、统一、经济、深度、比例、生动、光彩、灵敏、流量、精确等因素为最终标准评估课堂质量。②课程设计的最终目的要付诸学习者的学习实践，体现为学习者的学习效果与效率。微课程亦然。因此，讨论“基于微课程的学习评价”当是“微

① 新媒体联盟地平线报告（2014 高等教育版）[J]. 北京广播电视大学学报，2014（增刊）：14-36.

② NMC 地平线项目. 新媒体联盟 2015 地平线报告高等教育版 [J]. 龚志武，吴迪，等，编译 .现代远程教育研究，2015（2）：3-21.

课程评价”的重要内容。

（一）基于微课程的学习评价原则

基于微课程的学习有着迥异于传统课程学习的逻辑，以微课程为知识媒介的学习评价，亦有着不同于传统学习评价的特性，应遵循如下基本原则。

1. 发展性原则

所谓发展性原则，是指基于微课程的学习评价，重点不在于判断学习者“学会了什么”，而在于通过评价数据进行精准的学习分析，并据此给予学习者更有针对性的学习支持，促使学习者“学得更好”，推动“鉴别性评价”走向“发展性评价”。这实际上也是融合信息技术的课程学习要遵循的重要原则。发展性评价是相对于“鉴别性评价”而言的，二者是从评价的目的与功能角度所做的区分：鉴别性评价主要以“选择适合教育的学生”为根本目的，通过评价进行甄别、鉴定、选拔和淘汰；而发展性评价的根本目的则是“注重诊断、激励和发展”，最终促使学习者更好地学习，获得更好的发展。①因此可以说，发展性原则是以微课程为重要载体的学习评价要遵循的首要原则。

2. 真实性原则

在这里，“真实性”是相对于“虚拟性”或“拟真性”而言的，是从评价情境的真或假角度所做的界定。真实性评价是指学习评价尽量要在真实情境中进行，从而改变传统上以纸笔测验为代表的“去情境”“虚拟化”的评价倾向。真实性评价主张“给予学生更为充分的机会来展示自己的理解、思考和问题解决技能，更能显示学生运用已有知识解

---

① 霍力岩，黄爽. 表现性评价内涵及其相关概念辨析［J］. 西北师大学报（社会科学版），2015（3）：76-81.

决复杂的开放性任务的水平”，而去情境化的评价则更多只能涉及“学生已有知识的再认、回忆和套用”。[1]真实性评价特别强调评价情境与评价任务的真实性。因此，笔者认为，不论哪种取向、哪种知识类型的微课程学习，学习者都应在学习目的上更加明确，在学习心态上更加自主，教学实施都应一改传统颇受诟病的“授—受”倾向。进一步来说，基于微课程的学习评价也应当尽量回归学习者的真实生活，以便更好地判别学习效果。

3. 建构性原则

这里的“建构性”，是指微课程的学习评价应当通过评价情境的创设与评价任务的设计，让学习者灵活运用所学知识，创造出解决问题的方法，通过问题解决行为证明自己的学习过程与学习结果，而不是机械地转述、复述知识。这种评价特别注重学习者评价过程中的“建构式反应”，而不仅仅是“选择性反应”。在“建构式反应”的评价取向中，学习者“可以按照自己的方式自由反应”，创造力得以充分发挥，他必须“分析问题”，参与“一系列复杂的决定”，选择各式各样的方法去解决问题，并“通过书面、口头等方式交流问题解决方法”；而“选择性反应”取向的评价“以完全结构化的任务限制了学生反应的类型”，拉大了评价与学生真实学习结果之间的距离，制约了评价“助学功能”的发挥。[2]因此，在微课程学习评价体系建构中，我们应努力走向意义建构，注重真实情境中的问题解决，而不是让学习者简单地呈现知识，机械地完成评价任务。

---

① 杨向东．“真实性评价”之辨［J］．全球教育展望，2015（5）：36-49．

② 周文叶．超越纸笔测试：表现性评价的应用［J］．当代教育科学，2011（20）：12-16．

（二）微课程学习评价的理论基础

关于微课程学习的理论基础，建构主义、联通主义、人本主义、非指导性教学、具身认知理论都是高频词汇。而从学习评价的角度看，掌握学习、情境认知、知识分类学应当是其微课程学习评价的理论基石，它们为发展性、真实性、建构性评价原则的实施提供了丰富的思想养分。

1. 掌握学习理论

掌握学习理论主张从教育目标出发，通过评价手段干预学习过程，使所有学生都达成学习目标。掌握学习理论的思想渊源可以追溯至 20 世纪 20 年代。1922 年瓦西赫（C. Washhurne）设计的 Winnetka 计划和 1926 年毛里森（H. C. Morrison）在芝加哥大学实验学校设计的类似计划，都主张为学生提供结构良好的学习单元，使用测验手段来确定学生是否达到了该单元的学习目标，并提供补偿性教学；到了 20 世纪 50 年代，斯金纳（B. F. Skinner）的程序教学思想为掌握学习奠定了重要基础。斯金纳认为，任何行为，不管其复杂程度如何，都要依靠对一连串比较简单的行为进行学习，通过分析复杂行为，认清一连串的行为成分，并掌握一个相继的成分，任何学生都可能掌握甚至是复杂的技能。①对掌握学习的集大成者布卢姆而言，掌握学习更强调在实施群体教学个别化策略时，必须使所有的学生及时掌握每个单元的知识结构，当有一部分学生尚未达到掌握的程度时，必须通过适宜的矫正学习和补偿学习及时弥补其认知缺陷。②据此，布卢姆坚定地认为，“只要提供适当的先决条件，几乎所有人都能学会一个人在世上能学会的任何

---

① 翁定军. 掌握学习理论述评［J］. 心理发展与教育，1987（2）：33-38.

② 李菲. 掌握学习理论及其在我国中小学教学中的应用［D］. 武汉：华中师范大学，2003：8.

东西”①。综观掌握学习理论的全貌，我们发现：第一，它秉持全新的学生观，虽然智力差异是客观存在的，但这并不必然导致学习结果的差异，可以通过后天学习进行有效弥补，每个学生都可以达成学习目标；第二，以形成性评价为核心的“矫正—反馈”技术是掌握学习的核心，通过形成性评价手段能够有效测查学生的学习程度，并给予必要的支持，帮助最终掌握学习内容，实现学习目标。微课程的学习评价正是基于这样一种认识，通过评价提供学习反馈，帮助学习者更好地掌握知识、习得能力。

2. 情境认知理论

情境认知理论是20世纪中后期对认知主义的进一步发展。一般认为，与源于逻辑、数学的“认知革命”相比，情境认知反映了一种“新的范型”，是在认知主义心理学的土壤中成长壮大起来的一种理论。该理论认为，情境具备“社会的”“寓身的”“具体的”“情境的”“参与的”“特殊的”特征，认知过程是由情境建构、指导和支持的，个体的心理通常在“情境”中进行活动，这里的“情境”包括“物质的或任务的”“环境的或生态的”“社会的或互动的”三种类型。②循此逻辑，个体参与实践活动、与环境相互作用是学习得以发生的根本机制，个体的心理活动与物理环境和社会环境是互动的、不可分割的，学习不可能脱离具体情境而产生，情境是整个学习中的重要而有意义的组成部分，情境不同所产生的学习也不同；认知能力固然重要，但如果脱离具体的实践环境，一方面认知能力难以真正形成，另一方面认知能力即使形成，

---

① 林永柏. 布卢姆掌握学习理论学生观评介［J］. 外国教育研究，1993（2）：21-24.

② 刘革，吴庆麟. 情境认知理论的三大流派及争论［J］. 上海教育科研，2012（1）：37-41.

也毫无用武之地。①学习的真正价值要体现为具体情境中的问题解决，微课程的设计与应用，最终目的在于学习者的知识习得与能力养成，并通过这种知识与能力帮助解决特定情境中的问题。微课程的学习评价正契合了这种认识，通过情境任务的设计，让学习者调用所学知识、所习技能解决问题，真正做到学以致用，实现通过现场学习解决问题的价值。

3. 知识分类理论

知识是人类认识世界的结果，分类是其系统化的重要途径。有关知识分类的思想可谓源远流长，我国古代典籍《左传》中的“三坟、五典、八索、九丘”及《周礼》的“旧六艺”与孔子开私学所授“新六艺”可以说都是知识分类的雏形。而近代以来的知识分类理论严格意义上说来自西方，即“根据特定的需要和标准，通过比较，把人类的全部知识按照相同、相异、相关等属性划分为不同类别的知识体系，以此显示其在知识整体中的应有位置和相互关系”。通过这样的分类，我们可以“寻求知识的出发点”，也可以“为从事知识管理的人提供理论指导，以便使纷繁复杂的知识得以依类分理，从而建立起次序化、规范化、系统化的知识世界”。②亚里士多德（Aristotle）曾经依据认识对象的属性将人类知识分为三大类：纯粹理性、实践理性和技艺，可谓开了西方知识分类的先河。③具体到教育教学系统中的知识分类，其价值在于更准确地确定学习目标，更合理地整合知识。面对不同属性的知识类型与不同程度的学习目标，会有不同类型的课程设计与不同形态的学习实践，因而也会有与之契合的不同类型的学习评价。笔者认为，基

① 姚海林. 从认知到情境：学习范式的变革［J］. 教育研究，2003（2）：60-64.
② 陈洪澜. 论知识分类的十大方式［J］. 科学学研究，2007（1）：26-31.
③ 苏力. 知识的分类［J］. 读书，1998（3）：96-101.

于微课程的学习评价要重点考虑所学知识的性质与所拟定的学习目标，据此进行相应形态的评价设计并予以合理实施。

（三）微课程学习评价的实施路径

基于对传统课程学习及其评价的理解，参考学习评价领域的新近研究成果，结合教学中的微课程开发与实施经验，笔者认为，微课程的学习评价可以循着“拟定评价目标—设计评价任务—解释评价结果”的路径进行。

1. 评价目标的拟定

目标是学习的价值预期，也是学习的现实归宿。与之对应，评价目标是学习评价的首要问题，它回答的是“评价什么”的问题。从学习者角度看，“评价什么”的问题从逻辑上又可分解为要求学习者“学习什么”“学到什么程度”这两个子问题。在体系化的学习设计与学习实践中，微课程的评价目标可以参照普通课程与学习的实践，通过课程学习目标的逐级细化拟定。一是准确界定微课程核心知识的学习目标。在界定微课程核心知识的学习目标过程中，可以参照布卢姆认知领域的教育目标分类进行（见表8-1）。一方面，可以从“知识维度”确定通过微课程让学习者“学习什么”；另一方面，可以从“认知维度”确定“学到什么程度”，二者共同构成了学习活动开展的指针，并作为学习评价活动的基点。二是逐级细化微课程核心知识的学习目标。在这一环节，针对微课程设计中从“知识维度”“认知维度”拟定的学习目标，进行评价时再对这些目标进行逐级细化，提炼评价指标，拟定评价标准。

具体来说，此项工作大致可以分为两步。一是对核心知识学习目标的分解。在这里，我们选择美国以“读”为例的英语学习目标的逐级细化来加以阐释（见表 8-4）。

表 8-4　逐级细化的英语内容标准——以“读”为例①

领域	核心概念与要点	具体标准
读	主要观点和细节	1. 仔细阅读，能明确文本所表述的内容并做出相关的逻辑推理；在使用文字和语言来表达对文本所得结论的支持时，能引用特定的文献依据
		2. 确定文本的中心思想或主题，并分析观点和主题的发展；概括重要的支持性细节与观点
		3. 分析文本资料中个体因素、事件和观点的发展方式与原因，以及它们的相互作用
	风格和结构	4. 解释文本中的词汇与短语，包括确定其技术性的、隐含的和借喻的意义。对特定的文字选择是如何表现不同的含义和呈现不同的语言色彩进行分析
		5. 分析文本结构，包括具体的句式、段落以及文本的较大部分与其他部分或整体间的关联
		6. 对文本的观点和写作意图如何体现其内容的风格进行评价
	知识与观念整合	7. 整合和评价不同格式与媒体所呈现的内容，既包括视觉化和量化的内容，也包括文字表达的内容
		8. 描述和评价文本所陈述的论点和具体主张，包括论证的正确性和依据的相关性和充分性
		9. 分析更多表达同类主题或话题的文本材料，以建构知识或比较作者使用的写作手法
	阅读范围与文本复杂性	10. 能够独立、熟练阅读并理解较复杂的文学作品与信息文本

① 周文叶. 共同的核心　明确的高期望——美国 CCSS 对我国基础教育质量标准研制的启示［J］. 教育发展研究，2012（24）：19-24.

二是具体目标在不同学习群体中的具体要求。我们知道，微课程实施主要依托网络平台，依赖学习者的自主学习，从理论上讲，其受众非常广，不再像传统课程那样只针对特定时空中的特定群体，因此不同群体学习同一微课程，其学习要求应当有所区别。例如，表 8-4 所列“以‘读’为例的英语内容标准”第一条：“在使用文字和语言来表达对文本所得结论的支持时，能引用特定的文献依据”，在不同年级信息类文本阅读中的具体要求也不尽相同（见表 8-5）。①这可以作为微课程核心知识学习目标再次细化的参考。

表 8-5 美国 CCSS 各年级的信息类文本阅读标准

年级	标准描述
K	在提示和支持的情况下，提出和回答文本中关键细节的问题
1	提出和回答文本中关键细节的问题
2	提出和回答如人物、事件、地点、时间、原因和手段等问题，以证明理解了文本中的关键细节
3	基于文本提出和回答问题，以证明理解了文本
4	当解释文本具体内容，并由文本得出推断的时候，要涉及文本的细节和例子
5	当解释文本具体内容，并由文本得出推断的时候，要准确引用文本
6	引用文本证据为分析文本明确表达的内容和由此得出的推论提供支持
7	引用多个文本证据为分析文本明确表达的内容和由此得出的推论提供支持
8	引用最有支持性的文本依据为分析文本表达的内容和由此得出的推理提供支持

① 周文叶. 共同的核心　明确的高期望——美国 CCSS 对我国基础教育质量标准研制的启示［J］. 教育发展研究，2012（24）：19-24.

续表

年级	标准描述
9	引用最有说服力的、全面的文本证据为分析文本所明确表达的内容和由此得出的推论提供支持
10	引用最有说服力的、全面的文本证据为分析文本所明确表达的内容和由此得出的推论提供支持，明确文本中偶然事件的发生

针对评价目标的拟定，这里需要补充强调三点：其一，评价目标与学习目标紧密关联，但二者内涵不尽相同，学习目标是学习层面的概念，评价目标则指向学生的学业评价，是对学习目标的逐级细化；其二，评价目标的拟定是一个非常严谨的过程，可以适当汲取评价设计者的主观经验，但更要基于学习者的学习数据进行科学的学习分析；其三，源于人类学习行为的个性化、复杂化特征，既定学习内容与学习设计并不必然指向既定学习目标，其间会衍生出学习目标之外的其他学习结果，对于那些衍生出来的学习结果进行评价，不在本书讨论之列。

2. 评价任务的设计

评价目标拟定之后，便可依据目标设计评价任务。一般而言，评价任务的设计包括紧密联系的两个方面：一是具体评价任务，二是评价方式。具体评价任务是指微观层面的“通过什么去评价”，即评价题目的设计；而评价方式则可以理解为宏观层面的“如何评价”。对于后者，从评价方式与学习结果之间的关联程度大致可以区分为“反映性评价”与“直接性评价”，“反映性评价”以客观纸笔测验为代表，“直接性评价”以“表现性评价”（performance assessment）为代表。这两种评价方式有不同的特性，有人以“客观纸笔测验”与“表现性评价”为例，从“任务真实性”“任务复杂性”“需要的时间”“评分主观性”四个层面对二者进行了比较（见表8-6）。

表8-6 客观纸笔测验与表现性评价的比较①

客观纸笔测验		特点	表现性评价	
选择性试题	补充型试题		限制性表现	扩展表现
低 ← 较低 ←		任务真实性	→ 较高 → 高	
低 ← 较低 ←		任务复杂性	→ 较高 → 高	
短 ← 较短 ←		需要的时间	→ 较长 → 长	
低 ← 较低 ←		评分主观性	→ 较高 → 高	

另外，美国评价专家斯蒂金斯（Stiggins）直接把学业目标与评价任务的设计及评价方法的选择进行组合（见表8-7）。

表8-7 学业目标与评价方法的组合②

	选择式反应评价	论述式评价	表现性评价	交流式评价
知识和观点	选择题，正误判断题，匹配题和填空题能够考查对知识点的掌握程度	可以测量学生对各个知识点之间关系的理解	不适用评价这种学业目标——优先考虑其他三种方法	可以提问，评价回答，并推断其掌握程度，但是很费时间
推理能力	可以评价某些推理形式	对复杂问题解决的书面描述，可以考察推理能力	可以观察学生理解某些问题或通过成果推断其推理能力	可以要求学生“出声思考”或者通过讨论问题来评价推理能力

① 周文叶. 中小学表现性评价的理论与技术［M］. 上海：华东师范大学出版社，2014：50-51.

② 斯蒂金斯. 促进学习的学生参与式课堂评价（第四版）［M］. 国家基础教育课程改革“促进教师发展与学生成长的评价研究”项目组，译. 北京：中国轻工业出版社，2005：77.

续表

	选择式反应评价	论述式评价	表现性评价	交流式评价
表现性技能	可以评价对表现性技能的理解，但不能评价技能本身	可以评价对表现性技能的理解，但不能评价技能变身	可以观察和评估这些技能	非常适于评价口头演讲能力，还可评价学生对技能表现的基础及知识的掌握
产生成果的能力	只能评价对创作高质量产品的能力的认识和理解	可以评价对产品创作的背景知识的掌握情况，简短的论文可以评价写作能力	可以评价创作产品的步骤是否清楚，产品本身的特性	可以评价程序性知识和关于合格作品的特点的知识，但不能评价作品的质量
情感倾向	选择性反应问卷可以探测学生的情感情绪	开放式问卷可以探测学生的情绪情感	可以根据行为和产品推断学生的情感倾向	可以跟学生交谈，了解他们的情感情绪

上述关于评价目标与评价手段及其二者关联方面的研究，为微课程学习评价方式的选取提供了重要参考。针对特定微课程的学习目标及由此转化而来的评价目标，可从如下两个方面入手选择评价手段，设计评价任务。

一是反映性评价任务的设计。结合表 8-7 可知，对于有些类型的知识内容及其相应的学习目标，例如认知性的“知识”或“观点”，并且只要求学习到“理解”甚至“识记”水平，只要通过设计选择、正误判断、填空、连线等“反映性”评价手段及评价任务，就可以简洁、高效地判断学习者的学习结果。实际上，根据我们掌握的资料，当前慕课等数字化课程建设过程中，在授课视频、拓展资料等课程资源建设的同时，大都穿插一定比例的“嵌入式测验”，以及时测查学习者的学习进程与学习效果，这类评价设计大都可以归入反映性评价的范畴之内。目前，在依托微课程等数字资源开展的混合学习、翻转课堂实践中，也大都直接援引反映性评价等传统课程学习评价手段与评价任务来判断学习者的学习结果。这种评价设计与评价实施有其合理之处，但是从理论上讲，要将学习目标与评价目标真正匹配，才能发挥它对于学习活动的应有价值。

二是表现性评价任务设计与量规开发。美国评价专家斯蒂金斯认为，表现性评价是让学生参与一些活动，要求他们实际表现出某种特定的表现性技能，或者创建出符合某种特定标准的成果或作品。①日本京都大学教育学院田中耕治等学者认为，表现性评价是指在某种特定的情境中，对某人使用各种各样的知识和技艺进行的表演或制作完成的作品直接进行评价的方法。②具体来说，表现性评价是把自己的想法、感受等内在的精神状态通过肢体语言、动作、图画、语言等媒介表现出来，或者是所表现出来的结果，它意味着通过学生挑战"真实性课题"和"表现性课题"，把握学生用五官表现出来的所学习的丰富状况，或者是设法创新的评价方法；③周文叶综合相关资料，将表现性评价界定为：在尽量合乎真实的情境中，运用评分规则对学生完成复杂任务的过程表现或结果作出判断。④由此可知，表现性评价是一种直接评价，强调任务情境的设计，注重学习者运用所学知识、所习技能完成特定任务中的意义建构或问题解决，将是未来学业评价的发展方向。

---

① 斯蒂金斯．促进学习的学生参与式课堂评价（第四版）［M］．国家基础教育课程改革"促进教师发展与学生成长的评价研究"项目组，译．北京：中国轻工业出版社，2005：155.

② 田中耕治，等．学习评价的挑战：表现性评价在学校中的应用［M］．郑谷心，译．上海：华东师范大学出版社，2015：60.

③ 田中耕治．教育评价［M］．高峡，等，译．北京：北京师范大学出版社，2011：145.

④ 周文叶．中小学表现性评价的理论与技术［M］．上海：华东师范大学出版社，2014：53.

结合表 8-7 可知，表现性评价与学业目标之间存在特定的匹配关系，尤其在关于“实践性知识”等涉及“表现性技能”的学习领域，特别适合表现性评价。对此，周文叶指出了适合表现性评价的相应学习领域（见表 8-8），并提供了若干范例。①

表 8-8　运用表现性评价的五个领域及其范例

学习领域	范例
沟通技能	论文写作，演讲，外国语的应用，听从口头提示
操作技能	握笔，实验室仪器设备的安装，使用显微镜，解剖青蛙
运动技能	射击，接球，单脚跳，游泳
概念获取	构建开闭合电路，为任务选择适当的工具解决办法，辨认不知名的化学物质，对实验数据资料进行归纳
情意技能	与别人分享用具，在合作小组里一起工作，服从学校规章制度，保持自制

微课程的应用领域非常广泛，涉及不同属性的知识类型与不同程度的认知水平，对于特定知识的特定评价，我们主张设计表现性任务，开展表现性评价。

关于表现性任务的设计，以口语交际为例，《义务教育语文课程标准（2011 年版）》要求学生“具有日常口语交际的基本能力，学会倾听、表达与交流，初步学会运用口头语言文明地进行人际沟通和社会交往”②。循此要求，对口语交际能力的评价可以有不少方法。比如：（1）让学生完成一些判断题，题目的内容主要是关于倾听、表达与交流的基本要求；（2）让学生完成一系列选择题，学生选择在某一特定的口语交际情境下如何表现和如何说话；（3）让学生简短地回答几个关于口

① 周文叶. 中小学表现性评价的理论与技术［M］. 上海：华东师范大学出版社，2014：67.
② 中华人民共和国教育部. 义务教育语文课程标准（2011 年版）［S］. 北京：北京师范大学出版社，2012：7.

语交际要求与技巧的问题；(4) 提供一个口语交际的模拟情境，要求学生写一篇短文，说明一件事情（如怎样寄包裹）或说服某人（如选修某门课程）；(5) 提供一个模拟情境，必要时有教师和学生配合，让学生完成一个模拟的口语交际任务（如打 119 报火警）；(6) 要求学生完成一个比较真实的口语交际任务，如与同学讨论某一主题或者向不知情的人介绍某件事①；等等。可以发现，任务（6）即是典型的表现性评价，可以作为微课程表现性任务设计的重要参考。

除此之外，表现性评价通常还要开发评价量规作为重要的评价工具。其中，量规的解释对象不仅包括评价结果，还指向学生的“学业绩效”。例如，学习过程中的行为、认知、态度等，它“通常从与学习目标相关的多个维度规定评价准则和划分等级，并且融定性评价与定量评价于一体”。②通常来说，评价量规包含“任务描述”“评价维度”“评价标尺”“各水平要素的描述”等部分构成，其基本的样式可参见表 8-9。

表 8-9　评价量规样式一③

<table>
<tr><td colspan="7">标题</td></tr>
<tr><td colspan="7">任务描述：</td></tr>
<tr><td>维度</td><td>一级标尺</td><td>二级标尺</td><td>三级标尺</td><td>四级标尺</td><td>五级标尺</td><td>得分</td></tr>
<tr><td>维度 1</td><td></td><td></td><td></td><td></td><td></td><td></td></tr>
<tr><td>维度 2</td><td></td><td></td><td></td><td></td><td></td><td></td></tr>
<tr><td>维度 3</td><td></td><td></td><td></td><td></td><td></td><td></td></tr>
</table>

① 赵德成. 表现性测验及其在中小学课堂评价中的应用［J］. 语文建设，2002（11）：39-41.

② 钟志贤，王觅，林安琪. 量规：一种现代教学评价的方法［J］. 中国远程教育，2007（10）：43.

③ 引用时有整合与修改，具体可参阅：丹奈尔 · D. 史蒂文斯，安东尼娅 · J. 利维 . 评价量表：快捷有效的教学评价工具（第 2 版）［M］. 陈定刚，译 . 广州：华南理工大学出版社，2014：3-5.

续表

维度	一级标尺	二级标尺	三级标尺	四级标尺	五级标尺	得分
……						
维度 *n*						
得分						

关于表 8-9，先从纵向上看，评价量规将评价任务分解成系列维度，确定若干观测点；然后从横向上对每个观测点从“不合格”“合格”等层面分别详细描述，划定标尺；再用“分数权重”将“一级指标”“二级指标”“主要观测点”联结成连续体。

对于表 8-9 给出的量规样式，设计难点在于每个观测点的“尺度划分”以及对每个尺度的行为水准进行客观、准确的描述。关于尺度划分与相应行为水准的描述，实际操作中还可遵循“就高”原则，只描述学习者于该尺度的“最佳表现水平”，评测者在操作中可根据这个最佳水平判断被评者的表现并给出相应得分（见表 8-10）。

表 8-10 评价量规样式二

标题			
任务描述：			
评价指标	最佳水平	评论	得分
维度一			
维度二			
维度三			
总分：			

运用量规进行评价，可以有效避免评分人在评价过程中的随意性和主观性，还可以帮助学习者合理定位自身发展区间，更好地定位学习进程。

实际上，评价量规的开发是个严谨的过程。有研究认为它应遵循如下思路。第一步：思考，即“花时间思考我们对学生的期望、创建任务的动机、上次布置该任务的情形以及我们的具体期望”；第二步：列举，即“关注任务的具体细节以及我们希望任务完成时实现哪些具体的学习目标”；第三步：分组和标注，即“对第一阶段和第二阶段的结果进行编排，将类似的期望一起放在有可能成为评价量表维度的栏目中”；第四步：应用，即“使用一定的格式，将第三阶段获得的维度和描述纳入最终的评价量表”。①笔者认为，在以微课程为代表的融合信息技术的课程学业评价中，评价量规的开发要基于学习者的学习数据进行科学的分析，以建构相应的学习模型。

学习模型一般用于“描述学习者内部与外部的学习特征”，它是学习分析的基础和前提，也是学习分析的重要目标，其中“包含学习者各类特征是否完整与准确”，关系到“教师能否根据模型将具有相似学习特征的学习者进行分类”，进而“为学生提供个性化的学习内容、策略和学习资源”。②学习分析视域下的学习者模型一般围绕知识、认知、情感和学习者行为四个方面进行建构。我们以为，就认知领域而言，微课程的开发主要指向核心知识点的习得与掌握，这也是评价的重点关注对象。因此，微课程表现性评价量规的开发应当首先基于“学习者知识建构模型”，关注学习者的知识习得情况。在学习者的知识建构模型中，“偏差模型”（Buggy Model）最有益于对学习者的知识习得状况进

① 丹奈尔·D. 史蒂文斯，安东尼娅·J. 利维. 评价量表：快捷有效的教学评价工具（第2版）[M]. 陈定刚，译. 广州：华南理工大学出版社，2014：21.

② 张舸，周东岱，葛情情. 自适应学习系统中学习者特征模型及建模方法述评[J]. 现代教育技术，2012（5）：77-82.

行判断，有助于评价量规的设计与开发（见图 8-3）。①

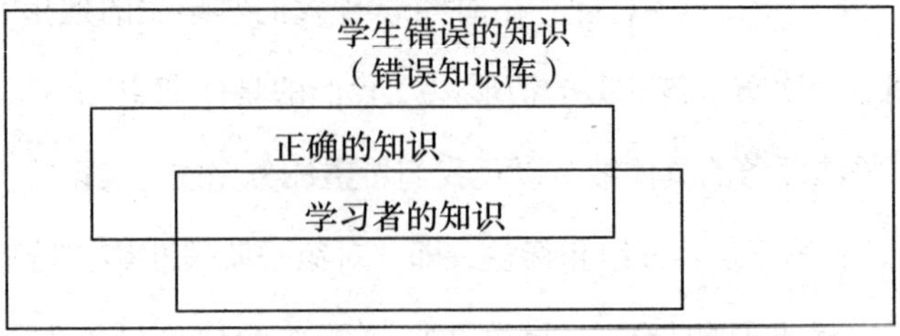

图 8-3　偏差模型

知识“偏差模型”的建构，要求建立一个学生“错误知识库”，该库中存放着学生可能出现的所有偏差类型，并为学生的每种错误给予相应的补救策略。其难度恰恰正在于此，因为不同学习者面对不同知识甚至相同知识开展学习，产生的错误千差万别，难以穷尽。在传统课程与教学中，受技术手段的局限，难以准确记录学习者的学习轨迹，对于错误类型及出错原因的判断难免偏颇、残缺。而在以微课程为代表的技术支撑的教学实践中，信息技术可以对学习者的学习数据进行详尽记录，再辅以数据挖掘、分析技术进行整合，能够相对准确地判定学习者的学习偏差并归类，有效建构“知识偏差模型”，继而据此开发评价量规以判断学习结果，根据学习结果有针对性地调节学生的学习进程。

3. 评价结果的解释与使用

在“促进学习”的微课程评价体系建构中，评价绝不应止步于数据的获得，还应十分注重评价结果的解释与使用。在科学主义昌明的时代背景中，反映性评价遵循“客观化”的逻辑理路，评价结果容易量化，解释力强，颇受欢迎，“标准化测试”就是其中的突出代表；而表现性

① 马志强，苏珊. 学习分析视域下的学习者模型研究脉络与进展［J］. 现代远距离教育，2016（4）：44-50.

评价作为一种有效的质性评价手段，能直接测查学习者的知识掌握状况与运用能力，也是未来学习评价的努力方向。但是，量化评价一定程度上会遮蔽研究对象的某些特性，过分相信数据不一定符合学习评价的固有规律；质性评价又过分依赖评测者的主观判断，并且评价任务的设计与评价量规的开发难度较大，如若操作不当则会折损评价的信度与效度。有鉴于此，在基于微课程的学习评价中，不论反映性评价，还是表现性评价，其评价结果的解释与使用均要注意以下几方面：第一，不能过分相信评价数据，而要通过数据的整合、分析来推论隐藏在数据背后的学习者的知识掌握程度、技能习得状况；第二，评价活动并不终结于数据的采集与结果的获得，而要基于这些数据或结果给予学习者及时反馈与有针对性的学习支持，走向“为学习而评价”的实践轨道，以彰显技术之于课程学习的应有价值；第三，要结合反映性评价的“量化”优势与表现性评价的“直接”优势，综合量化数据的清晰、规范特征与学习者在学习中的心得体会、在线讨论等材料判断学习效果，以增强评价结果的解释力。

本章小结

作为信息时代新型课程学习的检测方式，微课程学习评价的价值最终体现为“助学功能”的发挥，具体表现为学习者学习效果的改进、学习效率的提高和学习效益的改善。顺应这种要求，微课程评价的关注重点必定是学习者的学习，它不仅关心学生“学会了什么”这一具体学习结果，还尤为关心学生“如何学得更好”这一学习过程。在此意义上，由传统的“对学习的评价”转向未来的“为学习而评价”已是大势所趋。

从评价结构上看，微课程评价包括“对微课程本身的评价”和“基于微课程的学习评价”两个方面。我们应充分发挥技术支撑课程学习的优势，超越传统课程学习评价的“标准取向”“结果取向”“间接取向”等不良倾向，聚焦“指向高阶思维的‘为理解而评价’”，走向“基于学习过程的‘个性化评价’”，实施“基于真实情境中问题解决的‘表现性评价’”。

一方面，就“微课程本身的评价”而言，“促进学习”是其基准定位，区分“竞赛取向”“教学取向”“学习取向”等不同类型的微课程功能目标是其逻辑起点，聚焦课程知识内容与学习目标是其核心环节。综合考虑这些因素，应当围绕“功能目标定位”“核心知识的学习内容与学习目标”“拓展资源的遴选与推介”“课程知识的整合与呈现”“课程制作”“用户体验与实施效果”等维度，来凝练评价指标，配置评价权重。

另一方面，“基于微课程的学习评价”以掌握学习、情境认知、知识分类学为理论基础，遵循微课程学习的发展性、真实性、建构性评价原则，具体的实施可以依循“核定评价目标—设计评价任务—解释评价结果”的路径进行。其中，评价目标的核定可由核心知识的学习目标逐级细化而来，评价任务的设计有宏观层面的“评价方式”与微观层面的“具体任务”两层内涵，在实施过程中尤应注意评价任务与评价目标的匹配。具体来说，可依据评价目标的具体要求，从以“客观纸笔测验”为代表的“反映性评价”与以“表现性评价”为代表的“直接性评价”两方面选取评价方式，设计评价任务。在表现性评价的设计与实施过程中，应当基于学习者学习实践中的学习数据进行学习分析，并据此开发评价量规。

需要申明的是，基于微课程的学习评价不能止步于学习数据的获得，不论是选择反映性评价，还是采用直接性评价，都要立足源于数据的评价结果，合理解释学习者的学习状况，并给予有针对性的指导与帮扶，以优化学生的数字化学习实践，彰显“为学习而评价”的应然价值。

第九章　走向卓越：微课程视界中的教师角色重塑

进入新时代，数字技术以扁平化、去中心化、社群化的价值特性对社会各行各业的发展与变革产生重大影响，传统上保守的教育系统也不可置身事外。伴随数字时代的到来，导源于现代信息技术的驱动，恒久未易的教与学的组织、方式、关系、情境不断遭致冲击、解构与重组，惯常存在的教育生态、教学形态、课程样态也与时偕行，并因网络时空的介入与知识载体的迭代而踏上了创新与变革之旅。然而，无论“何种形态的教育教学，要取得预期的理想成效，教师都是最为关键的因素”①。承载数字时代赋予的使命，面对在技术环境中成长的“数字原住民”，特别是面对以微课程为代表的新兴课程形态的常态化应用，作为教育教学场域的核心人物，教师的角色更新面临的挑战日益严峻。对此，我们需要反思并追问：在技术与课程深度融合的当下，微课程视界中的教师面临着怎样的教育生态变革？置身于技术营建的虚实共在的教学场境，他们应当怎样持守并更新为师的角色？数字时代承载新的角色期待的教师如何超越传统路径迈向卓越？鉴于此，厘清微课程视界中教师角色转变的应然向度，探寻技术时代卓越教师的角色生成路径，是无法回避且必须作答的重大现实问题。

---

① 田爱丽．翻转课堂教学模式下教师角色转变与综合素养提升［J］．教师教育研究，2015（5）：84．

一、微课程视界中教育场域的生态变革

教师角色变革是一个外力推动与内在升华协同作用的过程。这种协同作用过程，既包括教师对教学技术生态的顺应，也包括教学技术环境对教师的角色塑造。毋庸置疑，数字技术对教育教学影响至深，它摆脱了传统上单纯的工具身份，通过与课程内容一体化的方式催生了微课程这样一种新的课程样态，“直接摧毁了传统守旧的教育生态，重塑了一个开放创新的教育生态”①。具体来说，在微课程的视界中，数字技术撬动了教育生态的连锁式变革，主要体现在教育知识观的转型、教育主体观的位移以及教育环境观的更迭三个方面。

（一）教育知识观的转型

知识是教育赖以存在与赓续的基质与核心。“从根本上说，知识的概念与教育的概念是无法分离的，因而，我们对关于知识和认识方面可能存在的许多问题的回答，对教育者如何思考和行动将有重大影响。”②换句话说，我们所秉持的知识观影响着我们对教育理论与实践的认知与理解。回溯历史，知识观的演进经历了理性主义、经验主义、建构主义以及后现代主义等几个阶段。③然而，受技术理性与功利主义的规制，理性主义和经验主义知识观充斥于当下的教育教学过程之中，并不动声色地影响着教师的教育观念和教学实践。此种知识观将知识看作客观的、绝对的、中立的、脱离主体的实在，致使知识异化为技术的“婢女”。在现实的教学场域中，课程是知识的“复制品”，教学是

---

① 赵国庆.“互联网+教育”：机遇、挑战与应对［N］. 光明日报，2015-06-09（14）.

② 瞿葆奎. 教育学文集 · 智育［M］. 北京：人民教育出版社，1993：62.

③ 胡芳. 知识观转型与课程改革［J］. 课程 · 教材 · 教法，2003（5）：4.

知识的“传送带”，教师扮演的则是知识的“搬运工”角色，而学生则成了知识的“存储器”。透视当下的微课程实践，数字技术的迅猛发展使得知识开始从“原子赋型”向“比特传播”变革，并呈现出“网络化”“可视化”“具身化”等新的价值特性。①此种新的知识样态及其价值特性，促使人们深刻反思与批判传统“权威型”知识观的弊端，进而建构一种全新的知识观来指导教育教学的实践变革。因应此种诉求，以建构主义和后现代主义知识观为代表的“批判型”知识观应运而生。此种知识观认为，知识的本质是暂定的、灵活的、开放的，知识的价值在于追求人性的解放，知识的获取方式是超越时空物理极限的。具体而言，在微课程的视界里，知识的形态与传播变得网络化了，知识的呈现与表达变得可视化了，知识的习得与内化变得具身化了，知识与技术正在深度融合、合而为一，技术的融入与协同为教师的知识教学提供了一种全新的思考视窗。可以说，源于数字技术的融入与驱动，传统的“权威型”知识观正在悄然落幕，新兴的“批判型”知识观开始粉墨登场。事实上，这种融入技术元素的知识观牵动了教师课程观、教学观、学习观的深刻变革。正是得益于现代信息技术的赋权与增能，微课程视界中的知识已成为个体获得解放的利器，而与之同行的教与学亦成为师生结伴理智探险的旅程。

（二）教育主体观的位移

在传统教育学的视界中，“教师主体观”“学生主体观”“师生双主体观”是三种各有倚重的教育主体观。“教师主体观”虽说彰显了教师的地位，但忽视了学生的生命发展，异化了教育目的；“学生主体观”

① 余宏亮．数字时代的知识变革与课程更新［J］．课程·教材·教法，2017（2）：16．

固然强调尊重学生的个性、兴趣与生命，但忽视了学生“批判型知识”的习得，遮蔽了教师灵动性的发挥；“师生双主体观”虽然重视教师和学生各自的价值效用，但对主客二分思维范式下的教育主体观无法做出合理解释。①从本质上讲，上述三种单子式的教育主体观，均以对象性思维把教学过程异化为占有关系，势必造成主体间的奴役与控制，阻隔主体间的对话与融通，最终陷入“单向度”状态。因此，教育主体观的理性建构不能简单采取“加减法”或“替代法”，怎样使教师的教与学生的学统合为一个有机体，真正做到既以学生为本，又不贬抑教师在教育过程中的作用，②才是教育主体观的本真发展路向。时至当下，面对微课程的兴起与应用，传统的教与学在内容、方式、环境等方面发生了系统的、深刻的变革，特别是教与学的关系发生了翻转与调适，“学为中心”“以学定教”“学主教辅”逐渐成为共识与行动，正推动着教育主体观由“主体性”向“主体间性”置换与位移。众所周知，“主体间性”教育主体观打破并抛弃了传统主客二分的思维范式，接纳并汲取了技术发展的最新成果，认为教师、学生应以“承认”“交往”“共在”为纽带彼此联系起来，使两者相辅相成、和合共生。进而言之，在“主体间性”的视界中，教师即是教学的组织者、学习的促进者、资源的提供者，学生则是问题的提出者、知识的探索者、学习的评价者。由此不难看出，教师作为知识内容专家的角色定位有所弱化，学生在教与学的剧本里开始担纲主演。而这正如我们所乐见的那样，教师角色的“下移”能够增强教师的主体性并发挥教师的创造力；学生作为知识“接收器”的角色得到切实扭转，已成为知识的主动探究者与发现者，二者的主体

① 冯建军．主体教育理论：从主体性到主体间性［J］．华中师范大学学报（人文社会科学版），2006（1）：116.

② 顾红亮，周屹．杜威教育主体观及其启示［J］．宁波大学学报（教育科学版），2003（1）：27.

性均得到了彰显。概而言之，在微课程兴起与应用过程中生成的“主体间性”教育主体观，充分发挥了教师和学生的主体性价值，两者在教学场域中精神得以相遇、灵魂得以相通，教与学的有机体得以形构，和合共生的教学格局得以形成。

（三）教育环境观的更迭

作为生命性存在，人得益于基因调控蛋白质的表达，我们身体的每一部分都是基因选择性表达的结果。然而，人的生命发展并不是基因的单向度调控，还深受外部环境的形塑。对教育而言，环境并不只是作为“外因”而静默地环绕在我们的周围，它有时候还作为认知的“对象”而进入教与学的现场。可以说，作为人认知活动的背景与变量，教育环境对个体的成长不可或缺且影响深远。也正是在此意义上，为实现教育目的的有效达成，人们才孜孜不倦地为教师的教与学生的学营建优良与适切的环境。然而，传统教学将学生束缚于封闭、狭窄的教室这个物理时空之中，课堂被异化为“养殖场”，教师似乎成了“养殖者”，而学生则被矮化为“被圈养的生灵”。在此种环境中培养出来的个体，生命活力被压抑、创造性被钳制、个性被遮蔽，致使学生成了“驯顺的肉体”。①在教育史上，对这种教育环境持批判态度的理论家与变革者不乏其人。然而，在技术不甚发达的时代，人们从建筑设计、校园布局甚至教室陈设等方面探寻更为适宜教学的环境，但最终因无法摆脱物理时空的共时同在性而难以取得重大突破。时至今日，置身网络、技术与媒介融合发展的数字时代，物理时空中时间与空间的强耦合性逐渐消解，卡尔·波普尔（Karl Popper）建构的“三个世界”理论得以从设想

---

① 闫旭蕾. 教育中的“肉”与“灵”：身体社会学研究［M］. 南京：南京师范大学出版社，2007：4.

变为现实。基于这一理论，我们可以把学习环境归为三种样态：物理学习环境、虚拟学习环境以及现实世界和虚拟世界融合的学习环境。①与之对应，传统教育环境体现为物理教育环境，此种环境下成长的个体明显缺乏生存力与生长力。在微课程广泛应用的数字时代，教育环境实现了从“第一世界”到“第三世界”的转向。“第三世界”教育环境以其灵活性、交互性、共享性的价值特质，通过 RFID（非接触式射频识别）、NFC（近距离无线通信技术）、二维码等情境感知技术，②为教学提供了一种虚实融合的生成空间、互通互联的网络业态，使个体处于一种开放、联通、共享、协同的学习环境之中。至此，学校的边界开始模糊，教师的角色开始裂变，教学的场域开始超越物理时空，学生的学习日益走向泛在与混合，真实的世界已缩小到虚拟局域网之中，为个体创造了一种真实世界的“影像”、提供了一种自由探索的“场域”。学生不再是“被圈养的生灵”，其身心得到了舒展与解放，他们开始学会在信息世界中“猎食”，自主筹划并主动转向自我的生命完善。

二、微课程视界中教师角色的变革向度

源于现代技术的挺进与驱动，传统的教育生态日益解体并重建。在这场教育生态变革中，知识从纸本跃居网络，学生由受众变为主演，环境也不再缄默而呆滞，逐渐变得易于交互且富有智能。置身于由声、光、电、网编织而成的数字化境遇之中，传统意义上的教师突然发现自

---

① 杨进中，张剑平．虚实融合的研究性学习环境设计［J］．电化教育研究，2014（12）：75．

② 余胜泉，王阿习．“互联网+教育”的变革路径［J］．中国电化教育，2016（10）：6．

己躺在缓慢流失的沙丘之上，立身之基变得松动起来，从教之技渐感力不从心，生存之境开始充满危机……这些景象正在诱发并不断强化着教师角色的数字化焦虑。可以说，伴随数字时代的到来，现代信息技术与传统课程内容日益深度融合，以微课程为代表的数字化课程的创生与应用，在教育场域之中引发了人们对传统意义上的知识、课程、教学、学习的再认识与再考量。作为教育场域的核心力量，教师的角色变革迎来了前所未有的机遇和挑战。有鉴于此，为适应现代信息技术对教育生态的影响，在以微课程为代表的数字化课程的实施过程中，既往的教师角色亟待更新。笔者认为，从知识传递者走向知识协同者，从课程执行者转向课程研发者，从学习监管者迈向学习引领者，是技术时代教师角色变革的应然向度。

（一）从知识传递者走向知识协同者

必须承认，教师对知识的认知与理解影响着自身的教学方式与行为。在教育教学过程中，受传统价值观与知识观的制约与框限，课堂教学通常被异化为“单回路”式的知识传递过程，成为教师将确定性、稳定性的客观知识灌输给学生的程式化活动。正因如此，教师常承载着“理论性和文化性知识的导体”“外部知识的传导者”等角色形态。①此种境况的存在，与传统技术的缺陷与信息匮乏不无关联。栖身于微课程营造的数字时空中，知识日益呈现出多元性、灵活性与不确定性的样态，这对改变传统教育教学信息匮乏窘况大有裨益。然而，随着数字技术的发展，网络信息日益呈现出超载、逻辑性匮乏以及弥散性等弊端。而在信息技术与课程教学日益融合的过程中，如何在浩如烟海的数据

---

① Clandinin, D. J. Classroom Practice: Teacher Images in Action [M]. London: Falmer Press, 1986: 3.

海洋之中选取有价值的信息并将其转化为知识，已成为亟待解决的严峻问题。诚如约翰·奈斯比特（John Naisbitt）所说：我们淹没在网络数据资料的海洋中，却又在忍受着知识的饥渴。[①]特别是在以数字化形态出现的微课程的研发过程中，知识的边界无限延展、知识的属性日益模糊、知识的选择更加开放、知识的授受极富个性，传统意义上教师作为知识传递者的角色已岌岌可危。为应对技术带来的挑战，肩负起信息时代立德树人、教书育人的使命，当下与未来的教师有必要践履知识的协同者角色。具体来说，我们的教师应在充分理解与把握数字化对知识形态与性质变革的基础上，在适切的时空场域，将符合学生认知特点与思维特质的量身定制式知识通过适切的媒介推介给学生，进而实现主体间“并行”（parallel）或“串行”（serial）的知识协同与知识共享。作为知识协同者，教师要为置身于信息海洋中的学生提供认知导航，帮助学生将离散化的信息整合为系统性的知识，增强他们对知识生成性、完整性、实用性的理解与体验。

（二）从课程执行者转向课程研发者

在长期的技术理性规约下，教师习惯于将自身角色定位为课程实施者抑或教材执教者，将课程实施理解为在掌握教材知识的基础上按照既定课程设计进行的课堂教学活动。受此种课程实施观的影响，真理性、系统性、稳态化的课程知识成为价值本身，教师被矮化为真理宣讲者、课程执行者、知识搬运者，他们的教学技能日益丧失，灵动性与生命性遭到钳制，逐渐滋生出异化与失落之感。[②]而迈入信息时代，数字

① 何克抗，李文光. 教育技术学［M］. 北京：北京师范大学出版社，2002：97.

② 施良方. 课程理论——课程的基础、原理与问题［M］. 北京：教育科学出版社，1996：133.

技术的创生与发展联通了知识、技术、个体三者之间的关系：知识成为技术的观念形态与服务对象，技术成为知识的物化形态与变革利器，技术为人的认知飞跃插上了翅膀，人的思想因认知的突破而自由飞翔。可以说，知识—技术—人三位一体的教学认识论为我们思考数字时代的教与学打开了新的视窗。诚如我们此前所论述的那样，在微课程的视界中，知识样态的汰变与技术形态的革新引发了教学活动核心载体——课程的变革，即课程形态的数字化、课程内容的碎片化、课程实施的泛在化等。随着以微课程为范例的数字化课程的兴起，如何使新兴技术更好地服务知识的传承与创造，使课程知识更好地反哺技术的进化与革新，以建构智慧课堂、促进学生发展，势必成为新时代教师不可回避的命题。顺应这一诉求，教师应摒弃课程执行者的角色，继而向课程研发者转型。简言之，作为课程研发者，意味着教师需要建构“全时空交互式”学习环境、开发“个性化菜单式”学习资源。针对微课程的设计与开发，一方面教师应利用数字技术为学生创造虚实融合的交互式学习情境，使学生在拟真的情境之中体验学习的乐趣，以此来调动学生的积极性和主动性；另一方面教师应根据学生的身心特点、认知风格与学习需要，利用新技术为学生提供自主、探究、合作学习所需的信息和资源，以此来充分发挥自身作为学生学习“脚手架”的作用。

（三）从学习监管者迈向学习引领者

在传统的教学过程中，教师通常扮演着学生学习监督者的角色。作为知识权威的象征，教师习惯于约束学生的学习行为。换句话说，教师以“管控者”身份发布“指令”，学生像无生命性的“机器”般依令而行，以致教学矮化为无生命、无意义的机械控制活动。进一步讲，在传统的学习观念里，教师时常以学习监督者的角色自立，习惯于采用灌输式的教学方式，这无疑禁锢了学生的学习自由，遮蔽了学习的本然价值。与之不同，在开放、交融的数字时代，现代信息技术推进了教学观念的更新、教学方式的变革以及教学内容的革新。以基于微课程的教学实施为例，网络教育环境中的学习更强调学生的主体性，无论是课前基于微视频的自主学习，还是课上的知识内化与进阶练习，学生的主体性均可在技术的助力下得以解放，他们俨然成了学习活动的“主演”，而教师则退居于“导演”位置。如此一来，教师的角色也就从学生学习的监督者转变为学习的引领者。事实上，这种角色的转变契合了数字时代个性化教学与数字化学习双重诉求。首先，作为独特存在的个体，不同的学生持有差异化的思维特质与能力特征。因此，要实现学生个性禀赋的自由绽放，需要教师依凭“循证思维”和“用户体验”原理，根据学生的身心特点来设计微课程，开展个性化教学。其次，基于网络、媒介与信息技术的融合发展，微课程以智能终端为内容载体，以无线网络为传输通道，支持随时、随地、随需的移动学习、泛在学习、混合学习，打破了教学活动的时空界限，师生之间的教学与互动不仅可以发生于真实空间，也可以发生于虚拟空间。面对学习过程中的障碍与困惑，学生可以通过数字媒介与教师进行即时沟通，以摆脱自己遭遇学习困难时教师不在身边的窘境，从而打破过去教与学共时、师与生同在的时空限制。一言以蔽之，此种跨越虚实空间建立的“教学共同体”，有助于教师成为学生的“学习引领者”。

三、微课程视界中教师走向卓越的路径

诚如前述，在微课程的视界中，为顺应教育知识观的转型、教育主

体观的位移、教育环境观的更迭，教师传统角色的更新势在必行。而从知识传递者走向知识协同者、从课程执行者转向课程研发者、从学习监管者迈向学习引领者，是数字时代教师走向卓越的应然向度。这里，“应然向度”只是从理论上表明成为数字时代卓越教师的可能，而探明实践中的“实然路径”才是验证理论指导作用的关键。

笔者认为，“卓越教师”的角色基底包括预备性素养与操作性素养两个部分。前者通常由职前教育养成，后者则需在教学实践中砥砺。当前，在国家的顶层设计中，“卓越教师”的特质主要体现在师德修养、专业素养、教育教学能力和自我发展能力四个方面。这一教师职前培养目标定位虽具宏观的政策导向意义，但对职后的教师角色成长则不具针对性。因为，教师的教学实践与素养提升之间具有同一性，真正的卓越教师造就活动只能内嵌于教学实践中，并通过在实践中反思、在反思中改进的方式实现。职前培养只是一种虚拟专业教育，而不是一种现实教学实践，这种“脱域的”培养方式难以造就真正的卓越教师。就现实性而言，卓越教师的“卓越”更多地表征为职后操作性素养的拓展、更新与成长。这里，“拓展”是指教师新认识、新技能的增加，“更新”是指新认识、新做法对旧认识、旧做法的取代，“成长”是指教师专业知识、技能的升华与质变。①以此观之，在微课程的视界中，卓越教师的角色践履更多的是“内在升华”而非“外向输入”。换句话说，在新的技术条件与教育生态下，要成为“卓越教师”，只有提升角色的内在融合度与特适化水平，才能在自我更新与成长中走出一条非常之道，不断逼近“卓尔不凡”的角色愿景。

---

① 龙宝新. 卓越教师的独特素质及其养成之道［J］. 湖南师范大学教育科学学报，2017（1）：93.

（一）确立共在对话型的师生关系

长期以来，受功利主义和技术理性的规约，教师对学生生命成长的观照渐趋淡忘。此种现象的存在，与教师的角色意识淡漠不无关联。所谓教师角色意识，是指教师对自身角色地位、相应行为规范及其角色扮演的觉察、认识、理解与体验。①检视过去，传统教育过分强调教师角色的外在转向，忽视角色的内在变革，使得教师对自身角色的弥散性认识不足以及教师职业倦怠问题频发，阻碍了自身的专业发展与教育目标的有效达成，更遑论有意识地去追求卓越的角色品质了。时至当下，导源于技术的融入，既往教与学的时空发生分化与重组，教与学的关系开始返璞归真，教与学的情境需要创设与整合，这些都推动着教师角色的外在转向与内在变革。就后者而言，笔者认为，要祛除传统教师角色认知弊端，促进数字时代教师角色变革，有必要转变教师内在价值理念，更新教师角色意识。首先，教师应正确看待数字技术对自身角色的冲击，实现“制度权威意识”向“魅力权威意识”的有效转变。这是因为，数字技术以云、网、端一体化的形态推动了知识生产的草根化、知识获取的链接化以及知识传播的网络化进程，动摇了教师作为知识权威的角色基础。在此情形之下，教师需要顺应技术变革的时代潮流，形塑魅力权威型角色意识，以实现“感召权威”和“专业权威”的有机融合，重构富含知性、关怀、魅力特质的角色样态，实现教师角色与自我个性的完美整合。其次，培养“对话”型师生关系，关注教育教学过程中教师与学生生命的价值实现。从本质上讲，“教育是一种存在之交流，是一种双方的对话与敞亮”②。在技术与课程耦合的时代，教学的

---

① 梁玉华，庞丽娟．论教师角色意识：内涵、结构与价值的思考［J］．教育科学，2005（4）：39．

② 冯建军．主体教育理论：从主体性到主体间性［J］．华中师范大学学报（人文社会科学版），2006（1）：116．

时空界域、知识的存在样态、主体的角色地位业已发生系统性变革，这就“需要采用动态生成、非线性、集成式、网格化、数字化的思考和表达方式来诠释新的师生关系”①，即接纳并善用数字化媒介技术，建构共在对话型的师生关系，以实现师生视界的融合、心灵的沟通。

（二）形塑多层复合型的知能结构

所谓教师知能结构，指的是教师在教育教学过程中所拥有的知识信息及所反映的能力结构。对于卓越教师而言，其知能结构必定是多层复合的。然而，长期以来，受传统知识观和教育观的制约，当下教师的知能结构较为单一甚至毁损偏废的现象依然存在，这无疑会抑制教师创造力的发挥和教学力的提升。所幸，技术时代的到来为教师知能结构的完善提供了契机。众所周知，现代技术的融合与创新开启了传统教学的结构性变革，具体表现为“教学要素的性状改变、教学结构的持续优化、教学时空的跨越式调整、教学方式的深刻变革及各类教学资源的高度整合”②。而今，教师赖以立身的教育生态变革日益加剧，面对知识来源的多元开放，因应后喻文化的蔓延渗透，传统的单一型教师知能结构已无法满足技术时代知识教学的要求，形塑教师多层复合型知能结构已成为当务之急。笔者以为，应对之策有二。一方面，应建构教师多层复合型知识结构。未来教师的专业素养在知识结构上已超越今日之教师，它不再局限于“学科知识+教育学知识”的传统模式，而是强调多层复合的结构特征，③这也是信息技术与教育教学深度融合的必然要求。因此，数字时代的教师应建构多层复合型的知识结构。这里，知识

① 李长吉.“互联网+”时代教育研究的十大任务［J］.当代教育与文化，2016（6）：4.
② 张广君.“互联网+教学”的融合与超越［J］.教育研究，2016（6）：11.
③ 叶澜.新世纪教师专业素养初探［J］.教育研究与实验，1998（1）：44.

结构的多层，具体包括科学人文基础知识层、学科专业知识层、教育科学知识层以及信息技术知识层。这四层知识在结构上相辅相成、不可分割，共同作用于多点、互联、超时空的现代教学格局。另一方面，应建构教师多层复合型能力结构。传统教师教育课程强调教师板书训练、班级管理和语言表达三种基本能力，而面对数字技术的冲击，这三项能力已不能完全适应当下与未来的教学要求。因此，面对虚拟化、开放化的教育教学环境，教师应在习得基本教学技能的基础上，强化创设数字化教学环境的意识，提升运用信息技术改进教学的能力，以及培育借助技术开展网络教研的素养，以此建构面向未来的多层复合型的知能结构。

（三）建构共生发展型学习共同体

数字技术自诞生之日起，就携带了跨界融合、不确定性、超链接性、虚实交融的基因，相继在众多领域掀起了一场场颠覆性、连锁式的变革，这些变革使我们见证了不曾预约的精彩，也体验了技术摧枯拉朽的狂野。对于教育系统而言，以微课程为例，融网络技术、媒介技术和通信技术于一体的数字技术，从源头上更新了纸本时代恒久长存的知识载体，并以此为轴心逐渐打破了沿袭已久的教学时空、课程样态、师生关系与学习情境。在此情形之下，面对虚拟化、碎片化、无中心的数字化教学，传统上单兵作战式的原子化教师已无法自愈因技术侵入而产生的角色焦虑与能力恐慌。但笔者认为，作为一把双刃剑，数字技术并非洪水猛兽，对于教师角色变革而言，它还蕴含着除旧布新的契机。虽然数字技术本身是冰冷的，但它始终奉行对话的价值逻辑，为人与人之间的无线连接与广泛融通提供了涵养平等对话、民主协商精神的多维空间和开放场域。而在这样的多维空间与开放场域，有助于建构基于数字技术的共生发展型学习共同体，以优化教师间的协作、交流与对话，实现教学实践的改善、学科素养的提升以及专业品质的养成，进而生成协同应对数字化冲击的组织和能力。一方面，数字技术有助于营造对话性文化氛围。对话是建立学习共同体的逻辑先在，而数字技术的新发展为教师个体与他者对话的充分展开提供了环境和场域。诚如有论者所言："尽管互联网世界行走着充满偏见的原子式的个体，但大规模的信息共享、符号传递和公共参与正在培育鲍曼意义上的共同关心、参与能力和责任意识。"①此种建立在民主、协商、反思、超越之上的思维方式和对话品质，则正是建立信任、合作、共生关系的基础。另一方面，数字技术有助于创建共在性合作平台。合作平台的创建是学习共同体良性发展的公共空间。这里，需要指出的是，基于数字技术，此种合作平台不再受物理时空所固有的"共时同在"特性束缚，它具有虚实融合意义上的"历时异步"属性。在这样的公共空间里，教师可以寻求具有共同愿景的他者，通过数字媒介创建资源聚合、发挥群体智能的专业组织，从而将离散的原子化教师结成"共生发展型学习共同体"。

本章小结

在风驰电掣的数字时代，源于现代技术的挺进与驱动，教育生态中的连锁式变革业已展开。在这场连锁式变革中，知识从纸本跃居网络，学生由受众变为主演，环境也不再缄默而呆滞，逐渐变得易于交互且富有智能。置身声、光、电、网编织而成的数字化境遇之中，传统意义上的教师突然发现自己躺在缓慢流失的沙丘之上，立身之基变得松动起

① 胡百精，李由君．互联网与共同体的进化［J］．新闻大学，2016（1）：93.

来，从教之技渐感力不从心，生存之境开始充满危机……这些景象正在诱发并不断强化着教师角色的数字化焦虑。

面对数字技术的汹涌来袭，作为教与学的核心主体，我们的教师已然退无可退、避无可避，必须以前瞻的姿态筹划自身的角色变革——走向卓越。显然，卓越教师超越了传统意义上知识、能力、师德俱佳的“好教师”，其核心素养包括深刻的情感体验、特适型专业知识、创生中的经验图式、敏锐的问题意识以及机敏的情境智慧，而这些均需要在实践中砥砺涵养。我们知道，“卓越教师”的素养通常由预备性素养与操作性素养两个部分构成，而职前的专业预备教育只是一种想当然的教师常识、常理、常规、常技的传授，与教师实践的真实需要不一定具有对应性。因此，卓越教师需要超常识、超常理、超常规、超常技的历练，而这种“超越”正是在“向实践”“准实践”“真实践”中实现的，任何“脱域的”培养方式难以造就真正的卓越教师。

因此，在新的技术条件与教育生态下，卓越教师的造就需要在信息技术与课程教学深度融合的实践中展开，需要紧紧围绕教师立身从教的核心要素推进，致力于促成教师角色的内部升华：从知识传递者走向知识协同者，从课程执行者转向课程研发者，从学习监管者迈向学习引领者；致力于实现教师知能的融会贯通：确立共在对话型的师生关系、形塑多层复合型的知能结构、建构共生发展型学习共同体。唯有如此，教师才能在角色更新中涵养一种“卓尔不凡”的气质，才能在专业历练中迈向一种“越次超伦”的境界！

参考文献

一、中文类

（一）著作类

1. 易克萨维耶·罗日叶. 学校与评估：为了评估学生能力的情境［M］. 汪凌，译. 上海：华东师范大学出版社，2011.

2. L. W. 安德森，等. 学习、教学和评估的分类学［M］. 皮连生，主译. 上海：华东师范大学出版社，2008.

3. 丹奈尔·D. 史蒂文斯，安东尼娅·J. 利维. 评价量表：快捷有效的教学评价工具（第2版）［M］. 陈定刚，译. 广州：华南理工大学出版社，2014.

4. 田中耕治，松下佳代. 学习评价的挑战：表现性评价在学校中的应用［M］. 郑谷心，译. 上海：华东师范大学出版社，2015.

5. Ellen Wdber. 怎样评价学生才有效——促进学习的多元评价策略［M］. 陶志琼，译. 北京：中国轻工业出版社，2016.

6. 高铁刚，王馨，寇海莲. 信息技术环境下教学评价的理论与方法［M］. 北京：清华大学出版社，2011.

7. 杨向东，崔允漷. 课堂评价：促进学生的学习和发展［M］. 上海：华东师范大学出版社，2015.

8. 周文叶. 中小学表现性评价的理论与技术［M］. 上海：华东师范大学出版社，2014.

9. 约翰·D. 布兰思福特，等. 人是如何学习的［M］. 程可拉，等，译. 上海：华东师范大学出版社，2013.

10. 琳达·达林-哈蒙德，等. 高效学习：我们所知道的理解性教学［M］. 冯锐，等，译. 上海：华东师范大学出版社，2010.

11. 陈玉琨，田爱丽. 慕课与翻转课堂导论［M］. 上海：华东师范大学出版社，2014.

12. 李曼丽，等. 解码 MOOC：大规模在线开放课程的教育学考察［M］. 北京：清华大学出版社，2013.

13. 于歆杰. 以学生为中心的教与学——利用慕课资源实施翻转课堂的实践［M］. 北京：高等教育出版社，2015.

14. 王竹立. 碎片与重构——互联网思维重塑大教育［M］. 北京：电子工业出版社，2015.

15. 闫寒冰. 学习过程设计——信息技术与课程整合的视角［M］. 北京：教育科学出版社，2005.

16. 赵大伟. 互联网思维［M］. 北京：机械工业出版社，2014.

17. 黎加厚. 新教育目标分类学概论［M］. 上海：上海教育出版社，2010.

18. 叶夫根尼·莫罗佐夫. 技术至死：数字化生存的阴暗面［M］. 张行舟，闾佳，译. 北京：电子工业出版社，2014.

19. 柯蒂斯·J. 邦克. 世界是开放的：网络技术如何变革教育［M］. 焦建利，主译. 上海：华东师范大学出版社，2011.

20. 马丁·诺瓦克，罗杰·海菲德尔. 超级合作者［M］. 龙志勇，魏薇，译. 杭州：浙江人民出版社，2013.

21. 弗雷德·特纳. 数字乌托邦：从反主流文化到赛博文化［M］. 张行舟，等，译. 北京：电子工业出版社，2013.

22. 周若辉. 虚拟与现实——数字化时代人的生存方式［M］. 长沙：国防科技大学出版社，2008.

23. 王鸿生. 世界科学技术史［M］. 北京：中国人民大学出版社，1996.

24. 保罗·G. 哈伍德，威克多·阿萨尔. 数字第一代与网络时代的教育［M］. 贾磊，译. 济南：山东人民出版社，2010.

25. 刘万辉. 微课教学设计［M］. 北京：高等教育出版社，2015.

26. 鲍宗豪. 数字化与人文精神［M］. 上海：上海三联书店，2003.

27. 尼葛洛庞帝. 数字化生存［M］. 胡泳，范海燕，译. 海口：海南出版社，1996.

28. 戴维·温伯格. 知识的边界［M］. 胡泳，高美，译. 太原：山西人民出版社，2014.

29. 罗伯特·洛根. 理解新媒介——延伸麦克卢汉［M］. 何道宽，译. 上海：复旦大学出版社，2012.

30. W. J. T. 米歇尔. 图像理论［M］. 陈永国，等，译. 北京：北京大学出版社，2006.

31. 哈罗德·伊尼斯. 传播的偏向［M］. 何道宽，译. 北京：中国传媒大学出版社，2013.
32. 托尼·瓦格纳. 教育大未来［M］. 余燕，译. 海口：南海出版公司，2013.
33. Neil Postman. 技术垄断：文明向技术投降［M］. 蔡金栋，梁薇，译. 北京：机械工业出版社，2013.
34. 伊丽莎白·爱森斯坦. 作为变革动因的印刷机：早期近代欧洲的传播与文化变革［M］. 何道宽，译. 北京：北京大学出版社，2010.
35. 保罗·莱文森. 思想无羁：技术时代的认识论［M］. 何道宽，译. 南京：南京师范大学出版社，2003.
36. 保罗·莱文森. 数字麦克卢汉［M］. 何道宽，译. 北京：社会科学文献出版社，2001.
37. 王策三. 教学认识论（修订本）［M］. 北京：北京师范大学出版社，2002.
38. 石中英. 知识转型与教育改革［M］. 北京：教育科学出版社，2001.
39. 鲍宗豪. 网络与当代社会文化［M］. 上海：上海三联书店，2001.
40. 克努兹·伊列雷斯. 我们如何学习：全视角学习理论［M］. 孙玫璐，译. 北京：教育科学出版社，2014.
41. 马歇尔·麦克卢汉. 理解媒介：论人的延伸［M］. 何道宽，译. 南京：译林出版社，2011.
42. 维克托·迈尔-舍恩伯格，肯尼思·库克耶. 大数据时代［M］. 盛杨燕，周涛，译. 杭州：浙江人民出版社，2013.
43. 柯林斯，哈尔弗森. 技术时代重新思考教育：数字革命与美国的学校教育［M］. 陈家刚，程佳铭，译. 上海：华东师范大学出版社，2013.
44. 李曦珍. 理解麦克卢汉：当代西方媒介技术哲学研究［M］. 北京：人民出版社，2014.
45. 迈克尔·霍恩，希瑟·斯特克. 混合式学习：用颠覆式创新推动教育革命［M］. 聂风华，徐铁英，译. 北京：机械工业出版社，2015.
46. 王前. “道”“技”之间——中国文化背景的技术哲学［M］. 北京：人民出版社，2009.
47. 杨孝堂，陈守刚. 泛在学习的理论与模式［M］. 北京：中央广播电视大学出版社，2012.
48. 林德宏. 科技哲学十五讲［M］. 北京：北京大学出版社，2004.

49. 金陵. 翻转课堂与微课程教学法［M］. 北京：北京师范大学出版社，2015.

50. Anna Craft. 创造力和教育的未来：数字时代的学习［M］. 张恒升，译. 上海：华东师范大学出版社，2013.

51. 费雷德里克·费雷. 技术哲学［M］. 陈凡，朱春艳，译. 沈阳：辽宁人民出版社，2015.

52. 许良. 技术哲学［M］. 上海：复旦大学出版社，2004.

53. 裴娣娜. 现代教学论（第1卷）［M］. 北京：人民教育出版社，2005.

54. 陈佑清. 教学论新编［M］. 北京：人民教育出版社，2011.

55. 蔡跃. 微课程设计与制作教程［M］. 上海：华东师范大学出版社，2014.

56. 李玉平，刘静波. 微课程设计与案例赏析［M］. 北京：中国人民大学出版社，2014.

57. 张立昌，郝文武. 教学哲学［M］. 北京：中国社会科学出版社，2009.

58. 刘万辉. 微课程开发与制作技术［M］. 北京：高等教育出版社，2015.

59. Eric Jensen，LeAnn Nickelsen. 深度学习的7种有力策略［M］. 温暖，译. 上海：华东师范大学出版社，2010.

60. 张家全. 网络与教学［M］. 北京：教育科学出版社，2005.

61. 赵国栋. 微课与慕课设计初级教程［M］. 北京：北京大学出版社，2014.

62. Beverly Abbey. 网络教育——教学与认知发展新视角［M］. 丁兴富，等，译. 北京：中国轻工业出版社，2003.

63. J. 莱夫，E. 温格. 情景学习：合法的边缘性参与［M］. 王文静，译. 上海：华东师范大学出版社，2004.

64. 李秉德. 教学论［M］. 北京：人民教育出版社，1991.

65. 索尼亚·利文斯通. 儿童与互联网：现实与期望的角力［M］. 郭巧丽，译. 北京：电子工业出版社，2013.

66. 戴维. H. 乔纳森. 学习环境的理论基础［M］. 郑太年，任友群，译. 上海：华东师范大学出版社，2002.

67. 威廉·霍顿. 数字化学习设计［M］. 吴峰，蒋立佳，译. 北京：教育科学出版社，2009.

68. 经济合作与发展组织. 理解脑——新的学习科学的诞生［M］. 周加仙，等，译. 北京：

教育科学出版社，2010.
69. 艾伦·贾纳斯泽乌斯基，迈克尔·莫伦达. 教育技术：定义与评析 [M]. 程东元，王小雪，刘雍潜，译. 北京：北京大学出版社，2010.
70. 托马斯·H. 布瓦索. 信息空间——认识组织、制度和文化的一种框架 [M]. 王寅通，译. 上海：上海译文出版社，2000.
71. 曾文婕. 学习哲学论：学习型社会建设的深化路径研究 [M]. 北京：人民教育出版社，2017.
72. 埃贡·G. 古贝，伊冯娜·S. 林肯. 第四代评估 [M]. 秦霖，蒋燕玲，等，译. 北京：中国人民大学出版社，2008.

（二）学位论文类

73. 申宣成. 表现性评价在语文综合性学习中的应用 [D]. 上海：华东师范大学，2011.
74. 赵慧臣. 知识可视化的视觉表征研究 [D]. 南京：南京师范大学，2010.
75. 唐泽. 教师微课程作品评价指标体系的建构研究 [D]. 上海：上海师范大学，2013.
76. 吴焕庆. 教师 TPACK 的协同建构与发展研究 [D]. 北京：北京师范大学，2014.
77. 赵云建. 网络教研中的活动设计策略及案例研究 [D]. 北京：北京师范大学，2011.
78. 邱玉菁. 数位学习教育学历程研究——以 A 高中实施之台北市教育局"电子书包试验计划"为例 [D]. 台北：世新大学，2005.
79. 王觅. 面向碎片化学习时代微视频课程的内容设计研究 [D]. 上海：华东师范大学，2013.
80. 刘素琴. 中小学教育中微型课程的开发与应用研究 [D]. 上海：上海师范大学，2007.
81. 罗丹. 微型课程的设计研究 [D]. 上海：上海师范大学，2009.
82. 王婷. 基于微信公众平台的微课程学习现状调查研究 [D]. 上海：上海师范大学，2014.

（三）中文期刊类

83. 霍力岩，黄爽. 表现性评价内涵及其相关概念辨析 [J]. 西北师大学报（社会科学版），2015（3）.
84. 赵德成. 表现性评价：历史、实践及未来 [J]. 课程·教材·教法，2013（2）.
85. 彭湃. 为高阶学习而评价——表现性评价及其在高等教育学习成果评估中的应用 [J].

高等教育研究，2015（11）.
86. 陈明选，邓喆. 围绕理解的学习评价——基于 SOLO 分类理论的视角［J］. 中国电化教育，2016（1）.
87. 何晔，盛群力. 理解的六种维度观——知识理解的新视角［J］. 全球教育展望，2006（7）.
88. 陈玉琨. 中小学慕课与翻转课堂教学模式研究［J］. 课程 · 教材 · 教法，2014（10）.
89. 赵德成. 表现性评价应用中的问题——基于 2015 年多省市中高考命题的分析［J］. 课程 · 教材 · 教法，2016（1）.
90. 杨向东. “真实性评价”之辨［J］. 全球教育展望，2015（5）.
91. 叶浩生. 具身认知：认知心理学的新取向［J］. 心理科学进展，2010（5）.
92. 孙艳超. 真是“一图胜千言”吗？——兼评《计算机、可视化和历史学：新技术将如何改变我们对过去的理解》［J］. 现代教育技术，2010（8）.
93. 郑旭东，等. 多媒体学习研究的未来：基础、挑战与趋势［J］. 现代远程教育研究，2013（6）.
94. 张宝，严小芳. 媒介融合与人的多媒体特性［J］. 新闻爱好者，2010（18）.
95. 张怡. 数字化时代的认识论走向［J］. 江西社会科学，2004（3）.
96. 余宏亮，李本友. 微课程视界中知识变革的技术背景［J］. 教育研究，2016（7）.
97. 陈志良，高鸿. 数字化时代人文精神悖论之反思［J］. 南京社会科学，2004（2）.
98. 章小谦，李屏. 改“教授法”为“教学法”考［J］. 华东师范大学学报（教育科学版），2005（2）.
99. 陈桂生. 教学法的命运［J］. 全球教育展望，2007（4）.
100. 丁邦平. “教学论”与“教学法”的关系探析——（跨文化）比较教学论的视角［J］. 教育学报，2015（5）.
101. 余宏亮. 微课程视界中知识样态的时代表征［J］. 教育学报，2016（1）.
102. 祝智庭，雷云鹏. 翻转课堂 2.0：走向创造驱动的智慧学习［J］. 电化教育研究，2016（3）.
103. 何克抗. 如何实现信息技术与教育的“深度融合”［J］. 课程 · 教材 · 教法，2014（2）.
104. 石耀华，余宏亮. 论微课程的时空属性及其教学意蕴［J］. 远程教育杂志，2015（3）.

105. 高文. 情境学习与情境认知［J］. 教育发展研究，2001（8）.
106. 李锋，张斌. 基于课程标准的学校微课程研发［J］. 课程·教材·教法，2014（11）
107. 周媛，吴文春. 情境学习观点对数字化学习的启示［J］. 电化教育研究，2008（8）.
108. 崔允漷，王中男. 学习如何发生：情境学习理论的诠释［J］. 教育科学研究，2012（7）.
109. 詹泽慧，李晓华. 混合学习：定义、策略、现状与发展趋势——与美国印第安纳大学柯蒂斯·邦克教授的对话［J］. 中国电化教育，2009（12）.
110. 余宏亮. 微课程知识观：背景、表征与动因［J］. 中国教育科学，2016（1）.
111. 王佑镁，祝智庭. 学习系统的知识时代回溯及其协同模型构建［J］. 教育研究，2012（6）.
112. 国玉霞，颜士刚. 论视觉传播视野下的知识可视化过程［J］. 电化教育研究，2016（3）.
113. 张武威，黄宇星. 微课程技术创新教学理论与方法的重要突破［J］. 课程·教材·教法，2015（12）.
114. 张丽霞，王丽川. 论连通主义视域下的个人学习环境构建［J］. 电化教育研究，2014（12）.
115. 李睿. 混合式学习：美国中小学的“整合”式教学策略［J］. 中小学管理，2016（8）.
116. 吕晓娟. 基于学生学习力的翻转课堂教学设计［J］. 电化教育研究，2015（12）.
117. 张生，王丽丽，等. 微课程设计要素探讨［J］. 中国电化教育，2014（9）.
118. 焦宝聪，苏古杉，陈楠. 微课程设计的三重属性和六大要素［J］. 现代远程教育研究，2015（6）.
119. 李小刚，王运武，等. 微型学习视野下的微课程设计及教学应用研究［J］. 现代教育技术，2013（10）.
120. 曹培杰，马晓强. 微课程的核心理念及发展趋势［J］. 现代远距离教育，2015（4）.
121. 梁乐明，曹俏俏，张宝辉. 微课程设计模式研究［J］. 开放教育研究，2013（1）.
122. 张晓君，李雅琴，等. 认知负荷理论视角下的微课程的多媒体课件设计［J］. 现代教育技术，2014（2）.
123. 刘亚娟. 基于微信公共平台的微课程设计研究［J］. 教育探索，2016（8）.
124. 金陵. 大数据与信息化教学变革［J］. 中国电化教育，2013（10）.
125. 张一川，钱扬义. 国内外“微课”资源建设与应用进展［J］. 远程教育杂志，2013（6）.

126. 黎加厚. 微课程教学法与翻转课堂的中国本土化行动［J］. 中国教育信息化，2014（14）.
127. 刘名卓，祝智庭. 微课程的设计分析与模型建构［J］. 中国电化教育，2013（12）.
128. 胡铁生. “微课”：区域教育信息资源发展的新趋势［J］. 电化教育研究，2011（10）.
129. 余宏亮. 微课程意涵三重判读［J］. 课程·教材·教法，2015（5）.
130. 胡铁生，等. 我国微课发展的三个阶段及其启示［J］. 远程教育杂志，2013（4）.
131. 唐燕儿，魏旭阳. “微课”的优势与发展——基于教育心理学的视角［J］. 华南师范大学学报（社会科学版），2014（12）.
132. 余胜泉，陈敏. 基于学习元平台的微课设计［J］. 开放教育研究，2014（2）.
133. 苏小兵，管珏琪，钱冬明，祝智庭. 微课概念辨析及其教学应用研究［J］. 中国电化教育，2014（7）.
134. 焦建利. 微课及其应用与影响［J］. 中小学信息技术，2013（4）.
135. 黎加厚. 微课的含义与发展［J］. 中小学信息技术教育，2013（4）.
136. 王觅，贺斌，祝智庭. 微视频课程：演变、定位与应用领域［J］. 中国电化教育，2013（4）.
137. 孟祥增，刘瑞梅，等. 微课设计与制作的理论与实践［J］. 远程教育杂志，2014（6）.
138. 钟绍春，张琢，等. 微课设计和应用的关键问题思考［J］. 中国电化教育，2014（12）.
139. 梁乐明，梁锦明. 从资源建设到应用：微课程的现状与趋势［J］. 中国电化教育，2013（8）.
140. 何文涛，张新明. 基于微课程的电子课本内容整合及其教育应用［J］. 中国电化教育，2013（12）.
141. 胡铁生. 中小学微课建设与应用难点问题透析［J］. 中小学信息技术教育，2013（4）.
142. 何克抗. TPACK——美国“信息技术与课程整合”途径与方法研究的新发展（下）［J］. 电化教育研究，2012（6）.
143. 焦建利，钟洪蕊. 技术—教学法—内容知识（TPACK）研究议题及其进展［J］. 远程教育杂志，2010（1）.
144. 王民，顾小清，李雪，肖君. 支持泛在学习的资源、服务及其门户设计［J］. 开放教育研究，2009（1）.

二、英文类

145. Shieh, D. These Lectures are Gone in 60 Seconds [J]. Chronicle of Higher Education, 2009, 55 (26).

146. McGrew, L. A. A 60-seconds Course in Organic Chemistry [J]. Journal of Chemistry Education, 1993, 70 (7).

147. Kee, T. P. The One Minute Lecture [J]. Education in Chemistry, 1995 (32).

148. Liu, X., & Wang, L. The Analysis on Systematic Development of College Microlecture [J]. Higher Education Studies, 2013, 3 (6).

149. George Siemens. Connectivism: A Learning Theory for the Digital Age [J]. Instructional Technology & Distance Learning, 2005, 2 (1).

150. White, B. Y. Thinker Tools: Causal Models, Conceptual Change, and Science education [J]. Cognition and Instruction, 1993 (10).

151. Dennis, A. R., et al. Improving Learning with eTextbooks [J]. Retrieved January, 2013 (22).

152. Federd Communications Commission. Digital Textbook Playbook the Digital Textbook Collaborative [J]. The U. S. Department of Education, 2012 (2).

153. Kam, C. L., et al. (Eds.). Engaging Learners through Emerging Technologies [M]. Dordrecht: Springer, 2012.

154. Philip J. Guo, Juho Kim, Rob Rubin. How Video Production Affects Student Engagement: An Empirical Study of MOOC Videos [C]. AMC, 2014.

155. Lave, J. & Wenger, E. Situated Learning: Legitimate Peripheral Participation [M]. Cambridge: Cambridge University Press, 1991.

156. Shapiro, L. The Embodied Cognition Research Programme [J]. Philosophy Compass, 2007, 2 (2).